Aloma

Gair yn groes a'i gwaed sy'n corddi
Gair yn iawn fydd iddi doddi
Nid yw'n hawdd yng nghwmni hon
Ond haws fel ma'i – na hebddi.

Tony x

Tony

Un anodd i daeru, anamal ddyfaru
Un anodd ei gwmni amal i dro
Ond anodd i deimlo dim drwg amdano
A hawdd iawn er hynny – ydi 'garu o.

Aloma x

Tony ac Aloma

Cofion Gorau

gydag Alun Gibbard

I Mam oddi wrtha i, Aloma
Er cof am Huw a Meira a Mary, gwraig Jac – Tony

Argraffiad cyntaf: 2011

Dymuna'r cyhoeddwyr gydnabod cymorth ariannol
Cyngor Llyfrau Cymru

Diolch i Gari Melville a Hefin Wyn am eu cymorth

Gwnaed pob ymdrech i ganfod deiliaid hawlfraint y lluniau
a geir yn y gyfrol hon, a dylid cysylltu â'r cyhoeddwyr gydag
unrhyw ymholiadau

Cynllun y clawr: Y Lolfa

Rhif Llyfr Rhyngwladol: 978 1 84771 375 9

FSC

Cyhoeddwyd, rhwymwyd ac argraffwyd yng Nghymru gan
Y Lolfa Cyf., Talybont, Ceredigion SY24 5HE
gwefan www.ylolfa.com
e-bost ylolfa@ylolfa.com
ffôn 01970 832 304
ffacs 832 782

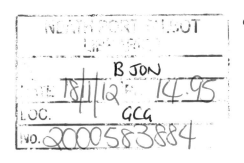

'Nodyn bach i ddweud pam'

1964. Blwyddyn pan oedd y bomiau'n dal i ffrwydro yn Vietnam, pan roddwyd y gorau i grogi troseddwyr ym Mhrydain a phan oedd Che Guevara a Martin Luther King yn dadlau eu hachosion unigol. Priododd Richard Burton ag Elizabeth Taylor am y tro cyntaf y flwyddyn hon. Lansiwyd papur newydd *The Sun* a chafodd Ronnie Biggs a'i gyd-ladron ar y trên ddedfryd o 30 mlynedd yr un am eu trosedd. Dyma'r flwyddyn hefyd pan ddechreuodd Myra Hindley ac Ian Brady gyflawni eu herchyllterau ar rostiroedd Swydd Efrog. Harold Wilson, a'i bib yn ei geg, oedd Prif Weinidog Prydain. Cadwodd Lyndon B Johnson ei afael ar Arlywyddiaeth yr Unol Daleithiau wedi iddo gydio yn yr awenau yn dilyn llofruddiaeth JFK lai na blwyddyn ynghynt.

Yng Nghymru, lansiwyd BBC Cymru Wales, a rai misoedd yn ddiweddarach dechreuodd gyrfa un o'n darlledwyr mwyaf blaenllaw, Hywel Gwynfryn. Penodwyd Jim Griffiths yn Ysgrifennydd Gwladol cyntaf Cymru. Roedd argae fawr Tryweryn heb ei gorffen, ac yn y flwyddyn hon y newidiwyd enw'r gronfa ddŵr gan Gyngor Lerpwl o Lyn Tryweryn Mawr i Lyn Celyn. Enillodd Lynn Davies fedal aur yng nghystadleuaeth y naid hir yn y Gêmau Olympaidd. Clive Rowlands oedd capten tîm rygbi Cymru, ac roedd Alun Pask a Dewi Bebb yn ddau o sêr y tîm. Ar gyfartaledd, pris tŷ oedd £2,530, roedd torth o fara'n costio 5 ceiniog a thocyn tymor i weld Man U yn £8.50.

Dyma'r flwyddyn hefyd a ddisgrifiwyd fel un o'r blynyddoedd unigol gorau yn yr ugeinfed ganrif o safbwynt cerddoriaeth. Cyrhaeddodd y Beatles yr Unol Daleithiau am y tro cyntaf ac fe sgubodd Beatlemania drwy'r cyfandir. Rhyddhawyd albymau cyntaf y Rolling Stones a'r Kinks, a dyma pryd y chwalodd Pete Townshend ei gitâr gyntaf. Yn 1964 y lansiwyd sengl gyntaf Tom Jones, ac fe sicrhaodd y Supremes eu rhif un cyntaf, mewn degawd pan ffrwydrodd cerddoriaeth Motown drwy'r byd. Roedd y 60au yn ddegawd pan flagurodd ffurf newydd ar gerddoriaeth boblogaidd, sef roc gwerin. Dywedodd ei broffwyd amlycaf ar y pryd, Bob Dylan, wrth y byd y flwyddyn honno, 'The times they are a changin'.' Oedd, roedd pethau'n sicr yn newid.

Ac fe chwaraeodd cerddoriaeth ran gwbl allweddol yn y newid hwnnw, â degawd enwog y 60au yn llawer mwy na disgrifiad o gyfnod o amser yn unig. Fel yn America a hefyd ym Mhrydain, felly yng Nghymru hefyd. Roedd cerddorion o Gymru yn rhan o'r chwyldro cerddorol ehangach. Daeth cerddoriaeth Gymraeg o dan ddylanwad y sgiffl, fel y dangosodd Hogia Llandegai, a ryddhaodd yr LP pop Cymraeg cyntaf. Dyma'r cyfnod pan oedd y Pelydrau i'w gweld ar lwyfannau Cymru ac aeth y trwbadŵr o Solfa, Meic Stevens, ar grwydr trwy Brydain yng nghwmni ei gitâr, cyn dod 'nôl i Solfa a dechrau ar ei yrfa yn yr iaith Gymraeg.

Yn ystod y degawd, roedd pobol ifanc ymhob cwr o Gymru yn dechrau deffro'n araf bach i'r posibiliadau cerddorol oedd yn gwawrio, trwy gydio mewn gitâr am y tro cyntaf – mab i weinidog o'r enw Dafydd Iwan, er enghraifft, a degau o bobol ifanc a wnaeth yr un peth ag yntau, er nad aeth rhai ohonyn nhw ymhellach na'r garej neu'r neuadd bentref. Roedd bywydau dau gerddor ifanc mewn un cornel fechan o Gymru ar fin newid hefyd.

Un noson braf o haf yn 1964, roedd llanc ifanc golygus yn cerdded ar hyd Cilgwyn Street yn Llannerch-y-medd, Ynys Môn, a rhoddodd gnoc ar ddrws Nymbar Êt. Roedd wedi cael cais i drefnu noson lawen yn Llanfair-yng-Nghornwy, gan fod y mab fferm hwn eisoes wedi dechrau canu o gwmpas yr ardal. Gwyddai am ddyn ifanc o'r enw Lligwy a oedd yn rhan o ddeuawd newydd leol o'r enw The Beach Brothers, grŵp oedd yn drwm o dan ddylanwad yr Everly Brothers. Roedd Lligwy hefyd wedi bod mewn grŵp sgiffl ar Ynys Môn.

'Helô, su'mae? Ydi Lligwy yn y tŷ os gwelwch yn dda?' gofynnodd i'r ddynes a ddaeth i'r drws, sef mam Lligwy.

'Mae Lligwy allan,' meddai hi, 'ond ma gen i hogan ifanc yma sy'n medru canu. Dowch i mewn.'

I mewn i'r tŷ â'r llanc, gan eistedd a gwrando ar wyres y ddynes yn canu ac yn chwarae'r delyn a gwneud popeth arall roedd hi'n gorfod ei wneud pan fyddai ei nain am iddi berfformio ar gyfer ymwelwyr. Roedd y llanc ifanc wedi'i swyno'n llwyr, nid yn unig gan y llais ond gan y ferch ei hun – merch ifanc benfelen ddeniadol.

Digwyddodd rhywbeth yn ystod y cyfarfyddiad cyntaf hwnnw wnaeth newid bywydau'r ddau ifanc o Fôn. O'r eiliad honno, fyddai pethau byth 'run fath.

Dyna sut y cyfarfu Tony ac Aloma, trwy ddamwain. Neu, fel y mae Tony yn hoff o'i ddisgrifio hyd heddiw, trwy ffliwc lwyr. Ffliwc iddo gael cais i drefnu noson lawen ac yntau heb wneud hynny erioed o'r blaen, ffliwc iddo gael y syniad o ofyn i Lligwy a ffliwc bod Aloma gartref pan alwodd yn y tŷ lle roedd hi'n byw efo'i nain. Lligwy oedd brawd ieuengaf mam Aloma.

Mae yma, felly, dair stori. Stori Tony, stori Aloma a stori Tony ac Aloma. Mae'n rhaff tri chortyn sy'n clymu bywydau'r ddau wrth ei gilydd ac yn clymu eu profiadau wrth y caneuon a'u gwnaeth mor boblogaidd trwy Gymru gyfan. Roedd y ddeuawd yn rhan flaenllaw o'r broses o drawsnewid canu poblogaidd Cymru o ganol y 60au ymlaen. Oedd, roedd 1964 yn flwyddyn bwysig iawn yn hanes cerddoriaeth yng Nghymru hefyd.

Bron i hanner canrif yn ddiweddarach, mae'r ddau'n dal i ganu gyda'i gilydd. Trodd y cyfarfod yn berthynas. Trodd y ffliwc yn yrfa, ac mae'r ddau yn awr wedi penderfynu cofnodi holl droeon yr yrfa honno. Pob llwyddiant, pob deigryn, pob ffliwc.

'Am gael fy ngeni'n faban bach'
Tony

Thomas Jones. Dyna sydd ar fy nhystysgrif geni i. Ond am ryw reswm, o'r cychwyn cynta, mi alwodd Mam a Dad fi yn Tony. Pam ar y ddaear y gwnaethon nhw fy enwi'n swyddogol ag un enw ac yna fy ngalw yn enw arall o ddydd i ddydd, dwn i ddim. Ac ar ben hynny, tydw i, hyd heddiw, ddim yn lecio'r enw Tony o gwbl. Pan fydda i y tu ôl i'r bar yn y gwesty yn Blackpool, mi fydd y rhai sy'n aros efo ni'n taro sgwrs ac, os nad ydyn nhw'n fy nabod, yn gofyn beth yw fy enw. Fydda i byth yn dweud 'Tony' wrthyn nhw. 'Tom' fydd yr ateb bob tro. Mae Thomas, neu Tomos, i mi yn enw tipyn mwy 'dynol' na'r Tony llipa. Ond dyna'r label fu gen i ers dyddia cynta fy mywyd a tydi o ddim wedi gwneud fawr o ddrwg i mi ers hynny, am wn i!

Ar ffarm y cefais fy magu, ffarm Gwenllian ger pentra Talwrn, Ynys Môn. Pan anwyd fi, a'r Ail Ryfal Byd yn ddau fis oed, roedd gen i ddau frawd yn aros amdanaf, Jac a Huw, ac mi ddaeth

Dad a Mam

dwy chwaer fach ar fy ôl, Phyllis a Catherine. Er ei fod yn gyfnod y *ration books* a'r pwyso a mesur yn ofalus i wneud yn saff nad oedd neb yn cael gormod, doeddwn i'n gwybod dim am hynny adra. Doedd dim prinder bwyd o gwbl gan fod digon o rwdins, tatws, wyau, llaeth a phetha felly ar y ffarm. Ac wrth gwrs, roedd ein ffarm ni yn rhan o'r ymgyrch adeg y rhyfal i dyfu cymaint o lysiau â phosib er mwyn rhoi bwyd yng nghegau'r milwyr. *Dig for Victory* oedd hi a Gwenllian, mewn un cornel bellennig o Gymru, yn un o'r mannau hynny lle bydda genod y Land Army yn galw.

Bydda llond lori o ferchaid ifanc del yn gyrru i mewn i fuarth y ffarm. Ew, dyna i chi olygfa! Y genod oll yn eu dillad *khaki* ac yn gweithio ar y tir o fora gwyn tan nos, yn y caeau tatw fel arfer, a hynny er mwyn gwneud yn siŵr bod digon o fwyd i hogia Cymru oedd yn brwydro ar y cyfandir er mwyn herio Hitler. Wrth gofio 'nôl, mi fydda i'n meddwl yn aml, toedd hi'n biti mai dim ond chwech oed oeddwn i!

Yr unig arwydd arall yn nyddia fy machgendod ei bod hi'n adeg rhyfal oedd gorfod rhoi plancia pren hir yn y pridd a'r rheiny yn sticio i fyny i'r awyr yn y caeau mwya er mwyn atal awyrennau Hitler rhag glanio. Ac wrth gwrs, roeddan ni, fel pawb arall, yn gorfod gosod cynfas du ar y ffenestri adeg y blac-owt. Ond yn Sir Fôn roeddan ni mor bell oddi wrth bob dim, gan gynnwys y Rhyfal Byd. A ta waeth, roeddwn i'n rhy fach i ddeall dim ar unrhyw stori a gâi ei sibrwd ar wefusau'r oedolion ynglŷn â hwn a hwn wedi'i anafu neu ddim yn dod adra o gwbl.

Er gwaetha cyffro'r rhyfal, cyfnod o fywyd syml, ara deg a phawb yn dallt pob dim oedd hi. Dyddia'r lamp baraffin, dŵr o'r ffynnon a mynd ar y beic i siop Rhyd yn Talwrn i chargio batri'r weiarles. Dau dwll mewn plancyn o bren dros dwll mawr yn y pridd yn y cwt ar waelod yr ardd oedd y tŷ bach, a darnau wedi'u malu o'r *Anglesey Mail* ar hoelan ar y wal oedd y papur tŷ bach. Y bath tun ar y llawr o flaen y tân fydda'r dull o olchi'r pump ohonon ni go iawn. Ac os oedd petha'n mynd o'i le, bydda morthwyl, hoelan, darn o weiran a chordyn beindar yno i drwsio pob dim oedd angen ei drwsio, o goes brwsh i tsiaen beic. Heddiw, 'dan ni'n gwybod, neu'n deall, lot yn llai ar sut ma petha'n gweithio, a dyna lle daw'r *stress* i'n poeni.

Nid fy nhad oedd yn berchen ar ffarm Gwenllian. Roedd yn ei ffarmio ar ran y sgweiar, y perchennog tir lleol, oedd yn byw mewn plasty mawr gerllaw. Nid fel tenant a hwnnw'n talu rhent a ballu roedd

'nhad yn byw yno; yn hytrach, roedd o'n gweithio ar y ffarm ar ran y sgweiar ac yn derbyn cyflog am wneud. Mae'n siŵr gen i mai rheolwr ffarm fydda ei deitl y dyddia hyn, ond bêliff oedd ei deitl yr adeg honno. Roedd y ffarmwrs oedd yn byw agosa aton ni a'u teuluoedd yn arfer dod at ei gilydd bob nos Sadwrn i gymdeithasu. Cyffro go iawn oedd cael mynd yn y drol a'r ceffyl – neu'r car a'r ferlan, fel y byddem ni'n eu galw – a theithio draw i ryw ffarm gyfagos am noson o hwyl. Y traddodiad oedd y basa pawb yn mynd ag anrheg efo nhw ar y noson – wyau neu gacen – ac wrth ddod adra roedd gynnon ni rywbeth yn ei le, fath â pot o jam hôm-mêd neu bwys o fenyn.

Mi fydda mynd i ffarm Tynewydd gerllaw yn drît llwyr i mi bob tro. Roedd y perchnogion, Yncl Huw ac Anti Madge (er nad oeddan nhw'n

Dad a fi, Catherine, Huw, Jac a Phyllis. Trip erstalwm hefo'r car a'r ferlan, ond *caravanette* erbyn hyn

Ysgol Talwrn, 1947: fi, Jac, Huw a Phyllis. Pam dw i'n lliwio fy ngwallt, dw i ddim yn gwybod. *Diolch i David Crewdson, Talwrn am y llun.*

Catherine

perthyn go iawn inni wrth gwrs), yn fêts mawr i Dad a Mam ac roedd ganddyn nhw ddau fab hefyd, Dafydd a Glyn. Y drefn ymhob ffarm ar nos Sadwrn oedd y bydda pawb yn mynd yn syth i mewn i'r tŷ i gyfarch, dweud helô a ballu, ac yna bydda'r plant yn diflannu allan i'r awyr iach i chwarae cowbois ac injyns. Ond toeddwn i ddim yn cael dilyn yr un drefn â'r plant eraill. Chawn i ddim mynd allan o gwbl tan i mi wneud un peth, sef canu cân o flaen pawb! Bob tro! A'r un gân fydda hi bob tro hefyd, os dw i'n cofio'n iawn, sef 'Titrwm Tatrwm'. Mewn gwirionedd, dyma oedd dechra canu o flaen pobol.

Gwnes gam dipyn pellach yn yr ysgol fach, sef Ysgol Gynradd Talwrn. Roedd gan y prifathro, Cecil Jones, gôr enwog, Côr Talwrn, ac roeddwn i'n rhan o'r côr yn ifanc iawn. Bydda'r hogia hŷn yn mynd efo'r côr i bob man, hyd yn oed draw i Iwerddon weithiau. Ond yn y cyngherddau lleol y byddwn i'n cymryd fy lle efo nhw. Hynny yw, tan i'r cais cynta ddod i fynd i gyngerdd ymhell, bell i ffwrdd – yn y Bermo.

'Tony, wnei di ganu unawd pan awn ni i'r Bermo?'

Dyna oedd cais Cecil Jones, ac er yr ofna, mi wnes gytuno. Wedi'r cyfan, roeddwn wedi canu ar rai o ffermydd Sir Fôn ar nosweithiau Sadwrn, on'd toeddwn? Ond, 'rargian, toeddwn i ddim yn disgwyl yr olygfa oedd o 'mlaen i wrth i mi gamu ar lwyfan y Bermo. Llond neuadd o filwyr yn eu hiwnifforms! Cannoedd ohonyn nhw! Noson i ddiddanu'r trŵps oedd hi, gan fod aelodau'r lluoedd arfog yn bresenoldeb amlwg iawn yn yr ardal, â milwyr o rai o wledydd y Gymanwlad a gwersyll hyfforddi swyddogion yn ogystal â gwersylloedd hogia'n byddin ni ein hunain. Wel, am sioc! Ond mi es drwy'r cyfan yn iawn yn y diwedd, am wn i.

Mi ddois i nabod rhai o'r milwyr hefyd, a hynny ar un o bum diwrnod mawr y flwyddyn i blentyn yr adeg hynny. Pen-blwydd, wrth gwrs; Dydd Mawrth Crempog, yr unig ddiwrnod y baswn i'n gweld crempog; Dolig, yr unig ddiwrnod y baswn i'n gweld twrci; y trip am y diwrnod efo'r car a'r ferlan i Benllech Bay; ac, yn ola, diwrnod dyrnu. Ew! Am ddiwrnod mawr oedd y diwrnod hwnnw, yn enwedig pan fydda'r dyrnwr yn dod i mewn i'r tŷ gwair fath â ryw *spaceship* anferth. Am sŵn! Roedd y beltiau trwchus, llydan yn chwyrlïo rownd a rownd a'r ŷd yn tasgu a'r gweithwyr yn gweiddi. Bydda pawb o'r ffermydd cyfagos yn dod i'n helpu ni, fel yr oeddan ni wedi'u helpu nhw, ac roedd y lle'n llond

pobol, yn enwedig y briws. Dyna fyddan ni'n galw'r gegin, lle bydda pawb yn bwyta ac yn molchi yn y bath tun o flaen y tân. Ar ddiwrnod dyrnu roedd y briws yn orlawn o bobol yn cael panad neu'n bwyta brechdanau neu beth bynnag arall fydda ar y bwrdd enfawr i'r gweithwyr ei fwyta, fel rhyw *service station* ger rhyw *motorway*.

Roedd Bela yn seren ar ddiwrnod dyrnu. Hi oedd ceffyl gwedd y ffarm a'r un fydda'n mynd â'r drol i gario'r ŷd o'r cae i'r tŷ gwair. Wrth gwrs, roeddwn i am fynd ar gefn Bela ar y teithiau hynny, felly mi fydda Dad yn fy nghodi'n uchel yn yr awyr, reit i fyny ar ben y ceffyl, a chefn honno mor llydan â'r lôn bost, a 'nghoesa bach i'n sticio allan fel balerina yn gwneud y *splits*. Cydio'n dynn yng ngholar Bela wedyn, sef y mwnci, fel y câi'r golar ei galw, a ffwrdd â ni! Â'r gwynt yn fy ngwallt, dyna fydda antur go iawn!

Ond yn ôl at hogia'r rhyfal. Ymhlith y gweithwyr ar ddiwrnod dyrnu bydda llond lori o garcharorion rhyfal o'r Eidal. Roeddan nhw'n weithwyr grêt, ac roedd eu clywed yn sgwrsio â'i gilydd yn eu hiaith eu hunain yn dipyn o sbri ac antur i ni'r hogia, yn enwedig o wybod pam eu bod nhw yno yn y lle cynta. Mi ddoth un ata i un tro â dagyr yn ei law. Roedd gynnon ni'r plant ddagyr yr un yr adeg hynny hefyd – roedd yn beth digon naturiol. Yn ei Saesneg bratiog a chan ddefnyddio ei law i bwyntio, gofynnodd i mi sefyll o flaen coeden oedd gerllaw. Mi sefais yno'n stond, a'm breichiau'n dynn wrth fy ochr, a'i weld yn codi'r ddagyr ac yn ei hanelu ata i. Y foment nesa roedd yn hedfan drwy'r awyr ac yn dod yn syth amdana i. Wrth iddi agosáu, daeth yn nes ac yn nes at fy ngwyneb – roedd yn teithio at fy nhalcen ar dipyn o gyflymdra – cyn sticio'n sownd ym moncyff y goeden hanner modfedd uwchben fy ngwallt! William Tell go iawn! Roeddwn i'n crynu gan gyffro, rhyddhad ac ofn, ond wrth gerdded oddi wrth y goeden teimlwn wefr anhygoel. Bu'r milwr druan mewn miri mawr am wneud y fath beth ac mi gafodd ei gosbi, ond roeddwn i'n ei edmygu'n fawr iawn.

O sôn am William Tell, rydw i'n cofio un stori am afal 'nôl yn nyddia ffarm Gwenllian. Amhosib dweud cymaint o drît fydda cael afal yn hogyn a, thrwy lwc, roedd 'na dŷ mawr llwyd o'r enw Bodlondeb yn sefyll ar ei ben ei hun yn Talwrn, a pherllan yn perthyn iddo, a wal uchel o'i hamgylch i gadw hogia drwg allan. Roedd y perchennog, Major Oliver, yn gwerthu'r fala ac mi benderfynais un dydd fentro i mewn i fyd dieithr y tŷ crand er mwyn prynu afal. I ddechra, roedd ymhellach na'r ysgol ac felly yn fwy o daith nag yr oeddwn i'n gyfarwydd â hi, ond roedd yn rhaid gwneud.

Rhedais fflat-owt ar ôl ysgol, a dwy geiniog yn clecian bob cam yn fy mhocad. Fyny â fi at y tŷ, a chanddo ryw awyrgylch tebyg i'r tŷ yn y ffilm *Psycho* i ni'r plant. Sefais o flaen y drws mawr pren, fy nghoesa'n crynu a 'nghalon yn curo'n gynt a chynt wrth i mi drio magu'r gyts i guro arno. Llwyddodd ogla hyfryd y fala i goncro'r ofn, a churo'r drws 'nes i yn y diwedd.

'Yes, what do you want?' medda llais y dyn mawr a safai fel cawr o'm blaen.

'Apples, please sir!' medda fy llais bach gwan inna.

Mewn â fi yn ara deg, gan deimlo na faswn i, o bosib, byth eto'n gweld y byd mawr tu allan i waliau Bodlondeb. Yn y cyntedd crand, dyna lle roedd llwyth o focsys yn llawn fala, rhai bach, rhai mawr, rhai gwyrdd a rhai cochion. Symudodd llaw y Major ar hyd y bocsys, gan hofran yn ôl a 'mlaen fel helicoptar o afal i afal ond heb gydio yn yr un. Roeddwn i'n trio 'ngora i ddweud wrtho, 'Hwnna dw i isho, yr un coch 'na fan'na!', ond thorrais i'r un gair. Roedd y Major, heb unrhyw ddowt, yn gwybod yn iawn pa un oeddwn i isho, ond yn rhyw dynnu coes trwy gymryd ei amser wrth ddewis, cyn setlo yn y diwedd ar yr afal mwya ohonyn nhw i gyd a'i estyn ata i. Adra â fi wedyn nerth fy nghoesa, cael row gan Mam am fod yn hwyr ond yn malio dim. Roeddwn i'n teimlo'n dipyn o foi!

Pan gyrhaeddais wyth oed, symudodd Dad a Mam o ffarm Gwenllian draw i Ty'n Llan, Tregaian. Roedd Dad yn gwneud yr un job, fel bêliff, ond i sgweiar arall y tro hwn, Roger Lloyd. Wrth gwrs, roedd yn rhaid i mi wedyn newid ysgol a symud i Ysgol Penrallt, Llangefni. Mr Hand oedd fy mhrifathro rŵan, ac un dydd dyma fo'n gofyn i mi,

'Tony, fasa chi'n gofyn i'ch tad werthu hanner dwsin o wyau i mi?'

'Gwnaf siŵr, dim problem.'

Adra â fi a hel wyau o'r lle bynnag roedd yr

ieir wedi'u dodwy ar draws y ffarm. Wedyn eu lapio'n dwt a'u rhoi mewn bocs o dan y bwrdd yn y parlwr. Lle saff iawn oedd y parlwr am na fydda neb yn cael mynd i mewn iddo, heblaw am y gweinidog a *visitors*. Wedyn, yn y bore, i mewn â fi i'r parlwr ar y ffordd i'r ysgol, cydio yn y bocs wyau ac allan trwy'r drws ffrynt heb i neb fy ngweld, ac ar y bws. Rhoi'r wyau wedyn i Mr Hand, a finna'n cael rhyw *one and four* amdanyn nhw. Y cyfla cynta wedyn, ffwrdd â fi i siop SPQR

yn Llangefni i brynu lemonêd a da-da. Ac felly yr aeth petha yn eu blaena. Daeth Mr Hand ata i un dydd a gofyn i mi a oedd Dad yn gwybod am y busnes gwerthu wyau 'ma. 'Yndi siŵr,' medda fi ac adra'n syth.

Roeddwn yn mynd i 'ngwely erbyn 7 bob nos, ond un noson clywais lais Dad yn gweiddi arna i yn fy ngwely,

'Tony, tyrd i lawr 'ma!'

Lawr â fi, a gweld Dad yn sefyll o flaen y bocs

Class 3B Ysgol Gyfun Llangefni, 1953. Dw i ar y dde yn y drydedd linell, rhwng Ian Furlong ac Emrys Gaerwen, ac yn dal i liwio fy ngwallt.

nesa o wyau ar gyfer Mr Hand. Dyna ddiwedd ar Thomas Jones Egg Supplies Anglesey Ltd!

Ond roedd mwy o ofn o lawer yn fy aros ychydig wedi hynny. A finna'n rhyw ddeuddeg oed, a Jac fy mrawd yn ddeunaw ac yn gweithio ar y ffarm erbyn hynny, rydw i'n cofio'i weld o un dydd yn cysgu'n braf yn ei wely ym mhen pella ei stafell wely. Lawr â fi ar fy mhengliniau a chropian ar hyd llawr ei lofft tuag at y gwely. Pam? Wel, roedd ganddo fo *habit* o roi ei waled ar lawr ei lofft cyn mynd i gysgu. Roedd waled yn un o'r tri pheth oedd yn destun ymffrostio mawr gan y dynion adeg hynny. Bydda pawb yn hoffi cymharu pa fath o waled oedd ganddyn nhw, ac felly hefyd efo cyllall boced a chasyn sigaréts. Roeddan nhw'n symbol o statws. Y bore hwnnw, cyn mynd i'r ysgol, roeddwn wedi gweld waled Jac yn gorwedd ar lawr y llofft, ac ro'n i'n credu'n bendant fod y waled yn galw arna i i fynd draw ati! Cyrhaeddais waled Jac yn ddidrafferth a'i hagor i dynnu pres allan ohoni – rhagor o bres i'w wario yn SPQR.

'Be ti'n neud?!'

Llais Jac o'r gwely yn rhuo arna i ac yn llenwi pob cornel ohona i efo'r ofn mwya. Dw i ddim yn gwybod sawl gris oedd yn Ty'n Llan, ond dim ond dwy wnes i eu defnyddio'r bore hwnnw. Wrth i mi fwyta 'mrecwast, daeth Jac i lawr. Rhoddodd ei ddwrn mor agos i'm gwyneb ag y gallai heb fy hitio – dwrn oedd gymaint o faint â 'mhen i.

'Paid ti byth â gwneud hynny eto, ti'n dallt?!'

A wnes i ddim.

Pan oeddwn i tua phump ar hugain oed ac yn gweithio erbyn hynny fel gwas ffarm yn Lloegr, daeth stori waled Jac yn ôl ata i. Yn Llwydlo yr oeddwn i ar y pryd, yn gweithio i ffarmwr oedd yn ŵr gweddw. Dim ond fi a fo oedd yn byw yn y tŷ ffarm ac felly roedd yn rhaid i fi wneud fy mwyd fy hun. Dyna oeddwn i'n ei wneud un dydd, a bu'n rhaid i mi agor drôr yn y gegin. Roedd llond y drôr o bres, gymaint felly fel bod yn rhaid symud y pres i'r naill ochr i gyrraedd y cyllyll a'r ffyrc. Wrth i 'mysadd fynd drwy'r arian, a minna'n meddwl am eiliad na fasa'r ffarmwr yn gweld ei golli o gwbl, dyma ddwrn Jac yn ymddangos yn fygythiol o flaen fy llygaid ac mi glywais i o'n dweud, 'Paid ti byth â gwneud hynny eto!' nes ei fod yn eco yn fy mhen. Allan â'm llaw o'r drôr yn cydio mewn cyllell a fforc yn unig, ac mi gaeais y drôr yn sownd.

A dyna ni ddechrau bywyd. Dw i wedi byw yn oes y trol a'r ceffyl a thrwy gyfnod anfon roced i'r lleuad ond dw i'n falch iawn, iawn i fi gael profi'r hen ffordd Gymreig o fyw. Rhamantu? Dim o gwbl. Dyna realiti bywyd plentyn ar Ynys Môn a'm hymateb inna iddo heddiw, a minna bellach wedi croesi oed yr addewid. Pa betha bynnag sydd wedi digwydd i mi ers hynny, mae wedi bod yn braf gallu cofio 'mod i wedi byw trwy'r cyfnod hwnnw ac mae wedi bod yn gysur ystyried, ym merw pwysa a threialon bywyd, bod petha'n gallu bod yn syml a bod bywyd felly yn ddigon hapus – bywyd lle roedd cysgod dwrn fy mrawd Jac yn gymaint o ddylanwad ag ydoedd y Deg Gorchymyn.

'Agor llygad i oleuni'r byd'
Aloma

'Now you go to sleep, dewdrop,' medda'r nyrs wrth fy rhoi i lawr i gysgu yn y cot ar ward y genedigaethau yn Ysbyty'r Gors, Caergybi.

'What did you call her?' gofynnodd fy mam, wedi drysu rywfaint.

'Dewdrop,' medda'r nyrs eto, gan ychwanegu, 'Why didn't you tell us you'd given her a name already?'

Roedd Mam wedi drysu'n llwyr erbyn hyn. Doedd hi ddim wedi penderfynu ar enw i mi o gwbl, felly am be oedd y nyrs yn sôn?

'But I haven't decided on a name for her yet!'

'It's in the paper,' oedd esboniad y nyrs, ac i ffwrdd â hi i nôl y dystiolaeth yn y *Daily Post*. Siŵr iawn, dyna lle roedd ychydig frawddegau o longyfarchiadau ar enedigaeth y babi newydd, Lilian Gwlithyn. Dyna beth oedd sioc i Mam! Doedd ganddi ddim syniad be oedd y tu ôl i'r neges tan iddi fynd â fi adra o'r ysbyty i Lannerch-y-medd.

Daeth yr esboniad wedyn yn ddigon buan.

Mam a fi

Roedd Nain a'i chwaer, fy Anti Kitty, wedi penderfynu y dylwn i gael fy ngalw yn Lilian Gwlithyn a nhw oedd wedi rhoi'r neges yn y papur. Mi wnaethon nhw'r ddau beth, yr enwi a'r cyhoeddi, heb dorri'r un gair efo Mam am y peth. Doedd Mam, yn syml iawn, ddim yn hoffi'r un o'r ddau enw.

I wneud petha'n waeth, daeth chwaer Mam i'n gweld hefyd. Roedd hi a'i chariad ar y pryd, Sais oedd yn yr RAF, newydd ddod 'nôl o Lundain lle buon nhw'n gwylio un o ffilmiau Dorothy Lamour.

'Ew, mi wnaethon ni weld ffilm grêt yn Llundan! *Aloma of the South Seas* oedd ei henw hi ac ma'n rhaid i ti alw'r babi yn Aloma!'

Roedd Mam yn ddigon hapus efo'r enw yna, ond cholles i mo'r Lilian Gwlithyn chwaith. Ac ar ben hynny, roedd Nain am i Mam gadw'r enw teuluol ar ei hochr hi o'r teulu, sef Davies. Ar fy nhystysgrif geni, felly, fy enw llawn yw Lilian Aloma

Gwlithyn Davies Jones! Tydi Llanfair PG ddim yn swnio mor hir rŵan, ydi o?!

Fel mae'n digwydd, roedd y ffilm *Aloma of the South Seas* yn adrodd stori merch ifanc oedd yn ddawnswraig mewn clybiau nos. Roedd yn seiliedig ar ddrama a ffilm fud o'r 20au, a phriodol iawn erbyn hyn ydi i mi gael fy enwi ar ôl rhywun fu'n diddanu mewn clybiau nos a ballu.

A finna'n hŷn, wedi siarad efo Mam am yr holl fusnes o enwi plant, mae'n debyg ei fod yn rhywbeth digon naturiol i'r penteulu ar y pryd, sef fy nain yn ein hachos ni am fod Taid wedi bod i ffwrdd am flynyddoedd yn y Navy, gael y gair ola ar enwi babi newydd. Dyna oedd ei dymuniad hi a doedd gan neb yr hawl i ddadla, dim hyd yn oed mam y plentyn! Rhyfadd 'te!

Mae'n braf gallu dweud fy mod yn un o nifer prin o bobol, sy'n prysur leihau erbyn hyn, sy'n gallu dweud iddyn nhw gael eu geni ar Ynys Môn go iawn, cyn y dyddia o orfod croesi'r bont a mynd i Ysbyty Dewi Sant ym Mangor, ac Ysbyty Gwynedd yn ddiweddarach, i eni plentyn cyn mynd ag o yn ôl i'w fagu ar yr ynys. Ond, oherwydd gwaith fy nhad, rai misoedd yn unig wedi i mi gael fy ngeni, symudodd 'nhad a Mam a finna i Drelogan, ger Treffynnon yng Nghlwyd, a gadael yr holl deulu yn Llannerch-y-medd.

Tydw i ddim yn cofio rhyw lawer am Drelogan a'r unig beth dw i'n ei gofio ydi Mam yn dweud mai yn fan'no y cafodd y canwr David Lloyd ei eni. Roedd ganddo ddwy chwaer a greodd gryn argraff

Taid ar y môr

Nain

ar Mam a dweud y gwir. Toedd hi erioed wedi eu gweld heb eu bod yn gwisgo'r cotiau hir llaes, lledr y bydda'r ddwy yn eu defnyddio pan fydden nhw'n trafaelio o gwmpas yr ardal yn eu fan gwerthu llysiau a ffrwythau. Am ein bod ni'n newydd i'r ardal, a finna'n fabi, bydda'r ddwy yn galw acw'n aml ac yn mynd â mi am dro yn y goets. Bydda 'nhad wedyn yn mynd i'r dafarn yn y pentra, yr Afon Goch, ar waelod yr allt lle roeddan ni'n byw. Pan fydda fo adra, mi fydda David Lloyd yn mynd yno hefyd. Ond er bod yna ganu mawr yn y dafarn bob nos Sadwrn, a'r dynion yn morio canu'r emynau a'r hen ffefrynnau Cymraeg, fydda David Lloyd byth yn ymuno â nhw. Yr ymateb gan yr hogia lleol, a 'nhad yn eu plith, oedd bod y canwr a gafodd ei eni a'i fagu yn un ohonyn nhw wedi mynd yn rhy fawr i'w sgidia ers dechra canu yn Llundain ac yn yr holl neuaddau mawr.

Flynyddoedd yn ddiweddarach, roedd Tony a fi yn profi dipyn o'r un agwedd. Pan fydden ni ar *night out* efo'r teulu neu ffrindia mewn tafarn neu dŷ bwyta, roedd rhywun wastad yn dod atan ni ac yn gofyn i ni am gân. Os oeddan ni'n gwrthod, bydda'r siom ar eu gwyneba yn ddigon amlwg ac ambell un hyd yn oed yn mynd yn reit flin.

'Wel, mi *ddylia* chi ganu cân i ni!' fydda'r ateb yn aml.

Gwenu oedd y ffordd ora i ymateb fel arfer, ond dw i'n cofio un tro pan aeth un dyn dros ben llestri. Yn y diwedd, mi 'nes i droi ato a gofyn,

'Be 'da chi'n neud fel gwaith?'

'Bildar!'

'Ocê, dudwch i mi, 'sa chi ddim yn meindio codi wal frics i mi fama rŵan, ar ôl eich *prawn cocktail* a chyn eich stêc?'

''Di o ddim 'run fath!'

'Wel, yndi, mae o a deud y gwir!'

Ac mi ges lonydd am weddill y noson! Felly mi alla i ddallt agwedd yr hen David Lloyd yn ddigon da. Pan fydda hwylia mawr arnon ni, ar y llaw arall, mi fydden ni'n hapus iawn i ganu'n amlach na gwrthod. Ond roedd yn rhaid gwybod sut i ddelio efo'r ceisiadau.

Blwyddyn a hanner y buon ni fel teulu yn Nhrelogan. Bu Mam yn eitha gwael oherwydd trafferth efo'i harennau. Doedd dim teulu o'n cwmpas yng Nghlwyd wrth gwrs, ac roeddwn i'n dal yn fabi ac angen gofal. Awgrymodd 'nhad y dylwn i a Mam fynd 'nôl i Lannerch-y-medd i gael cefnogaeth a help y teulu yno. Dyna wnaethon ni, mynd 'nôl at Nain a Taid, a'r trefniant oedd i 'nhad ddod i'n nôl ni ymhen rhyw dair wythnos, wedi i Mam wella.

Ar y noson y trefnwyd i'w gyfarfod, dyma Mam a fi'n mynd i ben y lôn i ddisgwyl am y bws naw, yr un, yn ôl y trefniada, yr oedd Dad wedi'i ddal yn y Rhyl er mwyn mynd â ni 'nôl i Drelogan. Roedd Mam wedi cael siwt newydd i mi ar gyfer y daith. Mi ddoth y bws, ond doedd 'nhad ddim arno. Mi aethon ni 'nôl i gyfarfod y bws deg o'r gloch, yr un ola'r noson honno, ond doedd Dad ddim ar hwnnw chwaith.

Doedd dim modd ffonio i weld beth oedd yn bod a chael gwybod pam nad oedd ar y bws, felly roedd yn rhaid aros tan y dydd Llun i weld a fydda Dad yn dod ar fws y diwrnod hwnnw. Ben bore, daeth llythyr drwy'r drws. Llythyr gan 'nhad yn esbonio na fydda'n dod i nôl Mam a fi am ei fod wedi dechra mynd allan efo hogan ifanc oedd wedi symud i mewn drws nesa yn Nhrelogan. Digon yw dweud i hynny fod yn ergyd aruthrol i Mam.

Yr ateb i Mam a fi wedyn oedd parhau i fyw efo Taid a Nain ar Ynys Môn. Roedd gan Mam nifer o frodyr a chwiorydd a sawl un ohonyn nhw wedi priodi hefyd. Brawd 'fenga Mam oedd y Lligwy y daeth Tony i chwilio amdano yn nhŷ Nain. Roedd Mam yn gantores, a'i chwaer hefyd, ac, yn

Hefo Lligwy fy ewyrth yn fy het ysgol Sul!

wir, roedd pob un o'r brodyr yn gallu canu'n dda iawn hefyd. Mab hyna Nain oedd Vaughan ac mi enillodd o sawl cystadleuaeth, cyn cael ei ladd yn bedair ar bymtheg oed yn yr Ail Ryfal Byd. Roedd yn awyrgylch deuluol braf i gael fy magu ynddi a doedd dim prinder cerddoriaeth na chanu. Doedd dim prinder anrhegion i mi fel hogan fach chwaith, pan fydda'r hogia'n dod adra ar *leave* o'r Army neu'r RAF.

Dechra yn ysgol Llannerch-y-medd wnes i wedyn, ac un athro sy'n aros yn y cof o hyd yw John Ty'n Llan. Yr actor J O Roberts ydi o i bawb trwy Gymru erbyn hyn! Roedd o'n arfer cystadlu yn erbyn Mam a'r hogia adra yn yr eisteddfodau. Erbyn i mi a'r genod eraill yn fy nosbarth gyrraedd tua deg oed, roeddan ni i gyd yn credu bod Mr Roberts yn ddyn *handsome* iawn, iawn ac wedi gwirioni arno!

Doedd gen i fawr ddim diddordeb na gallu ym myd chwaraeon, heblaw am un gêm yn benodol, ac mi gydiais i yn y gêm honno yn ysgol fach Llannerch-y-medd. Rhyw fath o hoci oedd y gêm, a'i henw oedd shinti. Yn lle'r ffon hoci arferol, roedd yn rhaid chwarae shinti efo ffon debyg i ffon Taid, â'i phen ucha i lawr. Roeddwn wrth fy modd yn ei chwarae ac mi wnaeth les i mi mae'n amlwg. Pan gyrhaeddais ysgol fawr Amlwch, cefais fy newis ar gyfer tîm hoci'r ysgol. Ond dyna'r unig fentro wnes i ym myd chwaraeon, gan roi'r flaenoriaeth i ganu a cherddoriaeth.

Mi ddechreuais i ddysgu chwarae'r piano pan oeddwn yn saith oed, a'r gân gynta dw i'n cofio'i

Dosbarth Mr J O Roberts

chwarae go iawn oedd 'Wooden Heart' Elvis Presley. Roedd Nain wedi prynu'r *sheet music* i mi ac roeddwn wedi mopio arno, yn enwedig gan fod llun Elvis ar y blaen! Fydda neb yn mynd allan rhyw lawer yn y dyddia hynny, ac yn sicr doedd y merchaid ddim yn mynd i mewn i dafarndai. Felly, pan fydda'r dynion wedi mynd am eu peint, bydda Mam a'i chwiorydd, a Nain a'i chwiorydd hitha, yn cyfarfod i chwarae whist. Cawn i eistedd a'u gwylio'n chwarae ac yna, wedi iddyn nhw orffen, bydda Anti May, un o chwiorydd Nain, yn mynd at y piano a bydda pawb wedyn yn canu am oria, canu caneuon Bob Tai'r Felin ac ati, a Taid weithiau yn ymuno o'r gegin gefn â rhyw *shanty* fel 'Rownd yr horn' o'i ddyddia ar y môr. Dyna'r cymdeithasu wnes i yn y blynyddoedd cyn i mi fynd i'r ysgol uwchradd.

Tua'r un adeg, dechreuais fynd i'r ysgol Sul hefyd. Wedi bod yno am gyfnod digon byr, mi ges gyfla i gyfeilio unwaith y mis yn yr ysgol Sul. Yn anffodus, doedd yr ychydig ymarfer corff roeddwn i'n ei gael wrth chwarae shinti ddim yn ddigon i blentyn tila fath â fi gael digon o nerth i bwmpio'r hen harmoniwm yn y capal fel roedd ei angen i gael sŵn gweddol allan ohoni. Roeddwn i'n chwys doman ar ôl un emyn a bron â bod ar y llawr o dan yr offeryn erbyn y diwedd!

Mi ddoth promoshyn wedyn, sef cael chwarae yn y capal go iawn efo organ go iawn a lot o stops arni. Ar y dechra roedd gen i ffordd o chwarae reit syml, sef tynnu pob stop allan a gobeithio am y gora.

Ond mi wnes i ddysgu nad oedd angen defnyddio pob stop, yn enwedig pan mai dim ond rhyw hanner dwsin fydda yn y gynulleidfa, ac mi ddaeth petha'n haws wedi hynny.

Troi at yr eisteddfodau wnes i nesa a dilyn sawl aelod o'r teulu ar ochr Mam at ddrws Mrs Kitty Williams, Telynores y Foel. Hi ddechreuodd roi gwersi canu i mi. Ond ar ben hynny, fel mae ei henw yn ei awgrymu, roedd ganddi delyn yn y tŷ, yr un gynta i mi ei gweld erioed. Bob tro y diflannai hi i'r gegin ar ba neges bynnag, roeddwn i'n gorfod tynnu ar y tannau, ond wedi gwneud hynny doedd dim syniad gen i sut roedd stopio'r sain wedyn! Roedd gen i ofn cael cop bob tro a hithau wedyn yn dweud y drefn wrtha i. Ond, i'r gwrthwyneb, mi ddoth i sylweddoli bod gen i ddiddordeb yn yr offeryn anferth 'ma yn y gongl. Mi ysgrifennodd ar fy rhan at y Gymdeithas Cerdd Dant, yn gofyn iddyn nhw roi benthyg telyn i mi am flwyddyn er mwyn i mi ddechrau dysgu ei chwarae, gan roi ei rhesymau pam y dylwn dderbyn un.

Bu'r cais yn llwyddiannus ac mi ddoth y delyn, ynghyd ag athrawes o ddewis y Gymdeithas Cerdd Dant, i'm dysgu i'w chwarae, sef Haf Morris, athrawes gerdd yn Ysgol Uwchradd Llangefni. Ar ôl i mi fod yn Ysgol Syr Thomas Jones, Amlwch am ryw flwyddyn, cafodd Haf Morris swydd fel pennaeth yr adran gerdd yn yr ysgol honno. Felly, daeth fy athrawes ar y delyn yn athrawes ysgol arna i hefyd. O ganlyniad, medrai ddweud y drefn wrtha i sawl diwrnod yr wythnos. Bues yn aelod o bob côr

Mrs Kitty Williams, Telynores y Foel

ac yn cystadlu ym mhob cystadleuaeth bosib yn yr ysgol a hefyd yn yr eisteddfodau lleol. Dyna oedd y bywyd i mi.

Telyn fenthyg y Gymdeithas Cerdd Dant

yn y cae, hel pricia i wneud tân a chwarae siop efo peis wedi'u gwneud o fwd a *bacon sandwiches* wedi'u gwneud o ddail tafol! Heblaw am gau'r cyrtens ar bnawn Sadwrn i watshiad y reslo – hynny yw, tan i ni ddeall mai *fix* oedd y cyfan a rhoi stop ar yr arfer – y trît arall sy'n aros yn fyw yn y cof o ddyddia plentyndod yw cael mynd am drip efo 'nhaid ar benwythnos braf. Roedd ganddo feic, ac er mwyn i mi gael mynd arno efo fo roedd yn arfer clymu sach am y barryn o flaen ei sedd â chordyn beindar oren a ffwrdd â ni – i Benllech, rhyw saith milltir i ffwrdd! Roedd yn mynd â fi i weld hen fodryb i mi, sef ei chwaer 'fenga fo. Roedd ganddi gryn dipyn o dir a maes carafanna uwchben glan y môr yn Benllech. Y tŷ yma oedd cartra 'nhaid ar un adeg, ond pan briododd mi symudodd er mwyn i'w chwaer fach gael byw yno. Ymhen hanner can mlynedd, mi fues i'n ddigon lwcus i allu prynu'r bwthyn a'r tir a oedd yn dal yn perthyn iddo, fel y bydda gen i rhyw damad o dir Sir Fôn yn eiddo i mi tra byddwn i byw. Ar hyn o bryd mae'r cyfan yng ngofal fy mrawd, Lligwy, ond pan ddaw'r amser mae'n siŵr mai adra i fanno yr af.

Doedd neb yn gyfoethog yn Llannerch-y-medd, ond roedd pawb yn bwyta'n dda, yn iach ac roedd pawb yn gynnes a chyfeillgar efo'i gilydd. Mae gen i gof byw o hongian oddi ar gefn y trelar adeg cario'r gwair, a chario'r piseri'n llawn dŵr poeth er mwyn i'r hogia gael gwneud te i dorri eu syched

'Llaw fy mam ac awel iach'
Aloma

Y peth mwya dychrynllyd ynglŷn â symud i'r ysgol fawr oedd iwnifform! Tydw i ddim yn siŵr pam, ond roedd hyn yn wir nid jyst amdana i ond am gymaint o blant eraill hefyd – roedd ein tadau a'n mamau yn mynnu prynu iwnifform i ni oedd rhyw dri seis yn rhy fawr. Am wn i, y syniad oedd y basan ni'n tyfu i mewn iddyn nhw yn y diwedd. Gan fy mod yn hogan gymharol fychan, roedd pob dilledyn o'r iwnifform yn edrych fel petawn i'n boddi ynddyn nhw, ond y gwaetha o'r cyfan heb os oedd y gôt law, neu'r *gabardine* fel y câi ei galw. Rydw i'n weddol sicr fy mod yn sefyll arholiadau Lefel A cyn bod y *gabardine* yn fy ffitio'n iawn!

Antur go iawn oedd dal y bws i'r ysgol. Yn nyddia'r ysgol fach, cerdded lawr lôn oedd y daith i'r ysgol. Rŵan, roedd yn rhaid mynd at y *bus stop* ar sgwâr Llannerch-y-medd a chymryd fy lle efo haid o blant eraill wedi gwisgo 'run fath â fi.

Anghofia i fyth yr olygfa gynta o Ysgol Syr Thomas Jones, Amlwch, o'r bws ysgol. Wrth ddod

Ysgol Syr Thomas Jones, Amlwch

i bentra Rhos-y-bol a dod i dop Mynydd Parys, mae Amlwch i'w weld ymhell yn y pellter, cyn hitio'r môr fel petai. Ar y chwith, yn sefyll ar ei phen ei hun, roedd Ysgol Syr Thomas Jones i'w gweld. O dop y mynydd, trwy ffenast y bws, roedd yn edrych yn anferth. Flynyddoedd yn ddiweddarach roeddwn i'n gyrru ar draws Dartmoor ac roedd gweld y carchar yn codi o'r tir yn y pellter yn debyg iawn i weld yr ysgol o dop Mynydd Parys. Daeth yr ofn a deimlwn ar ddiwrnod cynta'r ysgol yn ôl ata i ar y *moors* y diwrnod hwnnw.

Ond diolch byth, chafodd y *gabardine* na'r olygfa ddim effaith rhy ddrwg arna i ac mi wnes i fwynhau dyddia ysgol uwchradd yn fawr iawn. Roedd y cystadlu yn yr eisteddfodau lleol wedi dechra cydio go iawn a gwersi Haf Morris yn talu eu ffordd. Roeddwn i'n dechra crwydro ymhellach nag Ynys Môn i gystadlu hyd yn oed, ac yn mentro ar gystadlu yn Eisteddfodau'r Urdd a'r Genedlaethol. Roeddwn i'n aelod o'r Urdd ond fues i erioed yng Nglanllyn na dim byd felly am fod Taid a Nain yn credu mai ar y petha pwysig, hanfodol roedd angen gwario'r arian a doedd gwyliau mewn gwersyll ddim yn un o'r rheiny. Ond roedd yn grêt clywed y straeon gan yr hogia a'r genod wedi iddyn nhw ddod 'nôl. Un stori gynnar oedd yr un am hogyn ifanc yng ngwersyll Glanllyn. Roedd o wedi mynd â gitâr efo fo i'r gwersyll ac mi fuodd yn canu hefyd. Pwy oedd o? Rhyw foi o'r enw Dafydd Iwan! Dyma'r cyfnod pan ddechreuodd pawb brynu gitârs a dod â nhw i'r ysgol ac, yn sgil hynny, dechra canu hefyd. Y gân a gâi ei chanu a'i chanu yn ddi-stop gan y cantorion newydd 'ma oedd 'Bryniau Bro Afallon' – roedd hi'n rêl ffefryn. Yr ail agos oedd 'Mae'n Wlad i Mi'. Felly, mi ddes dan ddylanwad Dafydd Iwan cyn ei weld na'i glywed, a hynny yn Ysgol Syr Thomas Jones, Amlwch.

Y tro cynta i mi weld Dafydd Iwan oedd ar raglen deledu a toedd o'n sicr ddim yn siom! Wedyn, a finna wedi mynd i Eisteddfod Genedlaethol y Bala efo'r ysgol, roeddwn i'n cerdded i lawr y brif stryd a dyna lle roedd haid o bobol ifanc wedi casglu ar y palmant. Erbyn i mi gyrraedd y grŵp, mi welais fod Dafydd Iwan yn eu canol a gitâr dros ei ysgwydd.

'Mae o'n bodoli! Mae o'n berson go iawn!' oedd y meddylia aeth trwy 'mhen i wrth weld y ffans 'ma'n ei holi ac yn ei addoli. A dyna'r profiad pop cynta i mi ei gael 'yn y cnawd' fel petai!

Chydiais i ddim mewn gitâr yn y cyfnod hwnnw am fod cael gwersi piano efo dynas yn y pentra a gwersi telyn gan Haf Morris yn hen ddigon. Wel, felly roeddwn i'n meddwl. Penderfynodd rhywun – a tydw i ddim yn siŵr pwy neu mi fasa fo neu hi wedi cael gwybod gen i yn union beth roeddwn i'n ei feddwl o'i syniad – y dylwn i ddysgu chwarae'r ffidil hefyd. Fy Anti Kitty wnaeth gefnogi'r ymgais i mi ddysgu'r offeryn hwnnw, gan ei bod yn hoff iawn o'r ffidil ac yn gweld cyfla i fwynhau ei diddordeb yn yr offeryn trwydda i. Rhoddai ddau swllt, sef deg ceiniog heddiw, i mi bob bore Llun i mi gael talu am y ffidil fesul dipyn. Felly, yn ogystal â chwarae'r piano yn y gwasanaeth ar ddechra diwrnod ysgol, roeddwn wedyn yn gorfod cymryd fy lle yng ngherddorfa'r ysgol. Roeddwn yn y côr a'r partïon cerdd dant hefyd. Haf Morris oedd biau'r clod, i raddau helaeth, am naws gerddorol yr ysgol. Roedd hi'n berson emosiynol, brwdfrydig iawn ac yn rhoi ei holl egni ym mhopeth a bydda hyd yn oed cyfeilio emynau gwasanaethau'r ysgol yn berfformiad ganddi. Cerddoriaeth oedd ei bywyd hi.

Yn yr ysgol y gwelais i opera am y tro cynta, cyn imi wedyn gymryd rhan mewn un fy hun, sef y Mikado. Rydw i bron yn siŵr mai Haf Morris ddechreuodd y Miwsic Club yn yr ysgol hefyd, ac roeddan ni'n mynd i ysgolion eraill ar dripiau efo'r clwb. Mi aethon ni i Ysgol Llangefni i weld cynhyrchiad o 'Gondoliers' Gilbert and Sullivan er enghraifft. Un disgybl oedd yn yr un flwyddyn ysgol â mi ac oedd yn rhan o Miwsic Club ei ysgol o yn Llangefni oedd Emyr Huws Jones, neu Ems fel y caiff ei adnabod, ac mi ddaeth o'n amlwg fel aelod

Christine Lee a fi

Cystadlu yn bedair ar ddeg oed

o'r grŵp Tebot Piws. Dros y degawdau diwetha daeth i amlygrwydd drwy sgwennu rhai o ganeuon poblogaidd gora'r Gymraeg. Roedd y clwb yn ffordd grêt o gyfarfod â phobol ifanc eraill, fath ag Ems, wrth i'r clybiau unigol ddod at ei gilydd. Ond fy mêt gora oedd Christine Lee. Ni'n dwy fydda'n canu ac yn cystadlu efo'n gilydd, ac felly dyna'r ddeuawd gynta i mi fod yn rhan ohoni, Christine ac Aloma.

Dylanwad mawr arall arna i tra oeddwn yn yr ysgol oedd cyngerdd go arbennig a gynhaliwyd yno. Daeth Marisa Robles ac Osian Ellis i berfformio. Meddyliwch, dyna lle roedd telynores o Sbaen a thelynor o Gymru, y ddau wedi ennill enwogrwydd dros y byd i gyd, yn perfformio o'n blaenau ni, blant ysgol Syr Thomas Jones, Amlwch. Roedd Marisa Robles wedi astudio yn y Madrid Conservatory ac wedi symud i fyw i Brydain rai blynyddoedd ynghynt ac roedd Osian Ellis, o Sir y Fflint, yn Athro telyn yn yr Academi Gerdd Frenhinol ar y pryd. Dwn i ddim a oedd pawb arall yno wedi gwirioni 'run fath â fi, ond mi wnaeth y cyngerdd argraff arbennig arna i yn ddi-os. Roedd Osian Ellis yn ddyn del iawn ac roeddwn wedi fy swyno ganddo. Mi soniodd am ei waith yn yr Academi Frenhinol ac mi ges fy nghyflwyno iddo fo ar ddiwedd y cyngerdd gan Haf Morris. Gwnaeth hynny fi'n fwy penderfynol byth i wneud yn well drwy ymarfer efo'r delyn yn gydwybodol, ac os nad oeddwn i'n ennill cystadlaethau, roeddwn i o leiaf yn dod yn ail. Flynyddoedd yn ddiweddarach, roeddwn i'n perfformio mewn ysgol fonedd i hogia yn Lloegr ac roedd mab Marisa Robles yn ddisgybl yn yr ysgol honno ac yn y gynulleidfa ar y noson pan berfformiais i.

Mi ddoth llwyddiant ar y llwyfan cenedlaethol hefyd. Un flwyddyn, mi es i Eisteddfod Caerdydd. Roeddwn i'n cystadlu ymhob cystadleuaeth bosib bron, ond *pre-lim* cynta'r diwrnod oedd yr unawd telyn mewn rhyw ysgol yn y brifddinas. Doedd dim amser cyn y *pre-lim* nesa i gludo'r delyn o'r ysgol, felly trefnwyd ei gadael yno a ffwrdd â fi at ba bynnag gystadleuaeth oedd nesa. Mae'n siŵr mai golygfa ddigon doniol oedd ein gweld ni blant yn dilyn Haf Morris fel hwyaid ar lwybr igam ogam ar draws maes yr Eisteddfod yn mynd o gystadleuaeth i gystadleuaeth! Erbyn iddi ddod yn amser mynd i nôl y delyn, am i mi gael llwyfan yn y gystadleuaeth honno, roedd drws yr ysgol wedi'i gloi a'r gofalwr wedi mynd adra! Panic a siom wedyn yn troi rownd a rownd yn fy mhen ac yn fy stumog hefyd. Beth allen ni wneud?

Yng nghefn y llwyfan roedd nifer o'r telynorion oedd yn cyfeilio i'r amrywiol gystadlaethau cerdd dant. Yn eu plith, chwaer Meinir Lloyd, Morfudd Maesaleg, ac un oedd wedi cyfeilio i mi droeon cyn hynny, sef Gwenllian Dwyryd. Esboniodd Haf pam fy mod i wedi ypsetio cymaint.

'Croeso i Aloma gael benthyg fy nhelyn i siŵr!' medda Gwenllian Dwyryd.

Roeddwn i wrth fy modd! Ond wedyn mi wnes i sylweddoli bod ei thelyn hi dipyn mwy na 'nhelyn i. Roedd y tannau, felly, dipyn pellach i ffwrdd oddi wrth ei gilydd a hynny'n ei wneud yn offeryn tra gwahanol. Yr unig ffordd y galla i ddisgrifio'r profiad o'i chwarae yw dweud ei fod yn debyg i ddysgu dreifio mewn Mini a thrio'r prawf mewn Rolls Royce! Ond allwn i ddim gwrthod cynnig o'r fath a ffwrdd â fi i'r llwyfan. Dw i ddim yn gwybod hyd y dydd heddiw sut iddo ddigwydd, ond mi enillais a chael y wobr gynta. I mi, roedd hynny'n *big deal* go iawn.

Roedd fy mam a'm llystad, John, fy nain a fy nhaid wedi gyrru'r holl ffordd o Ynys Môn i Gaerdydd i'm gweld yn cystadlu. Ond wrth iddyn nhw gerdded i'r Maes, dyma nhw'n clywed cyhoeddi enillydd yr unawd telyn, Aloma Jones, Ysgol Syr Thomas Jones, Amlwch. Mi gollon nhw'r perfformiad ar ôl gyrru ar draws Cymru! Diolch byth bod yr ysgol wedi gwneud yn arbennig o dda'r diwrnod hwnnw – mi enillon ni sawl cystadleuaeth ac mi lwyddodd John a Mam i fwynhau'r perfformiadau hynny.

Cerddoriaeth, felly, oedd yn rhoi siâp ar bob dim i mi yn nyddia'r ysgol fawr. Roedd yn dylanwadu ar fy newis o bynciau bob cam o'r ffordd. Deuai'r dylanwad cerddorol oddi wrth y teulu hefyd, wrth gwrs, ond eto i gyd, fydden nhw ddim yn fy ngwthio i'n ormodol ond yn hytrach yn bodloni ar roi pob anogaeth i mi, diolch byth. 'Nes i erioed gwestiynu dylanwad cerddoriaeth ar fy mywyd, 'nes i erioed ddweud nad oeddwn i isho gwneud unrhyw beth cerddorol. Roeddwn i'n ddigon bodlon dilyn y

Christine ac Aloma – gwobr gyntaf yn rhywle!

Plas Mr Radcliffe. Linda, Sandra, Christine a fi

llwybr oedd yn agor yn naturiol o fy mlaen. Wedi'r cyfan, roedd yn cyfrannu at fywyd llawn, hapus ac yn dod â llwyddiant i mi hefyd.

Doedd fawr ddim arall ond y miwsig yn cymryd fy niddordeb yn yr ysgol. Ambell eithriad oedd yna drwy gydol y saith mlynedd a dweud y gwir. Un o'r rheiny oedd yr hoci. Wedi cael blas ar y shinti yn yr ysgol fach, mi ddes yn aelod o dîm hoci'r ysgol fawr yn eitha buan. Yn ystod un gêm yn yr ysgol, mi gefais fy hitio yn fy ngheg ac mi es adra â 'ngheg yn ddu a 'ngwefusa wedi chwyddo. Roedd golwg ofnadwy arna i. Cymerodd Nain un olwg arna i ac roedd ei barn yn bendant!

'Dyna ni, dyna ddiwedd ar yr hoci 'ma! Mi allet ti fod wedi cael dy hitio ar dy ddwylo a titha'n malu dy fysadd, a dyna fydda diwadd wedyn ar y piano a'r delyn. Felly, dim mwy o chwara'r blincin hoci gwirion 'ma!'

Toedd o'n gwneud dim gwahaniaeth i Nain fy mod wedi cael fy newis i chwarae i dîm y sir erbyn hynny, yn ogystal â'r ysgol. Doedd dim byd yn cael sefyll yn ffordd y miwsig!

Roedd pedair ohonon ni, Christine Lee, ei chwaer Sandra, Linda Williams a finna, yn mynd i blas Mr Radcliffe y tu allan i Fodedern i ddiddanu rhai o'r bobol gyfoethog oedd yn mynd yno i saethu. Mi fydda'r pedair ohonon ni wedi'n gwisgo yn ein gwisg Gymreig lawn ac yn rhoi noson gerddorol amrywiol i lond stafell grand iawn o ymwelwyr. Roedd llawr pren anhygoel i'r stafell a lle tân enfawr agored a bydda'r fflamau a'r mwg yn llenwi'r lle. Yn y gongl roedd *grand piano* mawr. Ar bob ffenast uchel, osgeiddig roedd *drapes* yn disgyn yn urddasol i'r llawr. Doedd o ddim byd tebyg i'r tŷ cownsil roeddwn i'n byw ynddo yn Llannerch-y-medd! Ein tâl am yr adloniant fydda cael pâr o ffesants gan Mr Radcliffe i fynd adra i'n rhieni a bocs o siocled mints â 'Made by Royal Appointment' ar y bocs.

Un noson roedd y stafell 'ma'n llawn Americanwyr. Ar ddiwedd y noson, dyma un yn dod ata i am sgwrs gan ddweud ei fod yn gynhyrchydd ar sioe Ed Sullivan ar deledu America. Roedd hon yn sioe y bydda miliynau o Americanwyr yn ei gwylio bob nos Sul ac wedi gwneud ers iddi ddechra yn 1950. Roedd Elvis wedi bod ar y sioe yn y 50au a'r Beatles yn 1964, pan wnaeth Tony a fi gyfarfod. Ond nid isho creu argraff arna i oedd yr Americanwr yma wrth ddweud hyn i gyd wrtha i – roedd o am ofyn i mi fod ar y sioe! Anhygoel!

Mi aeth Mr Radcliffe wedyn i gael gair efo 'nheulu ac esbonio'r fath gyfla oedd hwn. Ond roedd America yn rhy bell iddyn nhw anfon eu merch fach 'radeg hynny ac felly bu'n rhaid gwrthod y gwahoddiad i fod ar sioe Ed Sullivan! Roedd hynny fel petai yn ymarfer da ar gyfer sawl siom arall a gefais yn y byd perfformio.

Rai blynyddoedd wedyn, a minna wedi bod i ffwrdd am ychydig ddyddia, wedi imi ddod adra cefais neges yn dweud bod Mr Radcliffe wedi galw a gofyn i mi alw i'w weld o. Tydw i ddim yn gwybod sut, ond rywsut neu'i gilydd roedd o wedi clywed bod posibilrwydd i mi fynd i Goleg Cerdd Manceinion. Roedd hefyd wedi dod i ddeall un peth arall, sef bod fy nhelyn yn un eitha hen ac nid yr ora oedd ar gael i rywun oedd yn sôn am fynd i goleg fel yr un ym Manceinion.

Roedd yn llygad ei le. Y delyn oedd gen i oedd un Grecian ail-law wnaeth fy nhaid ei phrynu i mi o *Exchange and Mart*. Mi aeth John, fy llystad, a 'nhaid i nôl y delyn yr holl ffordd i Amwythig. Wedi cyrraedd yno, sylweddolodd y ddau fod y delyn yn cael ei chadw mewn atig gan ryw hen wraig o'r dre. Yn waeth na hynny, roedd yn ddu o'r top i'r gwaelod gan fod rhywun wedi'i phaentio. Doedd dim tant arni a doedd rhai o'r pedals ddim yn gweithio chwaith! Ond gan nad oedd miloedd o bunnau ar gael i brynu un newydd, doedd fawr ddim dewis ond ei chymryd. Yn sicr, doedd gan 'nhaid na Nain ddim modd i brynu telynau yr un fath â'r rhai a ddefnyddid gan y telynorion y byddwn i'n cystadlu yn eu herbyn yn yr eisteddfodau. Felly 'nôl â'r delyn ddu i Ynys Môn!

Aeth fy nhaid ati i'w thrin a gwneud ei ora i drwsio'r pedals – trwy ddefnyddio *washers* beic i'w tynhau! Roedd rhai o'r angylion ar y ffrynt wedi disgyn i ffwrdd ac mi greodd fy nhaid ddau ben angel newydd i mi allan o *plaster of Paris* a'u paentio mewn *gold leaf*! Mi dynheais y tannau fy hun wedyn, fel roeddwn i wedi cael fy nysgu i wneud gan Miss Morris.

Roedd plât *brass* ar dop y delyn ac arfbais arno'n

dweud 'Made by Royal Appointment to George IV & the Royal Family, Dawson Street, Dublin'. Mi wnes rywfaint o waith ditectif wedyn, gan fynd â'r delyn yn y diwedd i siop yn Llundain, a deall ei bod hi'n delyn anarferol iawn a bod popeth heblaw am angylion *plaster of Paris* Taid a'r *washers* beic yn ddarnau gwreiddiol. Felly, er nad ydi hi'n delyn cyngerdd go iawn a'i bod yn delyn Grecian wahanol i'r rhai arferol, mae'n un arbennig wedi'r cyfan ac mae'n dal gen i.

Ond pa mor anarferol bynnag oedd y delyn, doedd hi ddim yn un a allai gyrraedd safon coleg cerdd. Dyna oedd Mr Radcliffe wedi dod i'w ddeall.

'I've followed your career, Aloma,' medda fo wrtha i pan 'nes i alw yn y plas, 'and I know that you are singing a lot now, but I want you to know that if you accept the place at Manchester College of Music, I want to buy you a brand new harp, however much it costs.'

Wel! Rydw i'n ypsetio hyd heddiw wrth feddwl am y fath gynnig gan Mr Radcliffe. Roedd yn andros o gynnig caredig. Anghofia i byth y fath haelioni, ond dderbyniais i mo'r cynnig i fynd i Fanceinion wedi'r cwbl – a hynny am reswm sy'n swnio'n ddigon rhyfadd ac annerbyniol, dw i'n siŵr, y dyddia 'ma.

Yn y car â ni, Nain, Taid a'm llystad, i'r clyweliadau ym Manceinion a'r delyn wedi'i chlymu ar ben y car! Wedi i mi wneud y perfformiadau piano a chanu, tro'r delyn oedd hi. Jean Bell oedd enw'r ddynas a ddaeth ata i i'm clywed yn chwarae'r delyn. Yn ogystal â bod yn diwtor telyn yn y coleg, hi oedd telynores cerddorfa fyd-enwog yr Hallé. Ar ôl y clyweliad, dwedodd wrtha i ei bod yn ei chael hi'n amhosib bron i jyglio'r ddwy swydd a bod angen rhywun arni i gymryd ei lle yn yr Hallé pan fydda hi'n methu teithio efo nhw oherwydd ei chyfrifoldebau yn y coleg. 'Fydda gen ti ddiddordeb mewn bod yn "eilydd" i mi?' gofynnodd. Roeddwn felly wedi cael fy lle yn y coleg a chyfla i fod yng ngherddorfa'r Hallé!

Allan â mi i'r car lle roedd y tri wedi bod yn aros amdana i a minna'n ysu i gael rhannu'r newyddion.

'Chei di ddim dod i le fath â hwn!' medda Nain yn syth.

'Wel pam?'

''Dan ni wedi bod yma ers dros awr a dydan ni ddim wedi gweld neb ond pobol dduon!'

Mi ddoth y cynnig swyddogol yn y post cyn pen dim ond penderfynu ei wrthod wnes i yn y diwedd, a Nain yn falch nad oeddwn i'n symud i Affrica! Mae'n siŵr gen i bod sawl rheswm am hynny. I ddechra, yn y cyfnod hwnnw, roedd yn rhaid bod yn ddeunaw oed i ddechra yn y Brifysgol neu, yn fwy perthnasol yn fy achos i, yn yr Academi yn Llundain. Ond, gan fod fy mhen-blwydd ym mis Tachwedd, doeddwn i ddim yn ddeunaw ar ddechra'r flwyddyn coleg, felly byddwn wedi gorfod aros blwyddyn cyn cael dechra yn yr Academi, neu unrhyw brifysgol a dweud y gwir. Fy mwriad felly oedd aros blwyddyn yn y gobaith y gallwn fynd i Academi Llundain, a mynd at Osian Ellis a wnaeth gymaint o argraff arna i yn yr ysgol. Roedd Manceinion yn eithriad am eu bod yn fodlon derbyn myfyrwyr oedd yn ddwy ar bymthag oed ar ddechra'r flwyddyn gynta.

Roedd Tony ac Aloma wedi dechra cydio erbyn hynny hefyd ac felly roedd gen i rywbeth allai lenwi rhywfaint ar y flwyddyn o aros. Er nad oeddwn i'n cymryd Tony ac Aloma ormod o ddifri ar y dechra, roedd yn sicr yn gyfnod cyffrous, a'r cyfla i fod ar y teledu ac ati yn cynnig rhywbeth gwahanol i'r cystadlu eisteddfodol a'r canu roeddwn wedi'i wneud ynghynt.

Roedd un arall o weithgareddau'r ysgol wedi agor cil y drws ar yrfa bosib hefyd, a hynny yn syrpréis llwyr i mi. Roeddwn wedi dechra mynd i glwb pobol ifanc ym mhentra Parc, rhyw ddwy neu dair milltir y tu allan i Lannerch-y-medd. Y cyfan oedd pentra Parc oedd capal, ysgol, hanner dwsin o dai cownsil ac ambell i ffarm.

Fan'no roedd Mrs Wilias, neu Audrey Mechell

Grŵp drama Parc

fel y caiff ei hadnabod rŵan, wedi dechra clwb drama. Ar y pryd, roedd cystadleuaeth ddrama trwy Gymru, yn debyg iawn i fformat cystadlaethau'r Urdd, er nad yr Urdd oedd yn ei chynnal. Dewiswyd tri ohonon ni i gymryd rhan mewn drama ar gyfer y gystadleuaeth hon: Linda Margaret, un oedd â phrofiad helaeth o gystadlu yn yr eisteddfodau, Idris Charles a fi. *John Huws Drws Nesa* oedd enw'r ddrama, stori hen lanc oedd yn byw drws nesa i ddwy chwaer ac ymdrechion y ddwy i ddenu serch yr hen lanc. Mi wnaethon ni ennill yn lleol ac yn y sir, a rownd Gogledd Cymru oedd nesa. Wil Sam oedd y beirniad ar y noson honno yn Harlech. Bob tro y byddwn i'n ei weld, tan iddo farw, yr un oedd ei neges, fel y dwedodd wrtha i ar noson y gystadleuaeth.

'Aloma, mi ddylet ti wedi bod yn actores cofia. Wyt, mi rwyt ti'n canu'n hyfryd ac rydw i wrth fy modd yn gwrando ar Tony ac Aloma, ond mi allat ti fod wedi mynd yn bell efo dy actio.'

Mi enillon ni rownd y Gogledd, a ffeinal Cymru gyfan oedd nesa, lawr yng Nghefneithin. Roedd tair drama arall yn ein herbyn, gan gynnwys cynhyrchiad o un o weithiau Shakespeare gan fyfyrwyr Coleg Cerdd a Drama Caerdydd, myfyrwyr oedd yn llawn la-di-da, pobol colur efo nhw ar y noson, pobol i'w gwisgo a'r holl garnifal, ac ar ben hynny i gyd, rhyw agwedd ddinesig ffroenuchel. Plesiwyd y beirniad gan ein perfformiad ni ac mi enillon ni'r gystadleuaeth! Yn ogystal â'r gorfoledd o ennill cystadleuaeth trwy Gymru gyfan a churo'r la-di-das wrth wneud hynny, roedd gan y beirniad air o anogaeth i minna hefyd. Dwedodd i mi greu cryn argraff arni efo'm hactio ac mi nododd mai fy mherfformiad i oedd y gora ar y noson. 'Nôl â mi wedyn i Sir Fôn efo geiriau'r beirniad yn eco yn fy mhen a geiriau Wil Sam yn gymysg â nhw hefyd. Tybed oedd actio, wedi'r cyfan, yn bosibilrwydd fel gyrfa?

Wedi dweud hynny i gyd, er gwaetha'r holl ddylanwadau cerddorol yn yr ysgol ac adra, er gwaetha'r anogaeth annisgwyl ym myd y ddrama, un peth roeddwn i isho'i wneud ar ôl gadael ysgol, ac un peth yn unig, sef bod yn nyrs. Dyna oedd Mam isho'i neud ond doedd Taid ddim yn fodlon ac yn barnu ei bod yn rhy ifanc i adael cartra. Mi dyfais yn clywed Mam yn dweud faint y bydda hi wedi mwynhau nyrsio a pha mor awyddus oedd hi i ymuno â'r Royal Alexander Corps yn y Rhyl.

Pedair cenhedlaeth

Ond rhaglenni nyrsio fath â *Casualty* a *Holby City* yw'r agosa y des i at fyd y nyrsys! Rhyfadd sut mae petha'n troi allan. Mae fy wyres, Tammy, ym Mangor newydd orffan dwy flynedd yn y *cadets* nyrsio yn Ysbyty Gwynedd a newydd ddechra gwneud gradd nyrsio yn y Brifysgol. Mi gafodd hi wersi piano a gwersi telyn, fath â fi, a fath â fi hefyd roedd hi am fod yn nyrs drwy'r cyfan. Ond yn wahanol i mi, mi gafodd hi ei dymuniad ac mae awydd Mam wedi cael ei wireddu o'r diwedd, yn y bedwaredd genhedlaeth.

A dyna i chi un cwestiwn arall a gododd ei ben yn nyddia Syr Thomas Jones. I bwy oeddwn i'n perthyn? Toedd gan fy nhad ddim rhan i'w chwarae yn fy magwraeth o gwbl wedi iddo fo ddewis aros yn Nhrelogan, ac ar ôl rhai blynyddoedd roedd Mam wedi ailbriodi efo John Evans, a fu'n llystad grêt i mi am flynyddoedd lawer. Pe baswn i wedi cael dewis tad allan o *line-up* o dadau, fo baswn i wedi'i ddewis. Roedd yn aelod o'r Welsh Guards a laniodd yn Dunkirk, Ffrainc yn 1940 ond cafodd ei gipio gan y gelyn ddau ddiwrnod yn ddiweddarach. Bu'n garcharor rhyfal am flynyddoedd. Ond er gwaetha hynny, doedd ganddo'r un gair chwerw na thrist i'w ddweud am y rhyfal o gwbl a chlywais i mohono fo erioed yn dweud ei fod yn casáu unrhyw un. Dim ond straeon doniol, ysgafn am y rhyfal dw i'n cofio eu clywed ganddo. Straeon am y rasys chwain rhwng y milwyr, er enghraifft, pob un wrth gwrs â'i chwannen unigol ei hun wedi'i thynnu o'i gesail neu ei frest! Roedd un ras yn gallu para dyddia gan fod y chwain yn aml yn gorwedd yn yr unfan am oria ar y tro ac yna'n neidio am ychydig cyn gorffwys eto. Pan fydda'r ras yn gorffen, roedd yr enillydd yn cael gwobr werthfawr iawn mewn carchar o'r fath, sef tamaid o dorth. Pan enillodd John un o'r rasys 'ma, er mwyn gwneud yn siŵr nad oedd neb yn dwyn y bara, roedd wedi rhoi'r dorth o dan ei ben a chysgu arni – pan ddeffrodd y bore wedyn, roedd y bara oedd yn sticio allan bob ochr i'w ben wedi cael ei ddwyn yn ystod y nos gan adael dim ond y stwmpyn oedd o dan ei wddf ar ôl!

Doedd dim chwerwder yn perthyn iddo, a hynny gan un o'r miloedd o garcharorion rhyfal a orfodwyd gan yr Almaenwyr i gerdded am gannoedd o filltiroedd, gan eu symud o un gwersyll i'r llall. Fe aeth am bedwar diwrnod a thair noson heb unrhyw fwyd ar un adeg, cyn cael ei roi mewn gwersyll lle roedd 75,000 o garcharorion. Wrth gael ei symud o le i le, mi basiodd heibio i wersylloedd rhyfal Belsen a Dachau. Rydw i'n cofio John yn sôn am weld y mwg yn codi o simneiau Belsen heb iddo wybod ar y pryd beth oedd yno, ac mi arhosodd yr ogla yn Dachau ar ei gof am byth.

Wedi diwedd y rhyfal, parhaodd efo'r Guards, yn Llundain. Roedd o'n dweud o hyd pa mor hael oedd y Fam Frenhines wrthyn nhw, gan anfon rhyw lymaid i'w cadw'n gynnas pan fydden nhw'n sefyll yn eu bocsys o flaen Clarence House.

Wedi iddyn nhw briodi, symudodd Mam a John i Langefni a'r bwriad oedd i mi fynd efo nhw wrth gwrs. Ond nid felly y buodd hi. Roedd Nain o'r farn y bydda'n well i mi aros efo hi a Taid er mwyn osgoi newid y drefn a symud ysgol, athrawes piano, y capal a ballu. I be oedd isho symud i Langefni oedd ei chwestiwn wedyn. Mae Mam yn dweud tan heddiw nad oedd ganddi hi unrhyw lais yn y penderfyniad, yn union fel na fu ganddi wrth ddewis fy enw pan ges fy ngeni – Nain yn cael y gair ola, a Taid yn cytuno â hi, gan gadw petha at ei gilydd a rhoi trefn ar ein byd. Fel'na oedd hi'r adeg hynny ar yr ynys. Felly, aros efo Nain a Taid fu fy hanes i a mynd at Mam a John ar y penwythnosau. Dyna pam mai yn nhŷ Nain roeddwn i'r diwrnod pan gnociodd Tony ar y drws.

Nain, wrth gwrs, wnaeth enwi fy mrawd cynta hefyd, a'i alw'n David ar ôl fy nhaid a Vaughan ar ôl ei mab hyna. Yn hwyrach, pan oedd Mam yn cael amser anodd efo genedigaeth ei phlentyn nesa,

John Evans, fy llystad

cafodd Vaughan ei anfon i fyw aton ni yn Llan am gyfnod byr – ond bydda hanes yn ei ailadrodd ei hun gan fod Nain wrth ei bodd o gael Vaughan bach yn y tŷ ac mi fynnodd ei fod yn cael aros efo hi. Mae o a finna wedi bod yn agos, felly, ers ein dyddia cynnar. Ymhen blynyddoedd, roeddwn i'n ddiolchgar iawn ei fod adra efo Nain, gan i hynny roi'r rhyddid i mi ddilyn fy ngyrfa. Cafodd fy mrodyr eraill, John, Lligwy a Glen, a'm chwaer Lilian eu magu yng nghartra'r teulu, a oedd yn lle hapus a dedwydd bob amser, yn enwedig pan fydden ni i gyd efo'n gilydd – a bydda hynny'n digwydd yn aml iawn. Mewn sawl ffordd wahanol, mae pob un ohonyn nhw yr un mor bwysig i mi, a'r un mor agos ata i, rŵan ag oeddan nhw yn y dyddia cynnar hynny.

Roedd ein trefniant yn gweithio'n grêt ac roeddwn i'n hapus iawn yn nyddia fy mhlentyndod, heb yr un gofal yn y byd. Yr unig dro i unrhyw gwmwl ddod i'r awyr las oedd yn nyddia'r ysgol fawr. Roedd Nain, wrth gwrs, yn Davies, Mam erbyn hynny yn Evans a minna yn Jones. Sylwodd y plant ar hyn a dechra holi fel mae plant yn unig yn gallu gwneud. Dyna pryd y cododd y cwestiwn yn fy meddwl i,

'Wel, i bwy ydw i'n perthyn go iawn felly? Lle dw i'n ffitio i mewn?'

Wedi peth gofid calon a rhyw gwestiynu ac ati, mi ddois i'r casgliad yn eitha buan fy mod wedi bod yn ofnadwy o lwcus. Mi ges y gora o ddau fyd, dwy fam a dau gartra.

Hefo fy chwaer Lilian a Mam

Fy mrodyr Glen, Lligwy, John a Vaughan

'Gadewais aelwyd fy nghartre'
Tony

Chydig iawn o bobol fydda'n gweithio ar y Sul yn y 50au ar Ynys Môn a doedd dim pybs yn 'gorad yn sicr. Ond roedd y ffarmwrs yn rhai o'r bobol brin hynny oedd yn gorfod gweithio ar y Sul. Erbyn i mi gyrraedd rhyw bymthag oed, roedd y teulu wedi symud o Dy'n Llan i dyddyn Cerrig Tyrn yn Rhosmeirch, rhyw ddwy filltir i ffwrdd. Ac mi ges inna'r gora o ddau fyd hefyd, am i mi gario 'mlaen i weithio fel gwas i'r tenantiaid newydd, Mr a Mrs Jôs, yn yr hen gartra, ond gan ddal i fyw yn y cartra newydd.

Roeddwn wedi gadael yr ysgol i fod yn was ffarm pan oeddwn yn bymthag, er i mi gael profiad go iawn o waith ffarm ymhell cyn gadael ysgol wrth gwrs. Roedd Dad wedi bod yn ddigon clyfar i roi buwch yr un i Huw a Jac a minna – wel, mi ddwedodd wrthan ni mai ni oedd pia nhw a dim mwy na hynny. Ond roedd yn golygu, wrth gwrs, ein bod ni'n cymryd y cyfrifoldeb am edrych ar ôl ein buwch bersonol ni ein hunain ac felly bydda tair buwch yn llai gan Dad i'w godro! Cyn mynd i'r ysgol, felly, roedd gofyn godro'r fuwch – â llaw wrth gwrs. Am sglyfath o job! Eistedd wrth ben-ôl y fuwch a'i chynffon yn eich hitio yn eich gwyneb drwy'r amser – a chynffon nad oedd yn lân chwaith, os ydach chi'n dallt be dw i'n ddweud! Roedd gofyn yn y diwedd i roi cynffon y fuwch ar ei hochr a'i dal yn ei lle â 'mhen tra bydda 'nwylo'n brysur yn godro oddi tani! Yr un oedd y dasg yn syth wedi dod 'nôl o'r ysgol, ac wrth ystyried heddiw, ches i ddim dima am wneud hynny am flynyddoedd. Roedd gan bob buwch enw – enw fy muwch i oedd Ugly, ac mi roedd hi hefyd! Ond, er hynny, roedd gen i feddwl y byd ohoni.

Ac yna, wrth ddechra efo Mr a Mrs Jôs, daeth y dydd pan ges fy nghyflog cynta yn bymthag oed, pum punt, dau swllt a chwe cheiniog! Digon o bres i brynu beic a chyllell bocad i mi fy hun. Dyna i chi deimlad sbesial. Roeddwn i'n ddyn o'r diwedd, on'd toeddwn?

Un pnawn Sul, a minna'n was yn Ty'n Llan, roeddwn i'n cario gwair i fwydo'r gwartheg ac yn cerdded drwy'r buarth i wneud hynny. Fel mae'r enw'n awgrymu, roedd y tŷ ffarm reit drws nesa i eglwys y pentra a wal y buarth yn gwahanu tir yr eglwys a thir y ffarm. Bob pnawn Sul bydda John Edwards y clochydd yn sbio ar ei watsh am bum munud i chwech ac yn dechra canu'r gloch ar yr

Eglwys Tregaian

union eiliad briodol, gan ddal ati i wneud hynny am bum munud tan chwech o'r gloch ar ei ben, pan fydda oedfa'r hwyr yn dechra.

Wrth sefyll am eiliad yn y buarth, ac wedi tanio fy Woodbine, mi wrandewais ar John Edwards yn canu'r gloch ac mi aeth rhyw feddyliau drwg trwy fy mhen. Beth petawn i'n dringo i dŵr yr eglwys a chlymu sach am y tolyn? Basa John Edwards wedyn yn tynnu â holl nerth ei fôn braich am bum munud i chwech a dim byd yn digwydd! Am dric grêt!

Ond go brin i'r syniad gael digon o amser i gydio yn fy nychymyg go iawn cyn i mi deimlo cywilydd i mi feddwl fel'na. O'r cywilydd hwnnw, mewn rhyw ymgais i wneud yn iawn am feddwl chwarae tricia yn nhŷ Duw, y doth geiriau fy nghân gynta erioed, 'Cloch Fach yr Eglwys'. Tan hynny, dim ond barddoni oeddwn i wedi'i wneud. Roedd odli a chwarae efo geiriau wedi rhoi mwynhad i mi

ers i mi fod yn rhyw dair ar ddeg oed, a hynny yn gwbl ar wahân i unrhyw wers yn yr ysgol. Roedd, yn syml, yn rhywbeth o'dd yndda i. Mi wnaeth y meddyliau drwg y diwrnod hwnnw ysbrydoli cân am ryw reswm, yn lle'r farddoniaeth arferol.

Am wn i, dyna'r ffliwc gynta i 'nharo i go iawn, fy mod yn digwydd bwydo'r gwartheg ar yr adeg pan oedd John Edwards yn canu'r gloch. Roeddwn yno ar yr union adeg pan oedd o wrthi. Mae'r fath betha'n peri syndod i mi o hyd, fel mae cwrs bywyd yn troi ar gyfres o ffliwcs.

Cloch Fach yr Eglwys

O! gloch fach yr eglwys, O! gloch fach mor gu,
O! gloch fach yr eglwys yn galw am lu –
Mae'n canu mor swynol dros anial y wlad
I alw pob Cristion i weddi ein Tad.

Ar ddechrau pob wythnos mae tinc yr hen gloch
I'w chlywed o'r pellter lle bynnag y boch,
Mae'n mynd at eich calon, mae'n alwad mor gref
O cofiwch mai'r eglwys yw llwybr y nef.

Ewch yno pob Cristion os cryf neu yn wan
A thithau bechadur ni fydd i ti gam,
Mae'r eglwys fel corlan i ddefaid sy'n wael
Gofalu mae'r Bugail bod iechyd i'w gael.

Mae'n maddau pechodau, mae'n gwella ein gwedd
Mae'n rhoddi ein rhyddid hyd ymyl y bedd,
Dewch felly genhadon i eglwys fach Duw
I fynd ar eich gliniau a diolch am gael byw.

A phan ddaw yr alwad o bellter y byd
I ddychwel i'r llwch o'r lle daethom i gyd
Cloch fach yr eglwys a ganai mor gu
I arwain ein henaid i'r nefoedd fry.

Yn gefndir i'r ffordd yma o feddwl roedd y ffaith bod y capal a Duw wedi bod yn bresenoldeb amlwg yn fy mlynyddoedd cynnar. Pobol y capal oeddan ni yn Talwrn, ond wedyn troi at yr eglwys erbyn dyddia Ty'n Llan – mi ro'dd hi drws nesa i'r tŷ ffarm on'd doedd! Y dyddia hynny, wrth gwrs, doedd dim compiwtars ac ati'n difyrru ni'r plant felly petha mwy syml oedd yn cael ein sylw. Nosweithiau o chwaraeon syml: nyni yw plismyn dewr y dre; fi a Phyllis fy chwaer yn y *church room*, Llangefni; diwrnod diolchgarwch; trip ysgol Sul i'r Rhyl – rhyw mini-Blackpool. Roedd yr eglwys yn rhan o'r adloniant. Dros y blynyddoedd ar ddiwedd yr ysgol fach a dechra'r ysgol fowr, mi ddarllenais y Testament Newydd o glawr i glawr, bennod ar y tro wedi i mi fynd i'm gwely bob nos. 'Nes i ddim dallt dim gair, cofiwch, ond roedd yn rhaid brolio wrth bawb 'mod i wedi cyflawni'r fath gamp a finna ddim hŷn nag un ar ddeg oed. Roeddwn i'n gyfarwydd â gwrando ar bregethau o wythnos i wythnos ac yn y diwedd mi wnes benderfyniad go fawr. Roeddwn i am fod yn bregethwr. Dyna fu fy nod am rai blynyddoedd o'r foment y gwnaed y penderfyniad.

Y cam nesa wedyn oedd sgwennu fy mhregethau fy hun. Mi faswn i'n gwneud rhywbeth i gael gweld rhai o'r pregethau hynny rŵan ond yn anffodus chedwais i mohonyn nhw. Yr unig un a glywodd y pregethau hynny i gyd oedd fy chwaer Phyllis. Dyna lle byddwn i'n sefyll o'i blaen a phlancad wen wedi'i lapio o'm hamgylch er mwyn edrych fath â ffeirad i draddodi'r pregethau roeddwn i fy hun wedi'u sgwennu, a hitha'n eistedd yno'n ddigon tawel fel petai'n gwrando. Mae'n siŵr na wnaeth hi ddim dallt be o'n i'n ddweud, fwy nag oeddwn i mewn gwirionedd yn dallt be oeddwn i'n ei bregethu. Druan â Phyllis!

Ddoth dim byd o'r awydd i fod yn bregethwr. Dw i'n dal i goelio mewn Duw a'n bod ni ar y ddaear 'ma am iddo fo ein creu ni. Does gen i ddim problem efo hynny o gwbl. Ond tybed a wnaeth yr ysfa i greu pregethu droi'n awydd i sgwennu caneuon?

Cyn hir roedd gen i ddigon o arian i allu fforddio prynu mwy na jyst cyllell bocad ac mi edrychais drwy gatalog Gamages er mwyn chwilio am gitâr. Mi ddois o hyd i un oedd yn costio £10 ar HP a dyna'r gitâr gynta ges i, a minna'n rhyw un ar bymtheg yn niwedd y 50au. Bob nos ar ôl diwrnod o waith ar y ffarm mi fyddwn yn mynd â'r gitâr i'm llofft ac yn rhyw chwarae efo cordiau a nodau amrywiol wrth drio creu rhyw gân neu'i gilydd. Fel arfer mi fydda gen i syniad o beth roeddwn i am ei ddweud mewn cân a mater wedyn o roi siâp ar y geiriau a'r brawddegau oedd o. Dyna fyddwn i'n ei wneud bob noson wedyn, crefftio'r gân.

Mi fyddwn i'n cael y teimladau gora ar noson pan fyddwn i'n gwybod i sicrwydd bod cân yn mynd i ddatblygu am fod y syniad wedi treiddio i

Adra yn Cerrig Tyrn yn rihyrsio y pedwar *chord*!

lawr i'r isymwybod. Mi rydw i'n credu'n gryf bod yr isymwybod yn ddylanwad mawr ar rywun sy'n sgwennu caneuon. Weithiau bydda gofyn aros lawr tan ryw bedwar neu bump o'r gloch y bore, ond mi ddôi'r gân gyfan at ei gilydd yn y diwedd. Os oedd hi'n gân hapus, roeddwn i'n hapus hefyd ond os mai cân drist oedd hi, roeddwn i'n crio go iawn. Mae'n rhaid i mi fyw pob cân wrth ei sgwennu ac ella mai dyna pam mae cymaint o deimlad yn y caneuon. Mae'n anodd iawn cyfleu teimlad wrth sgwennu o'r dychymyg – profiad yn unig ddaw â theimlad i'r gân. Mi fyddwn i'n sgwennu'r geiriau yn syth wrth iddyn nhw gyrraedd, fel petai, ond doedd dim raid i mi sgwennu'r dôn, mi gofiwn i honno heb ddim trafferth. Wedi gorffen y gân, i'r gwely â fi wedi blino'n llwyr a'r nerth wedi'i sugno allan ohona i.

Y bore wedyn, mi fyddwn i'n dal copi o'r geiriau yn fy llaw a'u darllen, ac yn ddieithriad fy ymateb cynta fydda ''Rargian, fi sgwennodd y geiria hyn?' Flynyddoedd yn ddiweddarach, mi glywais Lionel Richie, y canwr Americanaidd enwog, yn cael ei holi ar y teledu ac yn sôn am sgwennu caneuon. Dwedodd ei fod yn aml yn cael y teimlad bod y geiriau fel petaen nhw wedi'u sgwennu gan rywun arall. A dyna fo'n disgrifio'n union sut yr ydw i wedi teimlo droeon wrth sgwennu cân, proses ddechreuodd efo 'Cloch Fach yr Eglwys'. Beth sy'n od hefyd yw iddo sôn mai pregethwr yr oedd yntau isho bod am gyfnod hir cyn iddo droi at sgwennu caneuon a chanu.

Os datblygodd unrhyw gân o brofiad personol, yna 'Dim ar fy Ngora yn y Bora' yw honno! Mae hynny wedi bod yn wir erioed, ond yn sicr fe ddaeth yn amlwg pan oeddwn yn was yn Ty'n Llan. Roedd tua ugain o wartheg godro ar y ffarm ac roedd yn hanfodol dechra eu godro am wyth y bore. Yn y dyddia hynny, roedd y cania llaeth yn cael eu rhoi ar y stand wrth ymyl giât y ffarm er mwyn i'r lori laeth eu casglu a mynd â nhw wedyn i'r ffatri laeth yn Llangefni. Os nad oedd y cania llaeth yno, bydda'r lori yn dal i fynd ar ei thaith heb aros am y ffarmwr diog, a dyna laeth y diwrnod wedi'i wastraffu. Toedd dechra godro'n hwyr ddim yn opsiwn felly. Ond mi fyddwn i'n hwyr yn ddigon aml.

Rydw i'n cofio un bore, ychydig wedi i Mr a Mrs Jôs briodi, a hwythau i bob pwrpas ar eu *honeymoon* er eu bod nhw adra! Roedd peiriant godro wedi cyrraedd erbyn hynny, y Gascoigne, ac roedd Mr Jôs yn gwybod 'mod i yn fy ngwaith os gallai o glywed y peiriant yn tanio. Wel, y bore hwn, doedd o ddim wedi clywed y sŵn angenrheidiol erbyn chwarter wedi wyth, ac allan ag o o'i wely cynnes a gorfod dechra'r godro ei hun tan i mi gyrraedd. Mi gyrhaeddais yn y diwedd, ac wrth i mi gerdded i mewn i'r beudy trwy un drws, allan ag o drwy'r drws arall heb dorri gair â mi ac yn ôl i'w wely – wel, dyna 'nes i dybio ac yntau newydd briodi! Fuodd o ddim yn flin efo mi'r diwrnod hwnnw nac ar unrhyw ddiwrnod arall ar hyd y blynyddoedd y bues i'n gweithio iddo fo. Am wn i mai dyna'r agosa ddaeth o i ddweud y drefn wrtha i. Mae'n rhaid dweud mai Mr a Mrs Jôs oedd y bosys gora yn y byd!

Roedd gan Jac fy mrawd gramoffon, un oedd angen ei weindio er mwyn iddi weithio. Pan fydda fo'n mynd i garu ar nos Sadwrn, awn i fyny i'w lofft i wrando ar ei recordia fo. Recordia Saesneg oeddan nhw i gyd, a dim ond un yn Gymraeg. Rydw i'n cofio mai caneuon fel 'Yellow Rose of Texas' ac 'I Love to go a-Wandering' a ballu oedd ganddo fo. Y record o David Lloyd yn canu 'Iesu, Iesu, Rwyt Ti'n Ddigon' a 'Dyma Geidwad i'r Colledig' oedd yr un Gymraeg. Dyna'r record Gymraeg gynta i mi ei chlywed erioed ac o'r foment honno daeth David Lloyd yn artist arbennig i mi. Biti na faswn i wedi'i gyfarfod o.

Mae'n siŵr mai'r ffaith i mi wrando ar yr holl recordia Saesneg hynny sy'n esbonio pam y sgwennais i lot fawr o ganeuon Saesneg wedyn.

Ac mi ddechreuodd roc a rôl gael dylanwad ar fy sgwennu hefyd. Un gân dw i'n ei chofio ydi un o'r enw 'I Love to Rock It' – 'I love to rock it, I love to roll it, I love the Dooh! Dooh! feeling when you do it!' Roeddwn i'n dechra dod o dan ddylanwad yr hyn oedd yn digwydd mewn mannau ymhell iawn o Ynys Môn. Mae gen i lwyth o'r caneuon Saesneg hyn, ond does neb wedi eu clywed erioed. Mae'n siŵr iddyn nhw fod yn boblogaidd iawn i'w canu ar y pryd, ond nid bellach!

Wrth i'r gitâr gyrraedd, mi ddechreuodd y caru hefyd. Ac mae'r straeon caru cynta i gyd bron yn troi o gwmpas y cloc ar sgwâr Llangefni, fel roeddan nhw'r adeg hynny i gannoedd o hogia a genod yr ardal. Trefnu cyfarfod â hogan wrth y cloc oedd y ffordd i wneud dêt, felly dyna be 'nes i a ffwr'

Ymlacio yn Cerrig Tyrn. 'Rod Stewart Rhosmeirch'

â fi ar y bws i Langefni. Ond erbyn i mi gyrraedd y dêt cynta yna, roedd llwyth o genod o gwmpas bob ochr i'r cloc! Roedd o bron fel *take your pick*! Wedi cyfarfod â'r ferch gywir, ffwr' â ni law yn llaw am y Dingle, sef coed go fawr a llwybra'n rhedeg drwyddo fo. I mewn i'r coed â ni a dechra cerdded, a cherdded, a cherdded, a cherdded. Toedd fiw i mi stopio achos pe bawn i'n gwneud hynny, mi fydda'n rhaid i mi wneud rhywbeth arall! Roeddwn i'n gwybod be o'n i isho'i neud, ond ddim yn gwybod sut! Mi gerddodd y ddau ohonon ni am filltiroedd dw i'n siŵr, cyn mynd 'nôl at y bws a chael un gusan fach gyflym yn unig, yn sicr dim byd yn debyg i snog! Mi newidiodd petha ymhen amser, wrth gwrs, ac rydw i'n siŵr, oni bai am y Dingle, na fydda 'na neb yn byw yn Llangefni erbyn hyn am mai dyna lle roedd pawb yn 'dysgu'!

Erbyn i ni gyrraedd rhyw bedair ar bymthag oed roedd gynnon ni geir, a dyna'r cyfla wedyn i ddweud ta-ta wrth y Dingle. Roeddwn i'n rhan o giang o hogia erbyn hynny. 'The Boys' oeddan ni'n cael ein galw ac roedd pob un ohonon ni â rhyw *nickname*. Roedd yna Max, Dutch a Nash. Scott oedd fy enw i. Tydw i ddim yn rhy siŵr pam ond dw i'n credu ei fod o'n rhywbeth i'w wneud â'r ffaith fy mod i'n hoffi'r enw Alexander Scott – er nad oes gen i ddim syniad pam, na phwy oedd o chwaith. Dyna'r enwau y bydden ni'n eu hiwsio efo'n gilydd, a dyna un enw arall i'w ychwanegu at Thomas a Tony!

Caernarfon gymrodd le'r Dingle wedyn a draw â ni yn un haid yn ein ceir. Mae'n siŵr bod y darlun ohona i'n gadael buarth Cerrig Tyrn yn edrych fath â Teddy Boy â thunnell o Brylcreem yn fy ngwallt yn edrych yn ddigon rhyfadd i ffarmwrs yr ardal! Tafarn yr Hole in the Wall oedd y man cyfarfod yn y dre a'r hoff ddiod oedd, coeliwch neu beidio, *barley wine*! Wedi dwy botelaid ohono, y ddefod oedd cael glasiad yr un o Drambuie a'i daflu lawr cefn y gwddw mewn un shot. Yn y gwesty yn Blackpool rŵan, ma'r rhai ieuenga sy'n aros efo ni'n gofyn am ddiodydd sy'n cael eu galw'n shots, ac mae hynny'n dod ag atgofion melys 'nôl o'n shots ni yng Nghaernarfon ar ddiwedd y 50au.

Allan â ni o'r dafarn wedyn, 'rargian, yn barod am un o ddau beth, cariad neu ffeit! Toeddan ni ddim wedi meddwi, ond roeddan ni'n meddwl ein bod ni! Bydda'r genod yn cerdded *non-stop* o amgylch y Maes, grwpiau o ryw dair neu bedair ohonyn nhw fraich ym mraich, rownd o dan y bont a 'nôl i fyny er mwyn dechra eto. Roedd yr hogia wedyn yn sefyllian mewn grwpiau yn nrysau'r siopau a'r tafarndai ac yn talu sylw manwl i bawb oedd yn pasio. Pan fydda hogan yn dal y llygad mi fyddan ni wedyn yn mentro rhyw helô, neu winc ella, ac aros yno tan iddi hi a'r parêd ddod rownd yr ail waith a gweld a oedd modd datblygu'r sgwrs ychydig ymhellach. 'Cau dy geg' fydda ateb ambell un ond bydda ambell un arall yn ymateb yn fwy ffafriol, diolch i'r drefn! Erbyn diwedd y noson bydda'r cerdded mewn cylch yn stopio ac roedd cyfla wedyn i siarad efo'r genod go iawn, a ninna wedi'u gweld nhw'n cerdded heibio dro ar ôl tro drwy'r nos. Dyna beth oedd system ffantastig!

Pe bai digwydd bod car gen yr hogia, roeddan ni'n mynd i dop y rhestr yn syth wedyn, a'r genod yn meddwl ein bod ni'n fois go iawn! Er mwyn creu'r fath argraff, mi gafodd ffrind a mi fenthyg car yn Llangefni am y noson – ac mi weithiodd! Ar ddiwedd y noson, dyma fo a finna'n cerdded 'nôl i'r car law yn llaw efo hogan yr un. Ond y funud y gwelson nhw'r car, mi wnaethon nhw ei heglu hi 'nôl i'r dre cyn gynted ag y medrai eu sodlau uchel eu cario. Mae'n amlwg bod y dom ieir ar hyd y sedd gefn wedi difetha unrhyw argraff roeddwn i wedi'i chreu!

Os oedd hi'n gam mawr o'r Dingle i Gaernarfon, roedd y cam nesa i fi yn un mwy byth. A minna'n tynnu am yr ugain oed, roedd yr awydd yn codi i drio rhywbeth arall. Roeddwn i isho mentro ar waith mewn byd newydd; yn wir, roedd gen i awydd mentro dipyn ymhellach na Sir Fôn i ennill fy mara menyn. Nid dod o hyd i rywbeth newydd oedd y draffarth – mi fydda hynny'n ddigon hawdd mae'n siŵr – ond rhoi fy notis i mewn i Mr a Mrs Jôs. Dyna gythgam o job! Roeddwn i'n teimlo 'mod i'n eu gadael nhw lawr ar ôl iddyn nhw fod mor dda efo fi; yn wir, roedd fy nheimladau i'n gryfach na hynny, roedd fel petawn i'n eu sarhau nhw go iawn. Toedd o ddim fel petawn i'n anhapus yno chwaith – i'r gwrthwyneb – ond roedd y traed yn dechra cosi. Mi gymrais wythnosau i fagu'r gyts i ddweud wrthyn nhw.

Es i ddim ymhell iawn i ddechra chwaith. Mi fues yn *chauffeur* ac yn arddwr i Roger Lloyd y Plas am gyfnod. Gyrru lori lo Watcyn Jones 'nes i nesa, sglyfath o job a dweud y gwir, ond roedd Watcyn yn gymeriad arbennig iawn ac roeddwn i'n falch o gael y job, cyn mynd i yrru lori wedyn i siop E B Jones, Llangefni. Roeddwn i'n mynd â negeseuon o'r siop o amgylch y tai a hefyd yn cario bwyd gwartheg i'r ffermydd. Mi es un diwrnod i ffarm yn Llanfair-yng-Nghornwy efo'r bwyd gwartheg 'ma, a'r ffarmwr hwnnw ofynnodd i mi drefnu'r noson lawen arweiniodd at fy nhaith i Lannerch-y-medd i guro ar ddrws Aloma. Roedd y ffarmwr wedi fy nghlywed i'n canu mewn rhyw glwb British Legion os cofia i'n iawn, gan i fi ddechra canu ychydig ynghynt pan o'n i'n was yn Ty'n Llan.

Roeddwn i ar fin newid fy myd a gadael bro fy mebyd. Ond nid yn y ffordd y g'nes i ddychmygu wrth roi'r notis 'na i Mr a Mrs Jôs chwaith.

'Rhywbeth bach i'w ddweud'

Dyna sut y cyfarfu'r ddau berson ifanc hyn o'r un ynys â'i gilydd a dyna sut y buon nhw'n byw cyn y flwyddyn 1964. Ffliwc, efallai, oedd wedi arwain at y cyfarfyddiad cyntaf hwnnw ond amhosib dweud ai ffliwc neu ffawd oedd yn gyfrifol am roi'r union ddau enw hyn iddyn nhw. Mewn dau fan gwahanol ac mewn dau gyfnod gwahanol, bu'r ddau drwy rhyw firi digon rhyfedd yn ymwneud â'u henwau ers pan ganed hwy.

Pa mor wahanol fyddai pethau wedi bod petai'r ddau wedi cael eu galw'n enwau gwahanol? Go brin y byddai Gwlithyn a Thomas wedi cydio yn y dychymyg ar bosteri ledled Cymru, na Tony a Lilian, nac Aloma a Thomas, nac yn wir unrhyw gyfuniad arall o'u henwau heblaw am yr un sydd wedi goroesi. Am gyfnod, roedd ganddyn nhw eu henw eu hunain ar y ddeuawd, sef Alomatony. Dyna'r arwydd oedd wedi ei ludo'n dynn i ffenest gefn Zodiac Tony am y misoedd cyntaf. Ond yn ôl at Tony ac Aloma y daethon nhwythau hefyd. Ac i ychwanegu at firi'r enwau, roedd Aloma hyd yn oed wedi mynd i ysgol oedd â'r un enw â'i phartner canu, heblaw am y Syr wrth gwrs! Diolch i'r drefn felly, er gwaetha'r posibiliadau eraill, bod y ddau deulu wedi cytuno ar alw eu plant yn Tony ac Aloma. Dyna'r ddau enw a glywyd gyntaf ar lwyfan yn Sir Fôn yn 1964 pan oedd Aloma'n ferch ysgol a Tony'n gyrru lori.

'Dim ond ti a mi'

Ar ôl cael ei wahodd i mewn i dŷ nain Aloma, a chymryd ei sedd yn y parlwr gorau, mi wrandawodd Tony ar y perfformiadau cerddorol amrywiol y bu'n rhaid i Aloma eu gwneud iddo ar orchymyn ei nain. Roedd yn amlwg i Tony bod rhywbeth wedi clicio rhwng y ddau ohonyn nhw. Cyn pen dim hefyd, daeth i sylweddoli bod lleisiau'r ddau'n asio'n hyfryd gyda'i gilydd, ond yn ogystal â hynny, roedden nhw wedi creu argraff arbennig ar ei gilydd yn bersonol. Wedi i Tony glywed Aloma'n canu a chwarae'r delyn, trodd y sgwrs at y rheswm dros ymweliad Tony yn y lle cyntaf, ond gydag un gwahaniaeth amlwg.

Tony

Wedi i mi gyfarfod ag Aloma a'i chlywed yn perfformio mi anghofiais yn llwyr am Lligwy! Mi es ati'n syth i ofyn a fasa gen Aloma ddiddordeb mewn canu yn y noson lawen roeddwn i'n ei threfnu. Ar y pryd roedd Aloma'n canu mewn deuawd efo'i ffrind, Christine Lee, ac felly mi ddoth y ddwy ohonyn nhw i berfformio.

Aloma

Dechreuodd Tony alw draw yn fwy cyson o lawer wedyn. Bydda Christine yn dod adra efo fi i de ar ôl ysgol a bydda Tony yn galw heibio i fynd dros y caneuon oedd gynnon ni. Doedd dim llawer yn ein *repertoire* ond roedd yn grêt cael cyfla i fynd dros y caneuon efo rhywun oedd yn gyfarwydd â sgwennu caneuon a'u perfformio ei hun. Cyn hir, mi ddechreuais i ganu harmonïau yn gefndir i Tony mewn ambell gyngerdd lle roedd o'n gwneud ei act ar ei ben ei hun.

Tony

Fedra i ddim cofio i Aloma a fi ddod at ein gilydd i ganu go iawn tan i ni gwrdd ag Idris Charles a ffurfio rhyw barti bach oedd yn cynnig adloniant o neuadd i neuadd drwy'r ardal. Mi gwrddais ag Idris mewn cyngerdd neu noson lawen yn Llangefni dw i'n credu. Ei dad, yr anfarwol Charles Williams, oedd arweinydd y noson, ond rydw i'n credu iddo alw'i fab i'r llwyfan am ryw bum munud er mwyn rhoi cyfla iddo fo ar lwyfan. Wedyn, mi gofiais amdano pan oeddwn wrthi'n trefnu noson lawen arall fy hun. 'Run fath o stori â chyfarfod Aloma yn y bôn! O fan'no y daeth y syniad wedyn y dylai Idris, Aloma, Christine Lee a finna ffurfio parti adloniant. Roedd Idris yn sicr â'i fryd ar fod yn rhan o'r byd adloniant yn llawn-amser ac yn gweld creu parti'n ffordd o ddatblygu ei grefft. Roedd un o'n nosweithiau cynta fel grŵp ym mhentra Parc, lle

daeth dawn Aloma fel actores i'r amlwg. Digon syml oedd y cyfleusterau yn y fan honno – cynfas wen fel wigwam yn hongian ar linyn beindar un ochr i'r llwyfan oedd y *dressing room* a mwg yn codi y tu cefn iddo fel smôc signals pan fydda Idris a fi'n cael smôc. Ond roedd o'n ddechra. Aloma a Christine yn canu, finna'n canu, Idris yn dweud jôcs, a mater o amser oedd hi cyn i Aloma a finna ganu efo'n gilydd hefyd.

Aloma

Daeth hynny i fod wrth i fam Christine ddechra blino ar y ffaith bod Christine yn rhoi cymaint o amser i'r cyngherddau 'ma am fod hynny'n golygu creu gwaith iddi o'i chludo ar draws yr ynys o fan i fan, yn aml iawn yn hwyr y nos. A falla'n fwy pwysig hefyd, roedd hi'n ofni bod ei gwaith ysgol hi'n diodda. Felly mi ddoth canu efo fi mewn cyngherddau i stop, er i Christine a fi barhau i ganu deuawdau mewn cystadlaethau. Canu efo Tony oedd yr ateb amlwg i mi felly.

Tony

Ew, cofio ni'n mynd i'r Cricket Club yn Bangor! Dechra'r *big time*.

Aloma

Roedd hynny'n ddechra perfformio y tu hwnt i'r ynys, yn sicr. Ac mi ro'dd 'na un enw mawr yno'n perfformio ar yr un noson â ni, er nad oedd o'n enw mawr ar y pryd chwaith, sef Tom O'Connor. Roedd o'n dal i fod yn athro 'radeg honno. Rhyfadd sut ma petha'n troi allan, gan y bydda Tom yn dod 'nôl yn rhan o'm stori i ymhen blynyddoedd lawer wedyn mewn cyfnod pan nad oedd Tony a fi'n canu efo'n gilydd. Ond dw i'n cofio'r noson honno mi wnaethon ni adael gan ddweud bod y boi yna'n mynd i fod yn dipyn o seren.

41

NEUADD ST. JAMES, CWMANN

NOSON LAWEN

TONY ac ALOMA

Y PERLAU   DAFYDD EDWARDS

ANGELA ROGERS-LEWIS

Tannau Tawela

Alun Wynne Jones

Nos Fawrth, Ebrill 8, 1969

Arweinydd: IWAN DAVIES, Ysw.

Cadeirydd: HANDEL EVANS, Ysw.

Tocyn-5/-   Plant Ysgol Gyrradd-2/6

I ddechrau am 8 o'r gloch   Cedwir Seddau Cadw hyd 7.45

YR ELW TUAG AT GLWB FFERMWYR IEUAINC CWMANN

**SANT PAUL (E.F.)
ABERGELE**

"Deuwch, Canmolwch yr Arglwydd"

Nos Iau, Mehefin 12, 1969
am 6-30 o'r gloch

Cadeirydd: Y Parch. Kenneth E. Chorley
(TRINIDAD a BARBADOS)
ARTISTIAID:
TONY ac ALOMA
GWEN PARRY-JONES
MAIRLYN LEWIS
GERAINT ROBERTS
NANSI EVANS   IOLA a NIA PARRY
GWYN JONES   WYN HUGHES
Telynores: Ceinwen Roberts
Organydd: Trevor Roberts
Cyfeilyddion:
Rhys Jones ac R. Fred Roberts

Mynediad i mewn trwy Raglen, 2/-
Yr elw at y Genhadaeth Dramor (Adran y Merched)

Neuadd Pendre Social Centre, Towyn
Wednesday, April 8th. 1970

**POP A HWYL
ALL STAR WELSH NIGHT**
Yng Nghwmni
TONI ac ALOMA   HOGIA'R WYDDFA
EMYR ac ELWYN   CABALEROS
Compere: Rovi the Wizard of Wales

Knife & Fork Supper   Licensed Bar 7.30—11-30
Doors open 7.30   Entertainment 8.15

Tickets 20/- per person

PIGION POP

Papell Eisteddfod Dyffryn Conwy

Llanrwst - Nos Wener, Mehefin 20, 1969

RONNIE a RYAN
yn cyflwyno

DAFYDD IWAN   TONY ac ALOMA   EDWARD
HUW JONES   HOGIAU'R WYDDFA   Y PERLAU
Y BRIALLU   Y MELLT   Y TUDURIAID

Tocyn 10/-   Dechreuir am 7.30 p.m.

NOSON LAWEN

GYDA

**TONI AC ALOMA
ALED A REG
HOGIA'R WYDDFA**

NOS FERCHER, EBRILL 2, 1969

Llywydd: DR. GARETH WYNN GRIFFITH, Caergybi

DRYSAU YN AGORED 7   DECHREUIR AM 7.30

MYNEDIAD I MEWN: 7/6   5/-

Neuadd y Farchnad
Caerfyrddin

Dafydd Iwan   Tony ac Aloma

Y Perlau   Y Diliau

Perlau Taf

TRIBANNAU POP

Y Triban   Doreen Davies

Peter Hughes Griffiths   Y Briallu

Iris Williams   Edward

Tocyn: 10s
Llywydd, GWYNFOR EVANS, AS

7.30 nos Sadwrn, Mai 17 1969
Drysau'n agor am 7
Tocynnau i'w cael gan: Mr E J DALIS-DAVIES, Gorwelion, Llangynnwr, Caerfyrddin. Tel 5335.

Tony

Dw i ddim yn siŵr chwaith a aeth o adra'r noson honno a dweud yr un peth amdanan ni!

Aloma

Un peth arall ddigwyddodd y noson honno oedd i Derek o Amlwch, hogyn oedd yn yr un ysgol â fi, ymuno â ni ar y gitâr. Diolch i'r drefn am hynny am 'i fod o'n gallu chwarae mwy na phedwar cord – dim ond pedwar cord roedd Tony'n chwarae, tri i ganu cân ac un ar *stand-by*! A dyna ddechra'r cam nesa, sef parti TAID – Tony, Aloma, Idris a Derek. Ond yn ein hamser sbâr fydda hyn, gan fy mod i'n dal yn yr ysgol a Tony'n gweithio. Doedd hynny fawr o broblem wrth i ni fynd o neuadd i neuadd yn Sir Fôn a gwneud ambell drip draw i Fangor a'r pentrefi o'i gwmpas. Ond pan ddechreuodd y gwaith ddod o fannau pellach, wel, mi drodd yn broblem wedyn.

Tony

Mae'n siŵr mai'r cyfla cynta gawson ni i wneud gwaith ar y radio wnaeth arwain at i bobol o rannau eraill o Gymru ddod i wybod amdanan ni. Roeddan ni wedi bod wrthi gryn dipyn mewn nosweithiau adloniant ac roedd cyfarfod ag Idris wedi dod â ni i gysylltiad â Charles Williams. Roedd o wedi hen arfer ag arwain nosweithiau llawen ac felly mi ddoth y cyfleon yn fwy cyson i ni berfformio. Cyn hir, mi ddoth ein henw i sylw Gwyn Williams, cynhyrchydd efo'r BBC ym Mangor. Dw i ddim yn ama mai Charles Williams gafodd air bach yn ei glust o amdanan ni!

Llythyr ddaeth yn y post wedyn i'n gwahodd i fynd ar un o raglenni cyfres *Llafar Gwlad* yn y BBC ym Mangor. Ac nid jyst llythyr, ond contract! Ew, roedd yn beth anhygoel i gael dal contract y BBC yn fy llaw. Yr adeg hynny, roeddwn wedi cymryd y cam o chwilio am waith y tu hwnt i Ynys Môn hefyd, ac wedi cofrestru efo'r Farmers' Relief Service yn Lloegr. Yn y gwaith hwnnw byddwn yn cael fy ngalw ar fyr rybudd i fynd i ffarm unrhyw le yn Lloegr pan fydda rhyw argyfwng neu'i gilydd yn codi a nhwythau'n brin o weithwyr. Gallwn weithiau fod ar ffarm am ychydig ddyddia neu yn wir am wythnosau ar y tro cyn hel fy mhac a mynd

Gweithio yn galed yn Tiled House Farm

i ffarm arall mewn rhan arall o Loegr i wneud yr un gwaith. Roeddwn i'n gweithio yn Tiled House Farm, Swydd Gaerloyw, pan gawson ni'r cyfla cynta i recordio efo'r BBC ar gyfer *Llafar Gwlad*. Bob wythnos bydda Mrs Gabb, y wraig weddw oedd yn berchen ar y ffarm, a dau weithiwr, Bill ac Alex, yn eistedd efo fi o amgylch y radio i wrando ar *Llafar Gwlad*. Wedi rhai wythnosau, mi ddoth ein cân gynta ni ar y rhaglen! Am gyffro! Pawb o gwmpas y bwrdd ar ffarm y tu draw i Glawdd Offa wedi gwirioni'n lân wrth nabod llais y gwas oedd yn eistedd wrth eu hochr.

Mrs Gabb yn gwarchod Sian Bach a'i mêt

Aloma

Mi ddoth rhagor o geisiadau i fynd ar y radio ac mi rydw i'n cofio un yn benodol a wnaeth greu cryn ddryswch i Tony!

Tony

Do, mi ddoth Gwyn Williams i gysylltiad unwaith eto a dweud ei fod yn cynhyrchu cyfres newydd sbon o'r enw *Canu'n Llon*. Roedd ei gais yn syml iawn i mi – 'Tony, oes gen ti gân hapus?' Baledi oedd fy nheip i o gân, rhai digon lleddf fel arfer. Felly roedd yn dipyn o job cynnig caneuon ar gyfer cyfres o'r enw *Canu'n Llon*; yn wir, doedd dim un cân addas gen i. Un dewis oedd gen i mewn gwirionedd sef cyfieithu'r gân Saesneg gynta i mi ei sgwennu erioed, 'I Love to Rock It, I Love to Roll It'. Ac felly'r geiriau Cymraeg ar yr un dôn oedd:

BRITISH BROADCASTING CORPORATION
Y GORFFORAETH DDARLLEDU BRYDEINIG

BRON CASTELL BANGOR ARFON.   BRON CASTELL BANGOR CAERNS.   TEL 2214

8fed Mawrth, 1968

Annwyl Tony ac Aloma

"Canu'n Llon"

Mae'n dda gennym ddeall y byddwch gyda ni yn y recordiad o "Canu'n Llon" ym Mangor cyn bo hir.

Ofnwn fod un camgymeriad bach yn ein llythyr gwreiddiol sef "ichwi ganu tair (ac efallai bedair) cân". Ein bwriad oedd gofyn am <u>bedair</u> (ac efallai bum) cân.

Gan obeithio nad yw hyn yn gofyn gormod gennych.

Gyda chofion caredig a chan edrych ymlaen at eich cwmni.

Yn gywir iawn,

(GWYN WILLIAMS)
Cynhyrchydd Rhaglenni Cyffredinol

Cytundeb *Llafar Gwlad*

Mae Gen i Gariad

'Mae gen i gariad.'
'Y fi yw honno.'
Pan fydd 'na ddawnsio yn y dre mi fyddwn yno.
'Mae gen i drowsus tyn.'
'A minna un gwyn.'
Yn dawnsio gyda'r miwsig nid yw'r amser byth yn bwysig
Does dim bwys am neb, ond ein dau
A chario ymlaen ar ôl i bob man arall gau.
Ac mae'n un, dau, tri o'r gloch
Ac mae'n un, dau, tri o'r gloch
Ac mae'n un, dau, tri o'r gloch
A dyna pan ddaw ein diwrnod i ben
A dyna pan ddaw ein diwrnod i ben.

Oedd, roedd canu poblogaidd Cymraeg yn dechrau cydio a lleisiau ifanc yn llenwi'r awyr wrth i genhedlaeth o bobol ifanc a gafodd eu magu ar sgiffl, y Beatles ac Elvis ddod o hyd i ffordd o fynegi eu hysbryd a'u syniadau mewn cerddoriaeth Gymraeg. Roedd y ddau ifanc yma o Fôn yn dechrau cydio yn nychymyg pobol ifanc Cymru, wrth iddyn nhw ganu am fanteisio ar yr amserau gorau i garu a hynny ochr yn ochr â chaneuon am arwyddocâd crefyddol cloch fach yr eglwys. Roedd y canu'n fwy diniwed na nifer o ganeuon poblogaidd Saesneg tebyg i'r rhai a gâi eu canu yn America a Lloegr. Ond roedd dylanwad y datblygiadau hynny'n amlwg o ran delwedd, fel roedd 'Mae Gen i Gariad' wedi dangos yn ddigon clir reit ar y dechrau. Heblaw am gael y cyfle i fod ar y radio, un o ganlyniadau cyntaf y ffresni a'r egni yn y canu poblogaidd Cymraeg oedd cyflwyno cystadleuaeth canu pop i fyd yr eisteddfodau. Cyn hir, erbyn dechrau'r 70au,

Tony ac Aloma oedd y beirniaid fyddai'n dewis Brenhines Bop Sir Gaerfyrddin fel rhan o gyngerdd yn Neuadd Victoria, Llanbedr Pont Steffan! Eto i gyd, yng nghanol y 60au, roedd Tony ac Aloma gyda'r cyntaf i fachu ar y cyfle i gystadlu mewn cystadlaethau pop.

Aloma

Roedd o fel petai'r cyfla i gystadlu efo cân bop wedi dod o nunlla a dweud y gwir; yn sydyn iawn, roedd y cyfla yno. Dw i'n cofio i Tony a minna fynd i Steddfod Llanddona i gystadlu ar y gân bop ond does gen i ddim cof pa gân wnaethon ni ei chanu na chwaith a wnaethon ni guro ai peidio.

Tony

Na finna chwaith. Ond dw i'n cofio i mi gael rhyw chwilan yn fy mhen i gystadlu yn y gystadleuaeth canu emyn! Mi wnes gynnig 'Cloch Fach yr Eglwys' a hynny yn creu penbleth aruthrol i'r beirniad wrth iddo chwilio drwy lyfra emynau am yr 'emyn' hwnnw! Yn y diwedd, wedi cyfarfod rhwng y beirniad a'r trefnwyr, mi ges i ganiatâd i'w chanu chwarae teg. Ond roedd hynny'n ddigon o chwyldro ar gyfer y diwrnod hwnnw ac roedd rhoi'r wobr gynta i mi yn un cam yn ormod.

Aloma

Trodd Steddfod Llanddona i fod yn eisteddfod bwysig i ni, gan fod un dyn penodol yno ar y

TWW Ltd.

INDEPENDENT TELEVISION FOR WALES AND THE WEST OF ENGLAND
PONTCANNA STUDIOS, CARDIFF

CONTRACT made the 14th day of APRIL 19 67.

BETWEEN TWW LIMITED (hereinafter called " the Company ") of the one part and TONY & ALOMA JONES (hereinafter called "the Performer ") of the other part.

The Performer's fees shall be paid to : Tony & Aloma Jones,Cerrig Turn,Rhosmeirch, Anglesey.

The Company hereby engages the Performer, who hereby accepts the engagement, subject to the conditions on the reverse, of the Performer's appearance in :

NAME OF PERFORMANCE	APPROXIMATE DATE OF PERFORMANCE AND TIME	REHEARSALS DATE, TIME, PLACE
Y DYDD. V/TOP-14-4	14th April 1967 6.06 p.m.	14th April 4.00p.m. PONTCANNA STUDIO

The Performer shall receive :

Basic Fee	facility fee	16 16	0
Repeat Fee			
Filming Fee			
Rehearsals			
Subsistence	Hotel to be paid by TWW		
Travel	Two second class return rail fare Bangor/Cardiff	11 4	0
Additional Costs			
TOTAL		£28 0 0 incl.	
Any Deductions			

AS WITNESS the hands of the parties hereto.
SIGNED FOR AND ON BEHALF OF THE COMPANY BY .... CONTRACTS OFFICER

In the presence of

SIGNED BY THE SAID

in the presence of

SIGNED BY
being the parent or guardian

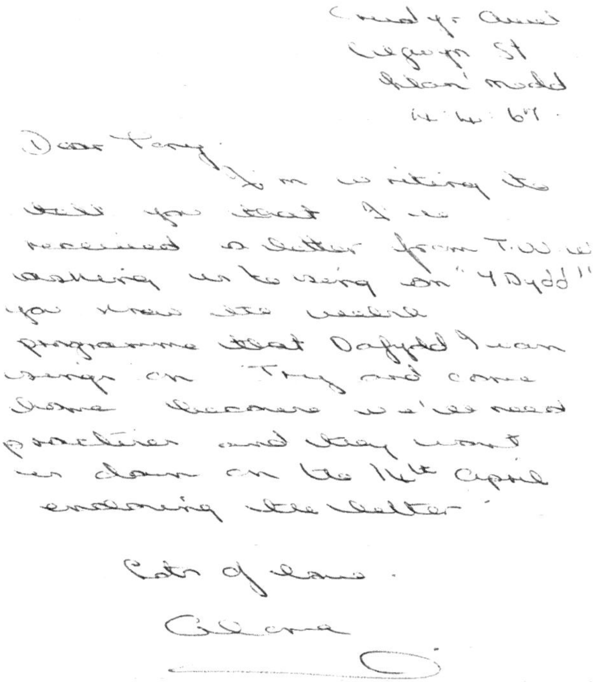

[Handwritten letter:]

...yr Annis
...gwyn St
...llan'madd
...

Dear Tony,
I'm writing to tell you that I've received a letter from T.W.W. asking us to sing on "Y Dydd" you know the weekly programme that Dafydd Iwan sings on. Try and come home because we'll need practices and they want us down on the 14th April enclosing the letter.

Lots of love
Aloma

diwrnod hwnnw ac mi glywodd ni'n dau'n canu, gan ei fod, os dw i'n cofio'n iawn, yn arwain rhan o'r Steddfod. Ifan Roberts oedd o, hogyn o Landdona ond hefyd un oedd yn rhan o dîm cynhyrchu rhaglen deledu *Y Dydd* ar TWW. Mi ddoth atan ni ar ddiwedd y noson a gofyn fasa gynnon ni ddiddordeb mewn canu ar raglen *Y Dydd*. Toedd gynnon ni ddim syniad beth oedd hynny yn ei olygu mewn gwirionedd ond, wrth gwrs, 'Basa, plis!' oedd yr ateb. Cyn pen dim mi ddoth llythyr

yn cynnig dyddiad i ni fynd i Gaerdydd i fod ar y teledu. Roedd Tony'n dal yn gweithio yn Lloegr bryd hynny, felly mi wnes anfon y llythyr ato fo'n gofyn iddo drefnu bod yn rhydd ar y diwrnod a dod 'nôl i Gymru er mwyn canu ar y rhaglen.

Tony

Rhan o'r cosi traed ddechreuodd yn Ty'n Llan pan 'nes i roi'r notis i Mr a Mrs Jôs oedd bod yn Lloegr. Er 'mod i wedi dechra canu efo Aloma ar y pryd, toedd hynny yn ddim byd mwy na hobi a dweud y gwir. Doedd dim rheswm i mi feddwl fel arall 'radeg honno. Felly, mi es dros y ffin a bydda angen i mi ddod 'nôl a 'mlaen wedyn yn ôl y gofyn. Peth da na ddilynais i lwybr arall roeddwn i'n awyddus i'w droedio, sef mynd i'r Merchant Navy! Mi basiais i'r *medical* ges i gan Dr Huws, Llangefni, a ffwrdd â mi i Lerpwl ar gyfer y cam nesa. Dyna lle roeddwn i'n eistedd o flaen rhyw gapten mewn iwnifform yn ateb cwestiynau di-ri. Wna i byth anghofio un ohonyn nhw, 'What do you think of this myxomatosis then?' Dwn i ddim pam roedd angen i forwr wybod unrhyw beth am y clefyd cwningod oedd wedi lledu trwy Brydain yn y 50au, ond roedd y capten wedi darllen fy ffurflen gais, mae'n amlwg, ac am ofyn rhywbeth o fyd ffarmio i mi er mwyn gweld faint oedd gen i rhwng fy nghlustia mae'n siŵr. Mi roddais ateb llawn ac ar ddiwedd y cyfweliad mi ddwedodd fy mod wedi cael fy nerbyn i'r Navy. Er mwyn cwblhau'r camau ffurfiol, roedd yn rhaid i mi fynd i weld eu doctor nhw. Ac er i Dr Huws ddweud 'mod i'n ffit, doedd doctor y Navy ddim yn cytuno – a hynny oherwydd lliw fy ngwallt! Wel, nid yn union oherwydd hynny, ond am 'mod i'n hogyn penfelyn roedd yn credu y basa 'nghroen i'n llosgi'n rhy hawdd yn y Tropics. Cynigiodd waith i mi ar y glannau ond toedd hynny ddim yn ddigon da i mi, crwydro oedd yn apelio, ac felly ffarweliais â bywyd ar y môr yn y diwedd.

Crwydro ffermydd Lloegr fues i felly, a hynny'n golygu dau beth, sef 'mod i'n gallu dod 'nôl i ganu a bod fy nghyflog wedi'i ddyblu bron drwy symud. Deg punt yr wythnos *plus overtime* fyddwn i'n ei gael yn Ty'n Llan, ac roeddwn i'n cael deunaw punt yr wythnos gan y Farmers' Relief – *plus expenses!* Mi weithiais iddyn nhw am dair blynedd, a theithio i bob man rhwng Swydd Lincoln a Kent a draw i Gernyw. Grêt! Cyn hir roeddwn i wedi hel digon o bres i brynu car. Tra 'mod i ar ffarm yn Wilmslow, mi welais Zodiac am £200. Mi wnaeth perchennog y garej ei ora i'm perswadio i brynu Zodiac arall oedd yn £400. Roedd hynny'n arian mawr iawn 'radeg honno, ond roedd yn gar hyfryd. Yn y diwedd, dyma'r perchennog yn dweud, 'Look, take it with you back to Anglesey for the weekend and see if you like it.' Do wir, mi ddwedodd hynny ac mi wnes i hynny! Ffwrdd â fi am adra mewn Zodiac *two-tone maroon* a *cream* a gyrru o amgylch Llangefni fel Elvis ei hun am benwythnos cyfan! Erbyn dydd Llun roeddwn wedi prynu'r car ar HP! Wedi cael car fy hun roeddwn i'n medru perfformio

Llanc mawr ar y Zodiac *two-tone*

Sian Bach fuo'n ffrind i mi am bymthag mlynedd

ar benwythnos. Ar ôl cyrraedd y ffermydd y peth cynta fyddwn i'n ei wneud oedd chwilio am y British Legion agosa. Wedi dod o hyd iddo, cerdded i mewn a minna ddim yn nabod neb. Roedd yn draddodiad mewn pob clwb o'r fath i bobol fynd ar y llwyfan a chanu cân. Pan fydda'r arweinydd yn gofyn, 'Any one else going to give us a song?' byddwn yn codi fy llaw. 'Oh, we have a new face in tonight, give him a round of applause!' I fyny â fi a chanu caneuon Tom Jones fel 'The Green, Green Grass of Home' a 'Delilah'. Y cwbl fyddwn i'n ei gael wedyn oedd, 'Come on, Taff, give us a song!'

Pawb yn fy nabod i a doedd dim rhaid talu wrth y bar! Roedd yn gweithio bob tro!

Aloma

Mi roedd dechra canu efo Tony yn golygu ennill arian newydd i mi hefyd, wrth gwrs, ac roedd yn ddigon derbyniol. Ond, mi roedd y canu'n creu problem arall. Roeddwn i'n dal yn yr ysgol ar y pryd ac roedd y galwadau ar fy amser yn dechra mynd yn drech na'r gwaith ysgol. Bydda 'na wersi ychwanegol ar yr offerynnau roeddwn i'n eu chwarae, ymarferion di-ri ar gyfer cystadlu, y cystadlaethau eu hunain, y dramâu, y nosweithiau adloniant a phob dim arall. Prin y bydda amser i fynd i'r siop *chips*! Ar ben hyn oll crëwyd Tony ac Aloma – dychmygwch sut y gwnaeth y sefyllfa waethygu pan ddechreuodd Tony ac Aloma ddod yn fwy poblogaidd. Toedd y gwaith radio ddim mor ddrwg â hynny, dim ond siwrna fer i Fangor oedd ei hangen. Ond pan ddaeth y gwaith teledu, dyna beth oedd tro ar fyd. Efo cais Ifan Roberts i fynd ar y teledu, mi ddechreuodd y problemau go iawn i ferch ysgol fath â fi. Roedd mynd i Gaerdydd yn gur pen y dyddia hynny. Y tro cynta aethon ni yno mi adawson ni Sir Fôn am un ar ddeg o'r gloch y nos er mwyn bod yn y brifddinas erbyn deg o'r gloch y bore wedyn. Doeddwn i ddim cweit wedi sylweddoli y basa pump i chwech awr yn hen ddigon. I ni'r dyddia hynny, roedd Caerdydd ym mhen draw'r byd, yn enwedig i mi nad oedd prin wedi bod oddi ar yr ynys erioed. Roeddwn i'n *very impressed* efo *car park* TWW heb sôn am gerdded i mewn i'r adeilad a chael yr holl sylw a'r croeso. Yn y stiwdio wedyn, cael gweld y camerâu, y goleuadau a'r *make-up room* a gweld gwyneb Tony yn bictiwr pan oedd y ferch yn rhoi powdwr ar ei wyneb! Wedi diwrnod o ymarfer a pherfformio ar *Y Dydd* – a'r chwaraewr rygbi rhyngwladol Dewi Bebb yn cyflwyno – 'nôl â ni i'r Gogledd. Petai diwrnod o'r fath yn syrthio ar ddydd Iau, faswn i ddim yn cyboli mynd i'r ysgol ar y dydd Gwener wedyn. Beth bynnag oedd y drefn, roedd gwaith teledu yn golygu na chawn fawr ddim cwsg ac y byddwn am oria di-ben-draw yn y car.

Cyn hir, mi ddoth hyn at sylw penaethiaid yr ysgol ac mi ddoth yr alwad i fynd o flaen y *governors*! Roedd eu neges yn syml. Roeddan nhw wedi penderfynu rhoi stop ar y grant roeddwn i'n ei dderbyn tuag at gostau ysgol gan 'mod i'n

Llun: Raymond Daniel

dechra colli gormod o wersi. Gan 'mod i'n byw efo Taid a Nain, byddwn yn derbyn arian tuag at iwnifform, llyfrau, cinio ysgol ac yn y blaen. Ond dim bellach. Roeddan nhw o'r farn 'mod i'n colli gormod o ysgol a bod y canu yn tynnu fy sylw oddi ar fy ngwaith academaidd. Canolbwyntio ar y Lefel A y dylwn i ei wneud os oeddwn i am gael dyfodol disglair, yn lle rhoi'r holl sylw i'r lol canu 'ma! Roedd y ddynas ddwedodd wrtha i nad oedd dyfodol i mi yn y miri canu yn fodryb i berson ddaeth yn amlwg iawn ym myd canu poblogaidd Cymraeg, sef Endaf Emlyn! Rhyfadd sut mae petha'n newid. Ymhen rhai blynyddoedd mi ddoth yr union ddynas ata i mewn cyngerdd gan ddweud ei bod yn gymaint o ffan ohonon ni a bod pob record Tony ac Aloma ganddi! Taid a Nain ddaru gydio yn y baich wedi i mi golli'r grant, a diolch byth 'mod i wedi dechra derbyn arian teledu a radio gan i hynny fod o help hefyd.

Tony

Os mai gwrando ar y weiarles yn Lloegr oeddwn i'r tro cynta i mi fod ar y radio i'r BBC, roedd y wefr dipyn yn fwy o fod 'nôl yn nhyddyn Cerrig Tyrn a'r teulu i gyd wedi casglu o gwmpas y telefision. Roedd canu ar *Y Dydd* yn golygu canu'n fyw fel arfer, ond gan ein bod i lawr yn y De mi fyddem yn aml yn recordio ambell gân arall i'w chwarae ar y rhaglen yn ystod yr wythnosau wedyn. Prynwyd y set ddu a gwyn

gynta honno jyst am ein bod ni ar *Y Dydd* a chasglodd teulu Cerrig Tyrn at ei gilydd o amgylch y set i wrando ar un o'r caneuon hynny a recordiwyd cyn y rhaglen. Roedd yn rhaid cadw cofnod o'r fath achlysur, siŵr iawn, felly mi es i nôl y *cassette recorder* a dal y meicroffon o flaen y teledu i recordio'r gân. Mae'r tâp yn dal gen i! Dw i'n cofio 'nhad yn cyffroi ac yn dweud dro ar ôl tro, 'Dyma nhw! Dyma nhw! Dyma nhw!' wrth i fiwsig *Y Dydd* ddechra a llais Dewi Bebb yn agor y rhaglen. Pan o'n i'n ifanc, doedd dim byd yn fy ngwneud i'n nerfus o gwbl, ond roedd teledu byw yn hollol wahanol. No wê y baswn i'n mynd i ganu ar *Y Dydd* yn fyw heddiw! Ond a minna'n hogyn ifanc naïf, mi awn yno'n llawn hyder. Roedd teledu yn rhywbeth newydd ac felly doedd gen i ddim syniad mewn gwirionedd sut roedd o'n gweithio, beth oedd o'n ei olygu, na dim byd felly. Rhyw ddwsin o bobol fydda ar lawr y stiwdio o'n cwmpas a dim modd yn y byd i amgyffred bod miloedd yn gwylio yn eu cartrefi yr ochr arall i lens y camera. Ond y gwir amdani ydi nad ydw i erioed wedi bod yn gyffordus wrth wneud rhaglenni teledu – yn wir, mae o'n gyfrwng estron i mi.

Aloma

Dw i'n cofio cael dillad newydd gan Nain er mwyn mynd ar y teledu, ond roedd ganddi'r un syniad yn ei phen â'r adeg honno pan brynodd hi'r gôt

Disc a Dawn, roedd yn rhaid i Aloma ysgrifennu at Tony unwaith eto er mwyn rhoi gwybod iddo.

gabardine i mi fynd i'r ysgol – mi brynodd gôt ffyr ddau seis yn rhy fawr i mi. Welais i erioed y fath beth – *faux fur turquoise*! Yn y llun a dynnwyd ohona i yn y gôt, er mwyn cael cofnod o'r achlysur, rydw i wedi rhoi fy llaw yn fy mhocad er mwyn tynnu'r gôt i fyny ychydig fodfeddi fel na fydda hi'n edrych cweit mor llaes.

Byddai Tony yn y cyfnod yma yn dal i fynd o fferm i fferm yn Lloegr. Felly pan ddaeth y cais mawr nesaf gan Ruth Price i ymddangos ar raglen wythnosol arloesol

Aloma

Toedd dim ffôn gynnon ni yn y tŷ, dim ond pobol fowr oedd â'r ffasiwn beth, felly os oedd isho ffonio o gwbl roedd yn rhaid cerdded i sgwâr Llannerch-y-medd a sefyll yng nghiw y *kiosk* a grôt yn fy llaw. Doedd dim modd cael gafael ar Tony yn y fath fodd, felly sgwennu amdani. Dyna sut y câi o wybod am y gwahoddiadau gwahanol a dyna sut roeddwn i'n cael gwybod a oedd o'n rhydd i wneud y recordiad neu'r cyngerdd dan sylw.

Tony

Mi es i o Loegr ac Aloma o Sir Fôn i stiwdio'r BBC yng Nghaerdydd ar gyfer y rhaglen fyw. Mi roeddan

ni'n aros yng ngwesty'r Sunbury rownd y gornel i
stiwdio'r BBC. Mi ddoth i fod yn HQ i ni'n dau
bob tro y bydden ni'n gwneud gwaith teledu yn
y brifddinas. Ar fore ymarfer y *Disc a Dawn* cynta,
roedd yn fater unwaith eto o 'Tydw i ddim ar
fy ngora yn y bora' ac mi roeddan ni'n hwyr yn
cyrraedd y stiwdio.

Aloma

Wrth i ni gerdded i mewn, dyma pawb yn dweud
wrthan ni ein bod ni'n hwyr a bod y rheolwr llawr
wedi bod yn galw amdanan ni. Yn ôl y sôn, roedd
wedi bod yn cerdded o gwmpas y BBC yn gweiddi,
'Where is this Italian Tenor fellow? Where is this
Tony Macaroni?'

Yn ystod y cyfnod hwnnw pan oedd Tony yn Lloegr
y daeth tair o ganeuon mwyaf poblogaidd y ddau. O
ganlyniad i'r hiraeth a oedd mor amlwg yn ei galon wrth
weithio oddi cartref y daeth 'Wedi Colli Rhywun sy'n
Annwyl'. Hefyd, y gân a ganwyd ar *Y Dydd* y tro cyntaf
iddyn nhw ymddangos ar y rhaglen, 'Biti na Faswn i'
– enghraifft gynnar iawn o'r holi gan y cyhoedd ynglŷn
ag union natur y berthynas rhyngddyn nhw. Roedd dwy
linell gyntaf y gân honno wedi creu argraff gref, ac wedi
codi chwilfrydedd y rhai fu'n gwrando ar y caneuon – ai
Aloma oedd gwrthrych y gân? Ond, wrth i'r gân ddatblygu
daw'n amlwg mai am Gymru roedd Tony'n sôn, ac mai
hiraeth oedd yr ysbrydoliaeth gref. Hawdd, fodd bynnag,
oedd cyfnewid 'Cymru' am 'Aloma', a byddai'r amwysedd
hwnnw'n parhau trwy gydol eu gyrfa. O ran teimlad y

caneuon, roedd y lleddf yn ei ôl, a cholli yn thema amlwg. Mae'r drydedd gân a ddaeth o gyfnod Tony yn Lloegr hefyd yn sôn am Gymro oddi cartref, ond mae cariad yn ddigon amlwg yn hon hefyd.

Ddoi Di'm yn Ôl i Gymru

Ddoi di'm yn ôl i Gymru
Ddoi di'm yn ôl i'r lan
Gwylia rhag ofn i ti foddi
Ymhell o ymyl y llan
Paid ag anghofio dy ffrindiau
Paid ag anghofio dy wlad
Paid, paid â gwerthu dy frawd a dy chwaer
A beth am dy fam a dy dad.

Ddoi di'm yn ôl i Gymru
Does gen ti ddim chwith ar ei hôl
Gwylia rhag ofn i ti fethu
Â ffendio dy ffordd yn ôl
Yn ôl i gwmpeini dy ffrindiau
Yn ôl i gynefin dy wlad
Yn ôl i ymweld â dy frawd a dy chwaer
A chesail dy fam a dy dad.

'Nôl i nghesail innau
Y sawl sy'n dy garu di,
Y sawl sydd yn byw i ddim ond un,
Ddoi di'm yn ôl, ddoi di'm yn ôl ataf i
Y fi sydd yn disgwyl yn ffyddlon
A'm dagrau yn llifo yn rhydd
Y fi sydd â'm calon yn dipia mân
Wrth deimlo dy golli bob dydd.

Ddoi di'm yn ôl i Gymru
O 'nghariad i, chei di ddim cam,
Ddoi di'm yn ôl i fy ngharu i
Gyrra nodyn bach i ddweud pam
Na ddoi di'm yn ôl i Gymru
O 'nghariad i, chei di ddim cam,
Ddoi di'm yn ôl i fy ngharu i
Gyrra nodyn bach i ddweud pam.

Un o'r ymweliadau cyson â stiwdios Caerdydd wnaeth helpu'r ddau i benderfynu troi'n broffesiynol.

Tony

Roedd yn rhaid bod 'nôl adra erbyn y bore Llun canlynol ble bynnag roeddan ni wedi bod a beth bynnag roeddan ni wedi bod yn 'i wneud. Roedd yn rhaid i Aloma fynd i'r ysgol a finna i'r gwaith. Un noson, ar y ffordd 'nôl yn y car o Gaerdydd i'r Gogledd, roeddwn wedi blino'n lân ac yn dechra teimlo'n gysglyd wrth y llyw. Roedd Aloma yn cysgu ers meitin. Doedd dim byd amdani ond tynnu i mewn i *lay-by* yn Betws y Coed, ar ôl methu mynd dim pellach, a chysgu am ychydig. Wedi deffro, 'mlaen â ni at Ynys Môn. Wel, dyna oedd y bwriad beth bynnag! Y gwir amdani oedd i mi droi 'nôl am y De unwaith eto a mynd i'r cyfeiriad cwbl anghywir ac mi gymrodd tua phum milltir i mi sylweddoli 'mod i'n mynd yn ôl am Gaerdydd.

Aloma

Roedd petha mor *hectic*, toeddan ni ddim yn gwybod a oeddan ni'n mynd 'ta dod!

Tony

A minna wedi gadael ffarmio, dreifio lori i Harry Bach Bethesda roeddwn i ar y pryd, a fo, fel Mr a Mrs Jôs Ty'n Llan, oedd un o'r bosys gora yn y byd. Ond roedd yn rhaid rhoi notis er mwyn canolbwyntio'n gyfan gwbl ar y canu. Roedd Aloma newydd orffen yn yr ysgol hefyd, felly roedd y ddau ohonon ni'n gallu troi'n broffesiynol. Dw i ddim yn credu bod llawer yn y byd canu poblogaidd Cymraeg wedi gwneud cyn hynny.

Daeth ymddangos ar raglen newyddion *Y Dydd* ar y teledu yn ddigwyddiad cyson wedyn ac Aloma'n sydyn yn rhannu'r un sgrin â'i harwr pop cyntaf, Dafydd Iwan. *Y Dydd* oedd yr unig raglen y dyddiau hynny fyddai'n rhoi cyfle i dalent newydd ifanc fod ar y teledu. Roedd y sîn canu poblogaidd Cymraeg yn ei babandod a doedd dim rhaglenni penodol ar gyfer y math yna o gerddoriaeth. Felly, rhaglen newyddion fyddai, mewn gwirionedd, yn cynnig y cyfle cynnar i artistiaid fod ar y teledu. Doedd *Heddiw*, rhaglen newyddion a chylchgrawn y BBC, ddim yn cynnwys unrhyw eitem o ganu. Yn ddiweddarach y daeth y rhaglenni pop yn y Gymraeg: *Hob y Deri Dando*, *Sgubor Lawen* a *04,05 Ac Ati* a byddai Tony ac Aloma yn chwarae rhan ganolog yn y cyfresi arloesol hynny hefyd.

Cyfyng oedd *repertoire* Tony ac Aloma ar y dechrau'n deg, felly roedd angen cwrdd â'r galw trwy ganu caneuon pobol eraill a bu'n rhaid i Tony fynd ati i ysgrifennu rhagor o ganeuon ei hun. Roedd y galw i glywed y ddau'n cynyddu ac yn cynyddu. Weithiau, ar ôl diwrnod llawn yn stiwdio *Y Dydd*, nid mynd adra fydden nhw ond gadael y stiwdio a mynd ar eu hunion i lwyfan mewn neuadd rywle yng Nghymru erbyn tua naw y nos i berfformio.

Wrth i fwy a mwy o bobol trwy Gymru ddod i wybod am y ddau, tyfodd y sylw yr oedden nhw'n ei gael a daethon nhw eu hunain yn ffrindiau agos efo grwpiau fel Hogia'r Wyddfa, Hogia Llandegai ac Emyr ac Elwyn i enwi dim ond rhai. Nid yn unig rhannu llwyfan efo nhw, ond rhannu nosweithiau difyr yng nghwmni'i gilydd mewn gwestai ar hyd a lled Cymru ar ôl y cyngherddau, yn ogystal â chyda nifer o artistiaid eraill a oedd yn dechrau yn ystod yr un cyfnod.

I Aloma, roedd yn gyfle iddi hi fwynhau'r sylw, nid yn gymaint am iddi hi fod ar y teledu ei hun, ond am eu bod ar yr un rhaglen â Dafydd Iwan ac, yn fwy na hynny, wedi dod i'w nabod o'n dda. Roedd yr holl droeon hynny pan na chafodd hi rannu cyffro ei ffrindiau ysgol wrth iddyn nhw dreulio amser gyda Dafydd Iwan yng ngwersylloedd yr Urdd erbyn hyn wedi'u troi wyneb i waered.

Chafodd y ddau ddim ymateb dros ben llestri i'w hymddangosiadau ar y teledu ymhlith eu teuluoedd a'i ffrindiau. Er bod dylanwad y teledu yn newydd ac yn gyffrous i nifer yn y cyfnod hwnnw, doedd gan y mwyafrif helaeth o bobol ddim teledu yn eu cartrefi, felly doedd ei ddylanwad ddim mor bellgyrhaeddol ag y mae erbyn hyn.

Daeth Tony, a thrwy hynny Aloma hefyd, yn ffrind i Iris

Williams, a greodd gryn argraff wedi iddi recordio 'Pererin Wyf'. Mae hi erbyn heddiw yn ffefryn aruthrol yn yr Unol Daleithiau ac wedi canu gyda Bob Hope yn y Tŷ Gwyn. Un penwythnos tua diwedd y 60au, roedd Iris Williams yn perfformio yn y Majestic yng Nghaernarfon.

Aloma

Gan ei bod yn ein hadnabod, mi ddoth draw i Sir Fôn i weld Tony a fi. Cynigiodd Mam y gallai aros dros nos yn ei chartra hi, er mwyn iddi osgoi gorfod aros mewn gwesty ar ei phen ei hun. Cytunodd hi. Un prynhawn, a ni'n eistedd yn ddigon diniwed yn y tŷ, mi sylweddolais fod llwyth o blant wedi bod yn cerdded drwy'r tŷ gan ddod i mewn trwy'r drws cefn a gadael trwy'r drws ffrynt. Mi aeth hyn ymlaen am dipyn o amser ac, yn wir, roedd yn dechra mynd ar ein nerfa. Mi ffeindiais i allan wedyn mai fy mrawd John oedd wedi dweud wrth lwyth o blant i ddod rownd i'n tŷ ni ar ôl ysgol. Ond roedd yn rhaid iddyn nhw roi pres iddo er mwyn cael mynd i mewn i'r tŷ a chael cyfla i weld y ddynas ddiarth yn y rŵm ffrynt! Mae Iris, wrth gwrs, o dras cymysg ac mae ganddi groen lled dywyll. Wel, toedd neb yn Llangefni wedi gweld person o'r fath erioed o'r blaen ac mi roedd John yn benderfynol o fanteisio ar hynny!

Ac nid dyna'r unig dro i John fanteisio wrth i'r ddau ohonon ni, Tony ac Aloma, ddod yn fwy poblogaidd. Wedi i mi fod yng Nghaernarfon yn tynnu lluniau, mi ges lond tudalen o luniau bach er mwyn i mi gael dewis pa rai roeddwn am eu prynu. Beth wnaeth John? Mynd â'r dudalen i'r ysgol a cherdded o gwmpas yr iard yn holi, ''Da chi isho llun o Aloma sy ar y telefision?' Ac mi roedd yn eu gwerthu am swllt yr un!

Doedd hud a lledrith teledu ddim wedi cydio yn y ddau yn ddigon cryf i'w swyno i droi'n broffesiynol ac ymuno â'r byd newydd cyffrous a llachar. Yn hytrach, y straen o deithio cyn dychwelyd at waith ac ysgol wnaeth iddyn nhw ystyried y peth. Yn groes i'r disgwyl, nid ymddangos ar y teledu ond, yn hytrach, y cyfle cyntaf i wneud record oedd y rheswm arall dros ystyried troi'n broffesiynol.

Tony

Wedi bod ar *Y Dydd*, dyma Joe Jones o gwmni recordio Cambrian yn dod aton ni a gofyn a oeddan ni am wneud record. 'Mae Gen i Gariad' oedd honno, ac fe'i recordiwyd yn 1968 – yr un flwyddyn â record ddylanwadol Hogia Llandegai, 'Caneuon Gorau Hogia Llandegai', y record sy'n cael ei hystyried fel y record bop gynta yn y Gymraeg.

Roedd y mwyafrif o ddeunydd cynnar recordiau Cymraeg yn gyfieithiadau o ganeuon y siartiau Saesneg. Cyfieithiadau o ganeuon poblogaidd Saesneg y cyfnod sydd ar 'Caneuon Gorau Hogia Llandegai', er enghraifft 'I Love You Because' ('Mi'th Garaf'), 'Boom Boom Boomerang' ('Ni Ddônt Byth yn Ôl') a 'Riders in the Sky' ('Marchogion yn y Nen'). Mae un o ganeuon mwyaf poblogaidd Dafydd Iwan,

'Mae'n Wlad i Mi', a ryddhawyd yn 1966, wedi'i seilio ar gân yr Americanwr Woody Guthrie. Dyna oedd natur y sîn Gymraeg ar y pryd. Roedd y mwyafrif o ganeuon Tony ac Aloma yn wreiddiol, heblaw am drefniannau newydd o hen alawon Cymraeg. Mae eu fersiwn nhw o'r 'Eneth Gadd ei Gwrthod', a ryddhawyd yn 1969, yn dal yn glasur.

Yn ystod yr un flwyddyn hefyd yr ymddangosodd record gyntaf Hogia'r Wyddfa. Dyna'r grŵp, ynghyd â Tony ac Aloma, fyddai 'nôl a 'mlaen ar frig y siartiau Cymraeg am flynyddoedd i ddod. Flwyddyn wedi rhyddhau eu record cafodd Tony ac Aloma wahoddiad i fod yn rhan o ddigwyddiad mawr cyntaf y byd pop Cymraeg. Roedden nhw wedi cymryd rhan yn noson Tribannau Pop yng Nghaerfyrddin ym mis Mai 1969, gyda Dafydd Iwan, Perlau Taf ac Iris Williams ymhlith y llu o artistiaid oedd yn perfformio – noson oedd o dan arweiniad yr Aelod Seneddol lleol, Gwynfor Evans. Ond roedd y digwyddiad y mis canlynol dipyn yn fwy.

Joe Jones, Recordiau Cambrian

Tony

Roeddwn i adra ac yn nhŷ Charles Williams un pnawn, efo Idris ac Aloma. Roeddan ni wedi cael cais i fod yn rhan o Pinaclau Pop, cyngerdd pop mawr ym Mhontrhydfendigaid. Roedd lot fawr o artistiaid yn rhan o'r noson: Dafydd Iwan, Hogia Llandegai, Huw Jones, Ryan Davies a Heather Jones ar ddechra'i gyrfa i enwi dim ond rhai. Yn nhŷ Charles, y sgwrs y pnawn hwnnw oedd, 'Faint ddylen ni chargio am berfformio?' Toedd gynnon ni ddim syniad. Doeddan ni ddim am golli'r cyfla

trwy ofyn gormod na chwaith am golli ar y cyfla i ennill yr hyn y dylen ni ei ennill. Roedd yr holl syniad am y fath noson yn newydd, felly at bwy oeddan ni i fod i droi am gyngor? Wedi trafod efo Idris a Charles, mi gawson ni chwe gini am gymryd rhan.

Aloma

'Rargian, dyna oedd noson anhygoel! Roeddan ni'n dau'n ddigon cyfarwydd â nosweithiau llawen ond toeddan nhw'n ddim byd tebyg i Bontrhydfendigaid. Roedd dwy fil a hanner o bobol yno, i glywed cerddoriaeth Gymraeg.

Roedd y cae ei hun fath â chae carnifal, a faniau *hot dogs*, *chips* a hufen iâ yn llenwi'r lle. Doedd Tony na fi ddim wedi gweld y fath beth erioed cyn hynny. Roedd pobol yn eistedd ar y gwair ymhob man, yn yfed am wn i, fath â bydda pawb fydda'n mynd i *pop festivals* y cyfnod yn ei wneud. Yn sicr, nid noson lawen oedd hon!

Roedd llwyfan Pontrhydfendigaid yr un maint â'r rhan fwya o'r neuaddau roeddan ni'n gyfarwydd â nhw a wna i byth anghofio ein cyflwyniad cynta i'r llwyfan. Roedd gen i sgert laes felfet a honno'n un gul. Doedd dim llenni'n agor ar y llwyfan, dim ond steps o'r ochr a'r gynulleidfa fawr yn troi i edrych i'n cyfeiriad ni wrth i ni eu dringo. Roedd hi'n rhy hwyr i droi 'nôl felly dringo oedd raid. Rhwng fy sgert i a fy sgidia *size 3* o'n i'n cerdded fel *geisha girl* tu ôl i Tony. Camau bach ac ambell i sbonc i

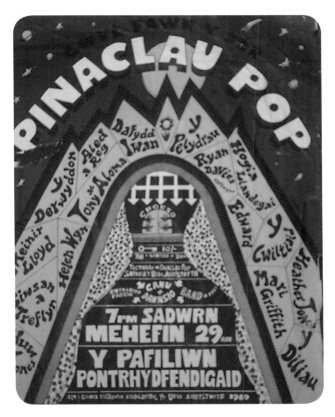

drio dal i fyny efo fo! Erbyn cyrraedd y meicroffon roeddwn i allan o wynt.

Tony

Profiad newydd arall i mi ac Aloma oedd bod yng nghefn y llwyfan a merchaid yr ardal yn gofalu am y te a'r sgons. Toeddan ni ddim yn eu dallt nhw'n siarad, na nhwytha ddim yn ein dallt ni chwaith.

Daeth merch ata i'n holi oeddwn i 'Moin dishgled o de?' Minna'n ateb, 'Dim ond panad, plis!' I ni'r Gogs, dishgled ydi'r peth fyddwn ni'n iwsio i 'molchi gwyneb! Dyma ferch yn gofyn i Aloma, 'Chi'n moin llath?' ac Aloma'n holi, 'Sgynnoch chi ddim llefrith?' Ond buan iawn y daethon ni i ddallt ein gilydd ac, wrth gwrs, wrth ganu ar y llwyfan roedd pawb yn dallt ei gilydd i'r dim.

Oedd, roedd mor wahanol i unrhyw beth arall wnaethon ni cyn hynny. Yn sicr, roedd mor wahanol i'r noson lawen gynta honno yn Llanfair-yng-Nghornwy pan 'nes i ofyn i Aloma gymryd rhan yn lle Lligwy. Roedd y neuadd honno mor fach. Gwefr oedd bod ym Mhontrhydfendigaid efo cymaint o artistiaid Cymraeg eraill, a hynny am y tro cynta mewn noson o'r fath.

Aloma

Yr un trueni mawr oedd na chafodd y diwrnod ei recordio ar gyfer y teledu. Dyna beth fydda rhaglen! Ond wedi rhyddhau record ac ymddangos ym Mhontrhydfendigaid, roeddan ni wedyn yn sêr go fawr yn y sîn Gymraeg ac mi newidiodd petha i ni go iawn wedyn.

Roedd perfformio mewn noson lawen wedi newid yn Eisteddfod Bop cyn datblygu'n rhaglenni radio a theledu ac wedyn yn gyngerdd mawreddog a chreu eu record hir gyntaf. Cynyddu wnaeth y galwadau teledu a radio, a daeth mwy o alwadau i ymddangos mewn cyngherddau hefyd, a hynny bellach ymhob cornel o Gymru. Daeth hyn oll ag un alwad newydd i'r ddau.

Tony

Yr otograffs! Daeth y newid yn amlwg wedi '69 a bydda galw cyson am lofnod ar ddiwedd noson. Ond ma un stori'n aros yn y cof wnaeth ddangos i ni go iawn lle roeddan ni wedi cyrraedd. Daeth cais i fynd i Dregaron i recordio ar gyfer rhaglen deledu. Unwaith eto, gadael yn rhy gynnar o lawer a finna'n dreifio Aloma a fi am ddau y bore a mynd tua'r de. Mi gyrhaeddon ni Dregaron am saith y bore. Wel, roedd y lle ar gau, on'd oedd? Tregaron gyfa, hynny yw! Eistedd yn y car oedd yr unig beth i'w wneud ac aros i rywbeth agor er mwyn i ni gael bwyd. Yn y diwedd dyma gaffi'n agor ac i mewn â ni i gael brecwast. Fel pob man y dyddia hynny, roedd 'na *juke-box* yn y gongl ac wrth i ni ddechra bwyta, dyma'r sŵn yn dod ohono. 'Mae gen i gariad. Y fi yw honno…'!

Aloma

Dyna wnaeth ein hitio ni go iawn – ein bod ni rŵan yn sêr pop! Yn yr un *juke-box* roedd senglau'r Beatles, Elvis a phawb arall oedd yn sêr yn niwedd y 60au. Ffantastig! Dyna oedd dechra newid agwedd tuag at y canu a sylweddoli nad oedd o, mewn gwirionedd, yn hobi dim mwy.

Roedd yn sicr yn gyfnod pan oedd cymaint o newid. Yr un enghraifft ges i o'r ffaith bod pobol yn gwybod amdanan ni rŵan oedd diwrnod fy mhrawf gyrru yng Nghaergybi. Roedd yn ddiwrnod o genllysg gwael a finna'n methu â chau ffenast y car a'r arholwr a fi wedyn yn sythu ac yn gwlychu trwy gydol y prawf yn fy Mini Cooper! Ddwedodd o fawr ddim wrtha i yr holl amser ond ar y diwedd mi drodd ata i a dweud, 'Mae'n siŵr y medri di yrru dy hun i *Disc a Dawn* rŵan!'

Ond os oedd y poblogrwydd newydd yn rhywbeth digon iach ac i'w groesawu, mae yna un stori sy'n dangos nad oedd y ddau wedi deall yr holl syniad o enwogrwydd yn iawn.

Tony

Mi gafodd Aloma a fi docynna i weld Cymru'n chwarae pêl-droed yn erbyn yr Alban ar y Cae Ras yn Wrecsam. Mi aeth y ddau ohonon ni i fyny o Gaerdydd, wedi recordio rhywbeth neu'i gilydd, ac mi aeth rhai o deulu Aloma i Wrecsam o Ynys Môn. Ond, does dim angen dweud, roeddan ni'n dau yn hwyr – a dweud y gwir, roedd yn hanner amser erbyn i ni gyrraedd! Roedd pob giât ar gau ond dyma stiward yn ein gweld ac yn cynnig mynd â ni i mewn. Lawr â ni ar hyd rhyw goridor a chanfod ein hunain yn wynebu torf o ryw 18,000! Wrth i ni agosáu, mi gododd pawb a dechra gweiddi a sgrechian. Roedd yn anferth o olygfa! Ar un ochr ohonon ni, roedd criw o hogia o Gaernarfon ac mi glywon ni nhw'n gweiddi 'Tony ac Aloma!', tra bod pawb arall yn cario 'mlaen i weiddi hefyd. Ew! Dyna deimlad braf, y ddau ohonon ni'n meddwl ein bod wedi cyrraedd go iawn wrth weld ymateb cymaint o bobol. Ond, y gwir amdani oedd bod y stiward wedi'n harwain ar hyd coridor ac i lawr y twnnel lle roedd y chwaraewyr yn dod 'nôl allan i'r cae ar gyfer yr ail hanner! Roedd aelodau'r ddau dîm yn cerdded allan i'r cae y tu ôl i ni! Mor naïf oeddan ni i feddwl mai ni oedd yn derbyn yr holl gymeradwyaeth. Ond dyna ni, dyna mae enwogrwydd newydd yn gallu'i wneud i chi.

Aloma

Mi ddoth mwy a mwy o waith teledu, ac yn sgil hynny mi ddoth galwadau newydd – i fynd i garnifals er enghraifft, neu i agor siopau. Ond y newid mwya oedd cael cynnig cyfres deledu ein hunain. Daeth Owen Griffiths o HTV at y ddau ohonon ni a chynnig cyfres o ddeuddeg rhaglen hanner awr i ni ar ddiwedd 1968. Anhygoel! Roedd HTV yn gwmni newydd sbon yr adeg hynny ac wedi cymryd lle TWW y flwyddyn honno. Roedd dechra efo cyfres hir o raglenni adloniant ysgafn yn dangos beth oedd bwriad y cwmni ifanc o'r cychwyn cynta ac mi aeth Tony a fi yn ein blaenau i wneud sawl cyfres i HTV.

Tony

Roedd *intro*'r gyfres yn grêt – *shots* o Aloma a finna mewn car bach gwyn heb dop arno yn gyrru trwy fannau amrywiol rhwng Ynys Môn a Chaerdydd. Roedd ffilmio hwnnw'n brofiad grêt. Yn anffodus, dim ond y rhan agoriadol honno sy'n dal ar ôl – mae'r rhaglenni eu hunain wedi diflannu am byth. Canu oedd yn llenwi pob rhaglen. Aloma a fi ac un artist gwadd bob wythnos a dyna ni, dyna oedd y gyfres. Roedd ambell gân ar ffilm a ninna wedi recordio stori i fynd efo'r gân. Mae'n siŵr bod rheiny'n rhai o'r fideos pop cynharaf mewn unrhyw iaith!

Agor siop yng Nghastellnewydd Emlyn

UGAIN UCHAF Y CYMRO

RHAGFYR. 12. 1968

1 (4) Caffi Gaerwen : Tony a Aloma (Cambrian).
2 (2) Un Dau Tri : Tony ac Aloma (Cambrian).
3 (1) Dewch i Ddawnsio : Y Pelydrau (Dryw).
4 (3) Mynd i'r Fan a'r Fan : Hogia Llandegai (Cambrian).
5 (8) Tylluanod : Hogia'r Wyddfa (Dryw).
6 (7) Can y Medd : Dafydd Iwan (Teldisc).
7 (10) Ymwelydd Ydwyf Fi : Hogia Bryngwran (Cambrian).
8 (6) Rhywbeth Syml : Mary ac Edward (Cambrian).
9 (9) Y Bwthyn Bach To Gwellt : Ifor Lloyd (Dryw).
10 (5) Mae Pob awr : Mary Hopkin (Cambrian).
11 (–) Caru Cymru : Hogia'r Wyddfa (Dryw).
12 (–) Tren Bach Yr Wyddfa : Hogia Llandegai (Teldisc).
13 (–) A Chofier ei Eni Ef : Dafydd Iwan ac Edward (Teldisc)
14 (–) Dacw'r Ardal : Dafydd Edwards (Dryw).
15 (10) Cymru'r Canu Pop : Huw Jones (Teldisc).
16 (–) Lawr ar Lan y Mor : Y Pelydrau (Cambrian).
17 (–) Eiliad i Wybod : Y Pelydrau (Cambrian).
18 (–) Deg o Ganeuon : Elwyn Jones (Dryw).
19 (–) Mae'n Wlad i Mi : Dafydd Iwan (Teldisc).
20 (–) Llond y Byd : Meibion Menlli (Teldisc).

Aloma

Er, toeddan nhw ddim chwartar mor *raunchy* ag ydi fideos pop heddiw chwaith! Dw i'n cofio i ni wneud un ffilm yn y Sorting Office yng Nghaerdydd a'r ddau ohonon ni wedyn yn cerdded ar hyd strydoedd Caerdydd wedi'n gwisgo fel pobol y Post yn delifro llythyron. 'Rhywbeth Bach i'w Ddweud' oedd y gân i fynd efo'r ffilm honno. Digon diniwed!

Erbyn diwedd 1968, daeth llythyr gan gwmni recordio Cambrian yn dweud wrth y ddau faint o gopïau o'u recordiau *Mae Gen i Gariad* a *Caffi Gaerwen* – yr ail EP oedd newydd ei rhyddhau – a gawsai eu gwerthu. Ffigwr anhygoel o 76,000! Gan mai Tony oedd yn cyfansoddi'r caneuon, roedd o'n cael mwy o freindal nag yr oedd Aloma yn ei dderbyn. Gwariodd Tony ei bres newydd mewn un man arbennig.

Tony

Mi es i Landysul i brynu car newydd, Rover *3-litre coupé maroon* efo seti lledar *ivory*! Roedd yn 1969 erbyn hynny ac un diwrnod, wrth i mi ddreifio adra ar ôl bod yn canu yn rhywle yn y car crand 'ma ac yn dod o Fangor at dafarn yr Antelope wrth ymyl yr hen Bont Menai, wrth gyrraedd y rowndabowt dyma blisman yn fy stopio i er mwyn gadael i res o geir fynd o 'mlaen i. Pwy oedd yn y ceir ond y teulu brenhinol ar eu ffordd o'r Arwisgo yng Nghastell Caernarfon yn mynd i RAF Valley er mwyn hedfan adra. Mi welon ni bob un ohonyn nhw. Ond ar ben hynny, y funud aethon nhw heibio i ni, mi gawson ni gario 'mlaen ar ein taith – a oedd yn digwydd bod i'r un cyfeiriad â'r parêd brenhinol. Felly, wrth iddyn nhw fynd drwy bentrefi Porthaethwy, Llanfair PG, Gaerwen ac yn y blaen, roedd torfeydd allan ar ochr y lôn i'w croesawu ac Aloma a fi yn y car cynta yn dilyn y prosesiwn brenhinol! Gawson ni sbort yn codi llaw ar y dorf a gwenu'n braf, y rhan fwya ohonyn nhw, wrth gwrs, yn bobol ddigon cyfarwydd i ni. Roedd eu gwynebau'n bictiwr wrth ein gweld ni efo'r Royals! Mi wnaeth nifer weiddi draw aton ni, a gan ein bod yn mynd mor ara a ffenestri'r car yn agored, roeddwn i'n gallu clywed sawl un yn gweiddi, 'Lle 'dach chi wedi bod?' 'Be 'dach chi'n gneud nesa?' 'Lle 'dach chi'n canu nesa?' A ninna'n smalio ac yn ateb, 'Sori, fedrwn ni ddim stopio, 'dan ni efo'r Cwîn heddiw!'

Soniwyd eisoes am drafferthion cysylltu yn y dyddiau pan nad oedd ffôn ymhob tŷ heb sôn am ffonau symudol gan bawb. Tra oedd Tony ac Aloma i ffwrdd yn teithio drwy Gymru yn mynd o gyngerdd i gyngerdd, daeth llythyr i gartref Tony gan berchennog siop *antiques* ym Mhorthaethwy.

Tony

Wedi i mi gyrraedd adra a darllen y llythyr roedd y perchennog, Mr Brown, yn gofyn i mi fynd i'w weld. Draw â fi i'w siop. Roedd ganddo ffrind yn y busnes recordio yn America o'r enw John Schroeder ac roedd o wedi gofyn i Mr Brown am gyngor. Gan fod yr Arwisgo newydd fod, a sylw'r byd ar Gymru, roedd am wybod pa act gerddorol oedd yn boblogaidd yng Nghymru ar y pryd er mwyn ei defnyddio i hyrwyddo'r wlad drwy'r byd. Roedd Mr Brown wedi holi a chael yr ateb mai Tony ac Aloma oedd artistiaid poblogaidd y cyfnod. 'Grêt,' medda fi, 'sut gallwn ni helpu?' 'Sori, mae'n rhy hwyr,' oedd yr ateb. Roedd Mr Brown wedi anfon llythyr ddyddia ynghynt yn gofyn i ni fynd i Lundain i gwrdd â Mr Schroeder a threfnu recordio caneuon efo fo. Ond doeddwn i ddim wedi gweld y llythyr tan ar ôl dyddiad y cyfarfod! Beth ddigwyddodd wedyn oedd i Mr Brown fynd i Lundain a dwy o'n recordia ni efo fo i'w rhoi i John Schroeder. Erbyn hynny, roedd ein hail record, *Caffi Gaerwen*, allan. A dyna ni, chlywson ni ddim gair wedi hynny. Dyna beth oedd colli cyfla.

Lai na phedair blynedd wedi hynny roedd cyfres dditectif newydd yn dechra ar y teledu o'r enw *Van der Valk*. Ditectif o'r Iseldiroedd oedd o ac roedd y gerddoriaeth agoriadol yn llwyddiant ysgubol, heb sôn am y gyfres ei hun. Cafodd y gerddoriaeth ei rhyddhau ar sengl gan Columbia, efo cerddoriaeth cyfres boblogaidd arall, *Crown Court*, ar yr ochr arall. 'Eye Level' oedd enw'r gerddoriaeth ac mi fuodd ar frig y siartiau am bedair wythnos yn 1973 gan werthu dros filiwn o gopïau ac ennill Disg Aur. Dyma'r pwynt pwysig: mae bariau agoriadol y gerddoriaeth yna'n union yr un fath ag un o'n caneuon mwya ysgafn ni, 'Tri Mochyn Bach'. Roedd 'Tri Mochyn Bach' ar ein hail record, *Caffi Gaerwen*, a aeth i ddwylo dyn recordia lawr yn Llundain. Rŵan, be wnewch chi o'r fath sefyllfa? Sut ydach chi'n meddwl i ni deimlo wrth wylio rhaglen deledu Saesneg a chlywed cerddoriaeth oedd union yr un fath â rhywbeth sgwennais i ar gyfer cân Gymraeg? Dechreuais holi a oedd rhywbeth y gallwn ei wneud i brofi mai fi oedd pia'r gerddoriaeth yna. Ond y cyngor ges i oedd y

bydda'n costio gormod i mi gael barn gyfreithiol ac nad oedd unrhyw sicrwydd y baswn i'n llwyddo yn y diwedd. Fedrwn i ddim profi dim byd felly. Ond mae'n gwneud i chi feddwl!

Ymhen rhai blynyddoedd, roedd Aloma'n canu lawr yn St Ives, Cernyw efo'r Hennessys, a phwy oedd yn cymryd rhan yn yr un cyngerdd ond Bonnie Dobson, y ferch a sgwennodd gân boblogaidd iawn ar y pryd, 'Morning Dew'. Y noson honno mi ganodd hi gân yn Saesneg oedd yn gyfieithiad llythrennol o 'Tri Mochyn Bach', air am air, nodyn am nodyn. Mae hynny'n gwneud i chi feddwl mwy!

Dyna'r math o gyfnod ydoedd ar y pryd. Cyfnod lle roedd arloesi cerddorol, bandiau'n dechrau ac yn gorffen, caneuon yn cael eu hysgrifennu ar gefn pacedi sigaréts ac yn cyrraedd brig y siartiau a grwpiau'n canu caneuon ei gilydd. Bwrlwm pop. Ond pwy oedd yn rheoli'r cyfan? Yn achos perfformiadau teledu Tony ac Aloma, roedden nhw, fel pawb arall, yn cael eu talu am berfformio ond ddim am y gerddoriaeth. Doedd gan Tony ddim syniad bod ganddo hawl i gael ei dalu am y gerddoriaeth hefyd nes iddo gael sgwrs ag un o drefnwyr cerddoriaeth amlycaf Prydain ar y pryd.

Tony

Roedd Benny Litchfield yn gyfarwyddwr cerdd efo'r BBC yng Nghaerdydd ac yn ystod sgwrs un dydd mi ofynnodd a oeddwn i'n ymwybodol bod gen i hawl i gael fy nhalu am y miwsig yn ogystal â'r perfformio. Doedd gen i ddim syniad wrth gwrs. Dwedodd wedyn ei fod wedi creu cwmni ar gyfer gwneud y fath beth. Y cyfan oedd isho i mi wneud oedd cofrestru fy nghaneuon efo fo a bydda hynny'n sicrhau'r taliadau cywir i mi bob tro. Mi wnes i felly drosglwyddo fy nghaneuon iddo, a rhannu'r breindal 50:50. Bydda fo'n cael hanner popeth roeddwn i'n ei ennill dim ond i mi arwyddo fy enw ar ei gytundeb o. Doedd y cwmnïau teledu ddim wedi dweud wrtha i bod gen i hawl i gael fy nhalu am fy miwsig am dros dair blynedd. Dyna golli cannoedd ar gannoedd o bunnau. Wedi i Benny farw, mi ges i bob hawlfraint yn ôl.

Un peth mae'r ddau'n ei ddifaru, wrth edrych 'nôl, yw'r ffaith na chawson nhw reolwr erioed. Mi fyddai hynny wedi rhoi gwell trefn ar ochr fusnes a hawliau'r ddau wrth i'w gyrfa ffrwydro ar ddiwedd y 60au. Doedd dim byd yn aros yn llonydd am yn hir bryd hynny, a phethau newydd yn digwydd iddyn nhw'n gyson. Gyda phob newid, deuai her. Ond doedd dim llyfr o reolau i roi arweiniad iddyn nhw ar sut i wynebu her ar ôl her. Tony ac Aloma a'u ffrindiau oedd yn ysgrifennu'r fath lyfr wrth iddyn nhw osod sylfeini canu poblogaidd Cymraeg. Roedd y byd teledu'n cynnig newid arall i Tony yn benodol, un a oedd yn dipyn o her greadigol.

Tony

Yn wahanol i Aloma, chefais i erioed unrhyw hyfforddiant cerddorol ffurfiol, felly pan oedd angen mynd ar y teledu mi ddoth hynny'n ychydig o broblem. Efo Benny Litchfield a'i debyg, roeddan nhw isho copi o'r gerddoriaeth ymlaen llaw. Roedd hynny'n golygu ei sgwennu a toeddwn i ddim yn gallu gwneud hynny. Ond yn waeth na hynny, doedd fy ffordd o gyfansoddi ddim yn ffurfiol chwaith. Mi fydda negeseuon yn dod 'nôl gan gyfarwyddwyr cerdd yn aml yn dweud nad oedd modd chwarae'r gerddoriaeth am fod un bît yn ormod mewn bar, nodyn mewn man anghywir neu 'mod i'n dal nodyn yn rhy hir yn rhywle. Doedd hynny'n golygu dim i mi, sol-ffa oeddwn i wedi'i ddysgu yn y capal! Roeddwn wedi canu'r caneuon fel roeddan nhw wedi'u cyfansoddi gen i droeon ar

lwyfannau trwy Gymru a doedd neb wedi dweud wrtha i erioed bod gen i ormod o fîts mewn unrhyw far! Un bar dw i'n gwybod amdano, sef lle i gael peint!

Aloma

Mi âi hynny'n waeth fyth pan fydden ni'n cyrraedd stiwdio ar gyfer ymarfer a'r cyfarwyddwr cerdd yn dweud ei fod wedi newid y caneuon! Yn aml, roeddan nhw wedi tynnu ambell frawddeg allan, wedi newid lle'r gytgan ac ati. Wel, roedd hynny'n creu problem i Tony, yn enwedig pan fydda'r ymarfer yn y prynhawn a gofyn dysgu'r newidiadau erbyn eu perfformio'n fyw am chwech. Diolch byth 'mod i wedi gwneud cerddoriaeth Lefel A ac wedi dysgu offerynnau amrywiol. Roeddwn i felly yn gallu dallt yr iaith roeddan nhw'n ei siarad o leia.

Tony

Doedd cyfri i mewn i gân, 1, 2, 3, 4 neu ddweud wrtha i am ddod i mewn ar ôl dau neu dri bar yn golygu dim i mi. Felly'r drefn yn y diwedd oedd y byddwn i'n edrych ar Aloma a phan fydda hi'n agor ei cheg, mi fyddwn i'n dechra canu!

Aloma

Os oedd pobol yn meddwl ein bod ni'n sbio ar ein gilydd yn gariadus, wel, 'dach chi'n gwybod rŵan mai aros i weld pryd roedd angen dod i mewn a dechra canu roedd Tony mewn gwirionedd!

Nid enw Tony ac Aloma a'u cyd-artistiaid yn unig a aeth ar led o ganlyniad i fwrlwm blynyddoedd olaf y 60au a blynyddoedd cyntaf y 70au. Am y tro cyntaf, roedd lleoliadau amrywiol yn dechrau dangos diddordeb mewn cael artistiaid Cymraeg i fod yn rhan o'u nosweithiau o adloniant. Felly, yn ychwanegol at y nosweithiau llawen a'r cyngherddau lleol, byddai Tony ac Aloma yn cael mwy a mwy o wahoddiadau i ganu mewn clybiau cymdeithasol fel clybiau criced, RAFA, y British Legion ac ati. Un noson sy'n aros yn y cof yw un yng nghlwb *cabaret* y Blue Lagoon, Llanidloes, yng nghwmni Tony Christie, y dyn sy'n dal i chwilio am y ffordd i Amarillo! Roedd y clybiau yma'n amlwg wedi deall bod yna sîn newydd yn dechrau cydio ac am fod yn rhan ohoni, a dyma'r Gymraeg yn cymryd ei lle ochr yn ochr â'r artistiaid *cabaret* Saesneg a'r bingo. I Tony ac Aloma, roedd hyn yn golygu gorfod newid eu ffordd o berfformio. Mewn nosweithiau llawen, rhyw dair cân ar y dechrau a thair ar y diwedd fyddai'r drefn, ac efallai un encôr pan fyddai pethau wedi mynd yn dda. Ond yn y clybiau roedd yn rhaid dilyn trefn y perfformwyr Saesneg a oedd yn golygu hanner awr o ganu yn yr hanner cyntaf a hanner awr arall yn yr ail. Roedd oed a chefndir y gynulleidfa yn hollol wahanol hefyd ac roedd angen ffordd wahanol o'u trin. Dyma lle y daeth cryfder Tony i'r amlwg, ond nid heb i hynny greu problemau i'r ddau.

Aloma

Doedd y nosweithiau hyn ddim yn hawdd chwaith oherwydd bod darlun ym mhen y bobol yn y clwb o'r hyn roeddan nhw'n ei gredu oeddan ni. Y pennawd a gâi ei ddefnyddio amdanan ni'n aml oedd 'y ddau benfelyn o Fôn', gan wneud i bawb feddwl am ryw bâr bach diniwed o'r wlad. Toedd hynny ddim yn siwtio'r clybiau yn sicr, hyd yn oed os oedd o'n wir! Bu'n rhaid i'r ddau ohonon ni feddwl sut i ddelio â hyn. Toeddan ni ddim isho pechu'n cynulleidfa draddodiadol ond doedd ein perfformiadau traddodiadol ddim yn siwtio'r clybiau. Roeddwn i'n cael tipyn o drafferth siarad rhwng y caneuon a sgwrsio efo'r dorf o'r llwyfan ond roedd Tony'n llwyddo'n iawn efo hynny. Y drafferth oedd, doeddwn i ddim o hyd yn gyffordus efo sut y bydda Tony'n siarad efo'r gynulleidfa, na beth fydda fo'n ddweud, ac mi fydden ni'n ffraeo wedyn ar ôl dod oddi ar y llwyfan. 'Mi es di'n rhy bell heno, Tony! Roedd ambell un o dy jôcs di'n rhy gryf – a finna'n cochi mor hawdd!' oedd fy neges i iddo'n ddigon clir. Mi ddois i'n fwy cyfarwydd wrth ddelio â'r *banter* ond, yn sicr, roedd yn gyfnod pan fydda Tony a mi'n anghytuno'n chwyrn yn weddol aml!

Erbyn hyn roedd Cymru wedi derbyn Tony ac Aloma i'w calonnau ac efallai mai un arwydd o hynny oedd bod caffi bychan ar Ynys Môn wedi troi'n lle o bererindod o ganlyniad i un o ganeuon y ddau. Pan fyddai Tony'n gyrru lorïau i gwmnïau amrywiol, byddai'n galw'n aml

Y fi yn serynêdio Pat a Janet ac Elsie a Glen
ym maes parcio Caffi Gaerwen

Caffi Gaerwen

Mae rhai sy'n leicio troi allan
Mewn dillad neis i gael sgram
Yn dewis hotels sydd yn servio
Tatw rhost a boiled ham
Ond bodlon wyf i yn y caffi
Mae pawb yn hapus a chlên
Yn llewys fy nghrys caf ŵy, chips a pys
Ac wrth dalu y bil mi gaf wên gan
Pat a Janet ac Elsie a Glen
Galwch i'w gweld yng Nghaffi Gaerwen
Anodd fydd peidio â cholli eich pen
Am Pat a Janet ac Elsie a Glen.

Rhywun sy'n meddwl trafeilio
I ynys fechan sir Fôn
Cofiwch beidio â pasio
Y caffi ar ochr y lôn
Croeswch y bont i Borthaethwy
Ymlaen drwy Lanfair PG
Cyn pasio drwy bentre bach Gaerwen
Drop in for a nice cup of tea!

Gair bach o gyngor i'r bechgyn
Mae Elsie a Glen gyda gŵr
A Pat sydd newydd engejio
Ac yn fodlon ar hwnnw rwy'n siŵr
Janet, hi yw'r ieuengaf,
Dymunol a del ac yn ffri
Efallai os galwch chi heibio
Bydd y gusan fach gynta i chwi.

yng Nghaffi Gaerwen ac mi drodd ei brofiad yn gân.
Cân ddigon ysgafn yw hi, ond mae wedi profi'n un o'r
ffefrynnau mwyaf. Os oedd gan ffans Elvis eu Graceland,
roedd gan y Cymry eu Caffi Gaerwen! Roedd tripiau ysgol
Sul, tripiau ysgol a bysys ar deithiau crwydro yn dechrau
galw yn y caffi oherwydd y gân o'r un enw. Byddai plant
ysgol yn dod oddi ar y bws er mwyn cael gweld y caffi a'u
hathrawon yn rhannu'r stori y tu ôl i'r geiriau. Byddai pawb
hefyd, wrth gwrs, yn cael cyfarfod â Pat a Janet ac Elsie a
Glen.

Pat a Janet ac Elsie a Glen
Galwch i'w gweld yng Nghaffi Gaerwen
Anodd fydd peidio â cholli eich pen
Am Pat a Janet ac Elsie a Glen.

Doedd dim stop ar y bwrlwm. Daeth rhagor o gyfresi teledu i HTV, a hynny unwaith eto'n garreg filltir i'r ddau, gan nad oedd yn beth cyffredin o gwbl i artistiaid Cymraeg gael eu cyfresi teledu eu hunain. *Dyma Dafydd*, cyfres gan Dafydd Iwan yn '67, oedd gyda'r cyntaf, a Tony ac Aloma yn dynn ar ei sodlau. Roedd y ddau o Fôn yn apelio at yr un bobol a gâi eu swyno gan Nina and Frederick a Peter, Paul and Mary yn y byd canu pop Saesneg yn ogystal â rhai o sêr canu gwlad y byd. Cyn hir daeth ceisiadau i

deithio dramor, a bu'r ddau yn brif westeion cinio Dydd Gŵyl Ddewi Cymdeithas Gymraeg Paris.

Tony

Roedd mynd i Paris yn brofiad arbennig iawn. Roedd Aloma a fi wedi bod ar ben tractor, mewn trên, mewn bws a finna wedi bod mewn car a merlan – ond toedd yr un o'r ddau ohonon ni wedi bod mewn eroplên! Dyna'r tro cynta i'n traed ni fod oddi ar y ddaear! Yn ystod y cinio, syndod oedd cwrdd â dau hogyn o Sir Fôn oedd yn gweithio yn Paris, felly mi gawson ni fêts! Y diwrnod wedyn mi gawson ni wadd i ginio mewn tŷ yn y ddinas. Ar ôl mynd yno, roedd tua dwsin o bobol eraill wedi cyrraedd ac mi ddechreuon ni fwyta am hanner dydd a gorffen am 5 o'r gloch – ie, pum awr! Fel'na mae nhw'n byw yn Paris! Marathon o ginio! Dw i'n credu 'mod i ac Aloma wedi bod i'r tŷ bach tuag ugain o weithiau i gael smôc! Y peth rhyfedda welson ni ar y bwrdd oedd potelaid o win efo gellygen y tu mewn iddi. 'Sut ar y ddaear oedd hynny wedi digwydd?' oedd y cwestiwn a âi drwy fy meddwl drwy'r cinio. Yr ateb oedd y bydden nhw'n rhoi'r botal ar y goeden a'r ellygen wedyn yn tyfu yn y botal.

Wedyn, y diwrnod ar ôl dod 'nôl oddi yno, y ddeuawd oedd yn cynnig yr adloniant yn Noson Gŵyl Ddewi Cymdeithas Gymraeg Llundain, a'r diweddar Derek Boot yn cyfeilio iddyn nhw. Prif westeion y noson oedd y Tywysog Charles a George Thomas.

Yr unig gân wnaeth y Ffrancwyr ei deall oedd 'Tri Mochyn Bach' – wi, wi, wi!

Cwrdd â dau o Sir Fôn – cyfle i barablu yn Gymraeg

Druan â fi â 'nhraed oddi ar y ddaear am y tro cynta

Y marathon o ginio lle gwnaethom smocio fwy na bwyta

Yn Eglwys Notre Dame

Aloma

Toedd Tony na fi erioed wedi bod yn y fath noson o'r blaen! Mi ges i ddillad newydd crand ar gyfer y noson ond siom fawr i mi oedd i ryw ddyn pwysig ddod ata i yn y gwesty a dweud na chawn i fynd i mewn i'r bar am nad oeddwn i'n 'appropriately dressed'! Pam? Am 'mod i'n gwisgo siwt drowsus! Roedd hi'n un ddrud ac o safon uchel a finna'n llond *sequins* o'm corun i'm sowdwl ond, ar ddiwedd y dydd, roeddwn i'n ferch yn y 60au hwyr yn gwisgo trowsus – a toedd dylanwad Mary Quant yn amlwg ddim wedi cyrraedd y Savoy!

Mi gymrodd rhyw *waiter* drueni drostan ni dw i'n credu, wrth ein gweld ni'n ddigon digalon yn hongian o gwmpas y gwesty crand 'ma. Roeddan ni i fod i ganu ar ddiwedd y noson, felly roedd ganddon ni lawer o amser i aros ac mi alwodd o ni i'r naill ochr a mynd â ni i stafell fwyta grand rywle ym mol y gwesty. 'Dyma'r River Room,' medda fo wrthan ni, 'a dyma lle bydd y Fam Frenhines yn bwyta.' Mi roddodd ni wrth ei bwrdd hi'n edrych dros afon Tafwys. Dim ond ni oedd yno ac mi wahoddodd ni i ddewis beth bynnag roeddan ni isho oddi ar y fwydlen. Wel, bydda dallt y fwydlen wedi bod o help! Ymhen ychydig mi gawson ni gwmni Vivs o Hogia'r Wyddfa yn y stafell gan iddo ddod draw i'n gweld ni – roedd yr Hogia yn y ddinas ar gyfer Dydd Gŵyl Dewi hefyd. Vivs gafodd ddewis y gwin. Ac yn llawn awdurdod mi ofynnodd am y 'biw-joi-lais'! Wel, toedd yr un ohonon ni'n gwybod mai *beaujolais* oedd o'r adeg hynny! Ar ddiwedd y noson, y syndod oedd i'r dyn nad oedd yn lecio'r *sequins* orfod ein nôl ni ar ddymuniad y Tywysog, oedd am gael gair efo ni cyn i ni ganu. 'Mae'n siŵr ma isho siarad am y delyn mae o!' medda Tony wrth i ni baratoi i adael y stafell!

Tony

Yn syth o Lundain wedyn, finna'n gyrru ni'n dau dros nos i Gaerdydd, i westy'r Sunbury unwaith eto, am fod yn rhaid i ni recordio fideo ar gyfer *Disc a Dawn* y bore canlynol.

Aloma

Felly ar ôl Paris a'r *trouser suit posh* yn y Savoy, roeddwn i wedi fy mheintio'n oren ac yn eistedd ar ben coeden ar fynydd Caerffili wedi fy ngwisgo fel un o'r Americanwyr brodorol a phluen yn fy ngwallt. Druan o Tony, roedd o wedi'i wisgo fel Geronimo! Fel'na roedd petha'r adeg hynny!

Ymhen rhai misoedd roedd y ddau ar daith trwy Gymru yng nghwmni Ryan a Ronnie – un noson ar hugain o'r bron mewn lleoliadau mawr ymhob cornel o'r wlad. Dyma'u blas cyntaf o daith ar lefel uchel iawn o broffesiynoldeb. Roedd y meicroffons, y goleuadau ac ati'n mynd gyda nhw, yn hytrach na defnyddio beth bynnag oedd ar gael yn y lleoliadau amrywiol, ac roedd pob noson dan ofal y darlledwr profiadol Alun Williams.

Tony

Roedd y ddau'n arbennig efo ni, mae'n rhaid dweud, a dw i'n cofio Ronnie'n dod at Aloma a fi i roi gair o gyngor i ni. Ar gyfer ambell gân, roeddwn i'n mynd ar y llwyfan gynta ac yn dechra canu ac yna Aloma yn fy nilyn ac yn ymuno yn y gân. Awgrymodd Ronnie y dylen ni'n dau gyrraedd y meicroffon yr un pryd a dechra ar yr un pryd. Ein hateb ni iddo oedd dweud y basan ni'n meddwl am y peth a dod yn ôl ato. Y diwrnod wedyn mi aethon ni 'nôl ato a dweud, 'Diolch am y cyngor, ond mi wnawn ni gario 'mlaen i wneud petha fel rydan ni wedi arfer gwneud'! Meddwl ein bod ni'n gwybod yn well oeddan ni, ond dangosodd profiad i ni nad oeddan ni ddim mewn gwirionedd ac mai fo oedd yn iawn. Bu'r daith honno'n brofiad arbennig efo dau o sêr go iawn.

Mewn cyfnod o saith mlynedd, felly, roedd taith Tony ar hyd llwybr gardd yn Llannerch-y-medd wedi arwain y ddau at ei gilydd a'r ddau wedi troedio llwybr oedd wedi ymestyn ac ymestyn a mynd â'r ddau ymhellach nag oedden nhw eu hunain wedi'i ddychmygu ac, yn wir, ymhellach nag yr aeth yr un act arall Gymraeg yn y cyfnod. Ond y tu ôl i'r goleuadau llachar roedd cysgodion yn dechrau ymgasglu. Roedd y ddau'n rhai da am ffraeo gyda'i gilydd – yn y modd y gall y rhai sy'n ffrindiau mynwesol gweryla heb i hynny fygwth eu perthynas. Ond roedd pwysau perfformio di-baid a theithio cyson yn ychwanegu at y pwysau hwn. Mi fuodd y ddau hefyd trwy brofiadau personol digon anodd ac mi gafodd hynny ei gymhlethu gan eu henwogrwydd. Dyma'r cysgodion a fyddai'n diffodd y golau llachar ymhen rhai blynyddoedd.

'Seren Fach'
Aloma

Os ydi'r rhan fwya o bobol yn cofio 1969 am fod dyn wedi cerdded ar y lleuad, yn cofio am ŵyl Woodstock neu arwisgo'r Tywysog yng Nghaernarfon efalla, dw i'n cofio'r flwyddyn am reswm cwbl wahanol. Dyna pryd y ces i 'mhlentyn cynta, ac er i hynny greu llawenydd mawr i mi'n bersonol, roedd hefyd yn gyfnod anodd iawn. Erbyn hynny roedd Tony ac Aloma wedi cydio go iawn, ein recordia'n gwerthu'n dda a'n cyfresi teledu'n boblogaidd iawn. A dyna'r broblem. Doedd dim modd cuddio'r ffaith fy mod i'n disgwyl plentyn, a finna'n sengl. Roedd y ffaith honno'n ergyd fawr i'r teulu, ac mi darodd y newyddion nhw'n galed iawn.

I Ysbyty Dewi Sant, Bangor roeddwn i wedi mynd i gael fy mhlentyn ac rydw i'n cofio un diwrnod yn arbennig pan oeddwn i'n gorwedd yn y gwely a'r nyrsys yn mynd o gwmpas eu petha. Roedd un ohonyn nhw'n hymian canu wrth iddi fynd o wely i wely. Roedd ei chefn ata i a daeth ei thro i ddod at fy ngwely i. Cydiodd yn y *clipboard* ar ben y gwely gan ddal i hymian ac yna cododd ei phen i edrych arna i a dechra siarad. Daeth stop ar ei hymian hanner ffordd drwy far o'r dôn wrth iddi fy nabod. Safodd yn stond ac edrych arna i'n syn.

Roedd hi wedi bod yn canu 'Biti Na Faswn I' ac wedi troi a sylweddoli mai fi oedd yn y gwely y tu ôl iddi pan oedd hi wrthi'n hymian y gân. Cafodd gymaint o sioc nes y bu bron iddi â thagu! O'm rhan i, dw i'n gallu chwerthin am hynny rŵan ond ar y pryd roedd fy ymateb yn gwbl gymysglyd. Roedd yn beth braf ar y naill law ei bod yn hymian un o'n caneuon ni ac mi lwyddodd hynny i greu tipyn o falchder ynof. Ond ar y llaw arall, roedd yn dipyn o embaras hefyd gan nad oeddwn yn teimlo'n gyfforddus a dweud y lleia am 'mod i'n ddibriod.

Yr adeg hynny, roedd bod yn hogan sengl oedd yn disgwyl babi bron yn drosedd ac yn haeddu'r gosb eitha. Fel'na roeddwn i'n teimlo beth bynnag. Roedd y ffaith 'mod i'n hogan capal yn gwneud petha'n waeth o lawer. Doedd y fath beth ddim i fod i ddigwydd ac roedd unrhyw hogan ddibriod a gâi ei hun yn disgwyl yn anfoesol ac yn dwyn gwarth arni hi ei hun. Ia, yr hogan a dderbyniai'r gwarth hwnnw fel arfer, nid yr hogyn a oedd, wrth gwrs, yr un mor gyfrifol am y sefyllfa.

Mi fues i mewn *labour* drwy'r nos cyn rhoi genedigaeth ac erbyn i mi fod 'nôl ar y ward y bore wedyn roedd y nyrsys i gyd o'm cwmpas yn llawn holi am y babi ac am fyd y teledu a chanu, a'r cyfan yn swnio'n driphlith draphlith. Mi wnes i ddallt hefyd bod y nyrsys wedi bod rownd y wards yn ystod y nos yn agor llyfr a bu pawb yn betio a fyddwn i'n cael hogan 'ta hogyn! Wel, o leia roedd rhywun wedi gwneud pres ar fy nghownt i yn ystod fy oria o *labour*! Hogan ges i, a rhois yr enw Dawna iddi, a'i sillafu fel'na er mwyn bod yn wahanol mae'n siŵr gen i.

O safbwynt fy nheulu, mae hon yn stori anodd iawn i'w hadrodd. Roedd Nain mor hen ffasiwn a doedd y ffaith fy mod i'n disgwyl plentyn heb briodi ddim yn rhywbeth y gallai hi ei dderbyn o gwbl. Ddoth Nain ddim i 'ngweld i yn yr ysbyty, a'r adeg hynny, wrth gwrs, roeddach chi yn yr ysbyty am sbel. Ddoth hi ddim chwaith wedi i Dawna gael ei geni, tan i ni adael. Roedd fy mam wedi dal TB felly doedd hi ddim yn cael dod i'm gweld i beth bynnag. Doedd dim un o'r ddwy a oedd wedi fy magu, felly, wedi dod i'm gweld o gwbl yn ystod yr holl gyfnod y bues i yn yr ysbyty. Roedd hyn yn creu problem bellach i mi. I ble yr awn i pan fydda hi'n amser gadael yr ysbyty, a hogan fach rai diwrnodau oed yn fy nghôl? Er cymaint roedd Mam isho helpu, doedd hi ddim yn cael mynd yn agos at fabis. Doedd Nain ddim isho cael unrhyw beth i'w wneud efo'r babi oherwydd yr amgylchiadau. Mi gefais gyngor gan bobol a gâi eu galw'n *almoners* yr adeg hynny. Roeddan nhw'n gwybod yn iawn pwy oeddwn i gan eu bod wedi fy ngweld ar y teledu. Yn wir, gan fod un o'n rhaglenni ni ar y teledu yn ystod y

cyfnod hwnnw mi wnaethon nhw fy ngherdded i'n ofalus iawn i lawr y grisiau i'r stafell deledu er mwyn i mi weld y rhaglen. Mi greodd hynny gryn gyffro yn yr ysbyty ac roedd pawb yn sbio trwy ffenestri'r stafell yn chwifio dwylo arna i ac ati.

Roedd yr holl sylw yma, a'r ffaith bod pawb yn gwybod pwy oeddwn i, wedi cyfrannu hefyd at y cyngor roeddwn i'n ei gael gan bobol yr ysbyty. Dwedai pawb yr un peth wrtha i, sef fy mod i'n

Dawna – doedd neb yn mynd i'n gwahanu

amlwg yn hogan a chanddi yrfa i'w dilyn. Gallwn ganu yn ogystal â chwarae'r piano a'r delyn ac roeddwn wedi cwblhau fy Lefel A hefyd, felly o ganlyniad roedd mynd i brifysgol yn amlwg yn opsiwn i mi. O ystyried hyn i gyd, a'r sefyllfa adra, y neges oedd mai'r peth gora i mi ei wneud oedd rhoi Dawna i'w mabwysiadu neu, yn eu geiriau nhw, i'w hadoptio.

Un ateb oedd gen i. *No way*! Mi dderbynion nhw'r neges yn ddigon clir. Wedi ychydig ddyddiau eto o fethu â mynd adra, mi awgrymwyd y dylwn i fynd â Dawna i'r ysbyty dros y ffordd i Ysbyty Dewi Sant, sef Ysbyty Minffordd. Y syniad oedd y dyliai hi gael brechiad BCG ac yna y basa hi'n saff wedyn iddi fod yng nghwmni Mam. Ond petawn i'n gwneud hynny, yna mi fasa Dawna yn gorfod bod mewn *quarantine* am chwe wythnos ac osgoi cwmni Mam. Mi faswn i'n cael mynd adra, wrth gwrs, ac yn gallu mynd 'nôl a 'mlaen i weld Dawna.

Ond yr un oedd yr ateb. *No way*! Doeddwn i ddim yn mynd adra o Ysbyty Dewi Sant heb fod Dawna yn fy mreichiau. Roedd arna i ofn mawr y basan nhw'n mynd â hi oddi arna i a doeddwn i ddim yn coelio'r stori am y BCG. Does gen i ddim syniad o ble ges i'r nerth yna i gwffio yn eu herbyn ac i sefyll yn gadarn dros fy safbwynt i fy hun, a finna mor ifanc. Ond cwffio wnes i. Roeddwn i erbyn hynny'n teimlo'n *fed-up* go iawn gan fod pawb arall o'm cwmpas i'n cael mynd adra a'u babis newydd efo nhw a finna'n gorwedd yn y

gwely ac yn gofyn i mi fy hun, 'Be dw i'n mynd i'w wneud?'

Ac yna'n sydyn, heb rybudd, un pnawn Sadwrn, pwy ddaeth i mewn i'r ward ond Taid a Nain. Roedd Tony wedi bod yn eu cartra ac wedi gofyn iddyn nhw ddod i'm gweld i yn yr ysbyty. Mi ddaethon nhw o'r diwedd at waelod y gwely ond roedd golwg flin iawn ar wyneb Nain. Nain oedd yr un wnaeth yr holl benderfyniadau mawr ynglŷn â fy ngwersi piano, fy ngwersi telyn, cystadlu yn yr eisteddfodau a phob dim arall. Yn y cefndir y bydda Taid, yn ddyn distaw ond cadarn iawn. Chlywais i erioed mohono fo'n dadlau nac yn codi'i lais. Syndod i'r eitha, felly, oedd ei glywed yn dweud wrth Nain yn gadarn,

'Lil, ma'r hogan 'ma'n dod adra ac mae hi'n dod adra rŵan, yli!'

Ddwedodd Nain yr un gair o'i phen. O fewn awr, roedd popeth wedi'i bacio ac roeddan ni i gyd ar ein ffordd adra. Ac o'r munud yr aeth Dawna fach i mewn i'r tŷ yn Llannerch-y-medd, mi ges i job aruthrol i gael cyfla i fynd yn agos ati. Wna i byth anghofio geiriau'r *district nurse* wedi iddi ymweld un dydd. Roedd Crud yr Awel ar dop lôn fechan Cilgwyn Street ac mi ddwedodd hi,

'Mae'n ddigon hawdd deud 'na Mrs Davies sy'n gofalu am y babi. Dw i'n clywad ogla *lavender water* o waelod y lôn!'

Do, mi ddoth Taid a Nain yn hen daid ac yn hen nain arbennig i Dawna. Ond er mwyn i mi gael mynd yn ôl i ganu, Mam a John ddoth i lenwi'r bwlch ac roeddan nhw'n ffantastig. Roedd Coleg Manceinion wedi cadw lle i mi, ond roedd Tony ac Aloma yn eu hanterth ar y pryd a'r gwaith teledu a'r recordio yn ormod o demtasiwn i droi cefn arno. Gan fod Tony erbyn hynny wedi rhoi'r gora i'w waith, roedd y ddau ohonon ni'n canu'n broffesiynol. Pwy oedd isho bod yn stiwdant?! Mi wnes i feddwl bryd hynny y baswn i'n mynd i'r coleg ryw ddydd, ond, fel y datblygodd petha yn ystod fy ngyrfa, dw i'n meddwl i mi gael mwy o fudd o'r hyn wnes i yn ystod fy mywyd nag y baswn i wedi'i gael wrth fynd i'r coleg ym Manceinion. Yn sicr, dw i wedi dysgu mwy am fywyd wrth beidio â mynd i'r coleg.

Felly, mi ddoth cyfnod trawmatig iawn i ben. Cyfnod pan fu'n rhaid delio ag agweddau pobol eraill, gwerthoedd cymdeithas, bod yn llygad y cyhoedd, yn ogystal â 'nheimladau a 'nymuniadau i fy hunan. Dydw i ddim yn ddynas gref iawn, er i mi gael y nerth i gwffio dros Dawna, ond am wn i mai greddf mam oedd ffynhonnell y nerth hwnnw. Roedd meddwl bod pobol yn feirniadol iawn ohona i am fy mod yn feichiog a heb briodi yn anodd iawn, iawn i'w dderbyn.

Mi ges i gynnig ffordd arall i ddianc rhag y cyfan hefyd. Roeddwn wedi cyfarfod â hogyn o'r enw Roy James o Wallasey, Lerpwl pan es i ar drip i'r Isle of Man rai blynyddoedd ynghynt a finna'n dal yn yr ysgol. Roeddwn i wedi cadw mewn cysylltiad ag o ac roedd o wedi dod draw i Ynys Môn sawl tro efo pa grŵp bynnag y bydda fo'n perfformio efo

Nain a Taid, y ddau erbyn hyn yn hen nain a hen daid

nhw ar y pryd. Roedd o hefyd yn gwybod am yr helyntion yn ystod geni Dawna ac mi ddwedodd wrtha i un dydd,

'Gwranda, dw i ar fy ffordd i Sbaen am gyfnod efo'r band. Mae yna groeso mawr i ti a Dawna ddod efo ni.'

'Os na ddoi di i Sbaen efo fi,' medda fo wedyn, 'mi elli di fod yn siŵr y bydda i'n dod yn ôl a gobeithio y byddi di'n newid dy feddwl, ryw ddydd.'

Ar un wedd roedd yn demtasiwn. Ond o edrych ar y sefyllfa o safbwynt arall, doedd hi ddim yn demtasiwn o gwbl. Mor aml wedyn hefyd dros y blynyddoedd, Tony ac Aloma a gâi y flaenoriaeth dros bopeth arall, a digwyddodd hyn wrth ystyried mynd i'r coleg, wrth ystyried dewis gyrfa ac, yn wir, efo pob dim arall. Fedra i ddim dweud pam. Ond heb amheuaeth, mi gâi'r flaenoriaeth, hyd yn oed pan ddeuai trydydd person yn rhan o'r sefyllfa. Pan fydda Tony yn canlyn efo rhywun neu pan fyddwn i'n canlyn, bydda'n rhaid i'r person hwnnw dderbyn y syniad o Tony a fi a derbyn arwyddocâd a phwysigrwydd y ddeuawd Tony ac Aloma i ni ein dau. Fydda hi ddim wedi bod yn bosib i ni gael y llwyddiant mawr a gawson ni heb y ddealltwriaeth yna.

Yn hwyrach yn ystod yr un flwyddyn, roedd Tony a fi'n canu yn yr Eisteddfod Genedlaethol yn Fflint ac mi ddoth neges ar y *tannoy* yn ein galw i fynd i babell yr Heddlu. Daeth neges bod Taid yn wirioneddol wael a bod angen i ni fynd 'nôl ar frys

Dawna a John

Dawna yn 18

Nicola, Tammy a Tony yn fy mharti pen-blwydd yn 50

Tammy, Tony a Nicola – werth y byd i'w Nain 'Loma'

i'w weld. Roedd Dawna adra efo Taid a Nain ar y pryd, ac mi aethon ni adra'n syth o'r Steddfod. Ymhen rhai dyddia, bu Taid farw. Toedd Taid ddim yn ddyn oedd wedi gwneud i mi ddysgu chwarae'r piano na'r delyn na chystadlu yn y Steddfod na dim byd felly. Be wnaeth fy nhaid ei ddysgu i mi oedd sut i wneud rhwydi pysgota. Mi roedd o'n gwneud ei rwydi yn y gegin gefn a fan'no y bydda fo'n fy nysgu i sut i'w gwneud nhw hefyd. Roedd o hefyd yn mynd i saethu, i fyny'r lôn bach yn Cilgwyn Street, ac yn dod 'nôl a ffesantod hefo fo. Wedyn, yn y gegin gefn eto, mi fydda fo'n dangos i mi sut i'w pluo nhw. Dyna lle fydda ogla mwg mawr yn y gegin wedyn wrth i ni fynd ati i losgi. Felly, diolch i 'nhaid, faswn i byth yn llwgu wedi imi ddysgu gwneud rhwydi a phluo ffesantod.

Mi aeth Nain yn wael wedyn, ar ôl colli ei gŵr. Ymhen amser symudodd i Langefni i fod yn agosach at Mam a John. Roedd yn gyfnod anodd a dweud y lleia, yn enwedig ar ôl mynd trwy holl gyffro'r geni yn gynharach yn y flwyddyn.

Roedd Dawna rŵan mewn sefyllfa ddigon tebyg i mi, a theulu estynedig agos a chynnas i ofalu amdani. Mi fues i'n lwcus iawn, iawn hefyd na wnaeth y ffaith i mi gael plentyn a finna'n ddibriod wneud unrhyw wahaniaeth i'n gyrfa ni'n dau fel deuawd. Mae'n amlwg fod y Cymry'n gymysgwch pur o ran eu hagweddau ar ddiwedd degawd *permissive* y 60au. Roedd yr hen werthoedd yn gryf iawn mewn ardaloedd Cymraeg eu hiaith fel Ynys Môn, ond eto i gyd roedd y gwerthoedd newydd yn amlwg hefyd. Gallai Tony ac Aloma barhau i berfformio. Roedd gen i blentyn yr oeddwn i'n ei charu o waelod calon ac sydd yn dal hyd heddiw yn fêt go iawn i mi. Diolch o waelod calon na wnes i wrando ar y cyngor a ges i'w rhoi i estron i'w magu.

'Gad fi wybod beth sy'n bod'
Tony

Tydw i ddim yn credu i mi fod yn llawer o help i Aloma pan aeth hi drwy'r profiad o roi genedigaeth i Dawna. Dwn i ddim pam. Mi awn i'w gweld hi'n gyson, mae'n wir. Mi es i weld ei nain a'i thaid hefyd a gofyn iddyn nhw fynd i'w gweld. Ond mi wnaeth Aloma gymaint drosti hi ei hun yn y cyfnod hwnnw, a dw i'n falch iawn ohoni fel person wrth ystyried iddi hi lwyddo i oresgyn pob problem.

Roedd '69 yn flwyddyn a hanner yn ddiddadl. Mae Aloma wedi sôn am ei blwyddyn hi ac mi roedd yn flwyddyn galed iddi ond yn flwyddyn lawen hefyd yn y diwedd. I mi, mi ddoth y flwyddyn i ben a minna mewn ysbyty yn diodda o TB. Rydach chi'n cael TB pan ydach chi'n *run down* ac yn eich gwendid. Mae'n ddigon posib felly i mi ei gael oherwydd y ffordd roeddan ni'n byw erbyn hynny. Bywyd ar y lôn a nosweithiau hwyr o berfformio ac ati. Pwy a ŵyr, er mae 'na bosibilrwydd cryf mai dyna'r rheswm pam i mi ei gael.

Toeddwn i ddim wedi bod yn teimlo'n rhy sbesial ac mi es at y meddyg teulu. Anfonodd hwnnw fi i gael *X-rays* ac mi ddangosodd y llunia fod gen i gysgod ar yr ysgyfaint. Dim byd rhy ddrwg, ond roedd o yno. Mi ges gwrs o dabledi ond doedd eu cymryd ddim yn siwtio fy ffordd o fyw ar y pryd. Un peth amlwg: doedd dim modd yfed pan fyddwn i'n cymryd y tabledi hyn! Doeddwn i erioed wedi bod yn berson a gredai mewn cymryd tabledi beth bynnag a doeddwn i ddim yn gweld yr un rheswm dros ddechra eu cymryd bryd hynny. Llefrith poeth a mêl fyddwn i'n ei gymryd pan fydda gen i annwyd, yn hytrach na'r holl Beechams *powder* bondigrybwyll y bydda pawb arall yn ei gymryd.

Ond wrth gwrs, wnaeth y cysgod ddim diflannu. Anfonodd y doctor fi i'r ysbyty. Pan wnes inna ddallt bod angen i fi fynd i mewn i ysbyty, toeddwn i ddim isho unrhyw ffýs o gwbl gan bobol eraill ac mi wnes i yrru fy hun yno. Parciais i yn y maes parcio a cherdded at y drws efo'm bag bach a churo ar y drws. Daeth y matron i'r drws a'm gwahodd i mewn. Newidiais i'm pyjamas a mewn â fi i'r gwely. Roeddwn i'n un o'r cleifion rŵan, medda fi wrtha fi fy hun. Ond toeddwn i ddim yn teimlo'n sâl o gwbl ac felly roedd yn brofiad rhyfadd iawn.

Mi fues i'n lwcus iawn i gael ciwbicl i mi fy hun ar Ward 8 yn Ysbyty Abergele. Golygai hynny fod yna ddrws i fynd i'r ward a drws arall i ddianc i'r byd mawr y tu allan. Roedd hynny'n siwtio fi i'r dim ac yn ffodus roedd gen i gar ym maes parcio'r ysbyty trwy gydol fy amser yno. Handi iawn. Roedd gen i locar yn y ciwbicl hefyd a photal o *sherry* ynddo. Ac o dan y gwely, crêt o Mackeson Stout! Roeddwn i'n benderfynol o wneud fy nghyfnod yn yr ysbyty mor bleserus â phosib! Fasa hynny ddim yn digwydd heddiw.

Ond toedd y cyfnod ddim yn fêl i gyd. Mi ges i ddigon ar fwyd yr ysbyty. Arna i roedd y bai, gan fod y bwyd yn iawn, ond toeddwn i ddim yn gallu ei fwyta o gwbl. Bydda swpar rhwng tua phump a chwech a dim ond sŵp fyddwn i'n ei fwyta, ddydd ar ôl dydd. Toedd hynny byth yn mynd i fod yn ddigon. Felly, wedi swpar, byddwn i'n gwisgo amdanaf tua saith o'r gloch a mynd allan trwy ddrws y ciwbicl. I mewn i'r car â fi a theithio i ba le bynnag y byddwn i am fynd.

Dw i'n cofio Aloma yn dod i 'ngweld i un noson, a daeth ei mam a John efo hi. Mi aethon nhw i bob stafell, ac mi roedd yna lwyth o'r rheiny, y stafelloedd snwcer a teledu a stafelloedd gweithgareddau eraill o bob math. Ond wedi iddyn nhw chwilio a chwilio ymhob man, doedd dim sôn amdana i yn unman. Mi awgrymodd un o'r staff falla 'mod i wedi mynd am beint. 'Nôl i'r car ag Aloma a'i mam a John a rownd â nhw o amgylch pybs Abergele, gan alw ym mhob un ohonyn nhw wrth chwilio amdana i. Ond toeddwn i ddim yn yr un ohonyn nhwytha chwaith. Y noson honno roeddwn i wedi cael hen ddigon ar y sŵp ac wedi mynd i'r *steakhouse* yn Llandudno Junction! Roedd mynd am ryw daith neu'i gilydd wedi dod yn arferiad gen i ar ôl rhyw fis yn yr ysbyty a manteisiwn ar y cyfla i fwynhau noson allan cyn mynd 'nôl i hotel

Abergele. Ffeindiodd Aloma mohona i'r noson honno a bu'n rhaid iddyn nhw droi 'nôl am Ynys Môn heb fy ngweld.

Ond nid i fynd am beint neu bryd o fwyd yn unig y doth y car yn handi. Mi ges i glywed rywsut bod Hogia'r Wyddfa yn canu mewn clwb yn y Rhyl. Felly, ffwrdd â fi unwaith eto ar ôl swpar, sŵp siŵr o fod, a draw â fi i'r Rhyl. Wrth i mi gerdded i mewn i'r clwb, pwy oedd yno ond un o nyrsys yr ysbyty!

'Be ti'n neud fama? Be ti'n neud fama?'

Dyna oedd ei chwestiwn dro ar ôl tro.

'Paid â deud wrth neb! Paid â deud wrth neb!' oedd fy ymateb inna dro ar ôl tro! Roeddwn i fod yn fy ngwely, on'd toeddwn!

Yr unig driniaeth a gawn i at y TB oedd *injections* bob bore – yn fy mhen-ôl. Bydda nifer o'r nyrsys yn rhoi'r jab i mi a doeddwn i ddim yn gwybod eu bod nhw wedi rhoi nodwydd yn agos at fy mhen-ôl. Ond mae 'na hefyd nyrsys ifanc sy'n dysgu. Roeddan nhw'n aml iawn yn brifo. Dw i'n weddol sicr mai fi oedd y 'fenga ar y ward gan fod y rhan fwya yn bobol mewn oed. Roeddan nhw, wrth gwrs, isho'r proffesionals i roi'r jabs iddyn nhw. Toeddan nhw ddim isho'r merchaid ifanc 'ma oedd yn dysgu ac yn nerfus. Roeddwn i, felly, yn teimlo dros y genod ifanc yma ac yn galw arnyn nhw draw ata i,

'Come on, help yourself!'

Wel, roeddwn i'n arwr go iawn a'r nyrsys ifanc yn ciwio i roi jab i mi bob bore. Oedd, roeddan nhw'n brifo. Ond wyddoch chi beth oedd yn brifo fwya? Roedd yn rhaid i mi droi fy nghefn atyn nhw. Roedd hynny'n groes i'r graen!

Mi fues i yno o fis Medi 1969 tan Ionawr 1970. Roedd hynny'n golygu i mi fod yno dros ddau achlysur arbennig, sef fy mhen-blwydd ym mis Tachwedd a'r Nadolig. I ddathlu fy mhen-blwydd, mi benderfynais fynd o amgylch y ward efo peiriant *cassette* ar fy ysgwydd a chynnig diod i'r cleifion er mwyn dathlu efo fi.

'Helô, su' mae? Mae'n ben-blwydd arna i heddiw. Be 'dach chi isho? *Sherry* 'ta *stout*?'

Rownd â fi i bob gwely a gofyn yr un cwestiwn a recordio'r cyfan ar fy mheiriant. Mae'r tâp yn dal gen i ac mae'n ddoniol iawn clywed sŵn y cleifion yn yfed beth bynnag oedd eu dewis. *Glug, glug, glug* wrth bob gwely! Mi wnes yn union yr un fath adeg Dolig hefyd, a phawb yn dweud bod y *sherry* a'r *stout* yn well ffisig o lawer na'r jab,

Mi ddoth y peiriant recordio yn handi ar achlysur arall hefyd. Yn anffodus roedd y driniaeth roeddan ni'n ei chael at y TB yn cael un effaith amlwg ar bawb, sef gwneud i ni basio gwynt drwy'r dydd a'r nos. Doedd dim amdani un dydd ond troi'r peiriant recordio 'mlaen er mwyn cofnodi'r effaith arbennig yma. Mi wnes droi at bawb yn y ward a dweud,

'Give me a shout when you're ready!'

A phan oeddan nhw'n meddwl bod un ar y ffordd, rownd â fi o wely i wely wedyn yn recordio'r taranau amrywiol. Y piti mawr yw nad yw'r tâp yna gen i o hyd.

Gyda'r nos yn y ward, roedd yn arferiad i ni gasglu o amgylch y teledu ac edrych ar ba raglen bynnag oedd 'mlaen. Un noson, a phawb ohonon ni wedi casglu efo'n gilydd, mi wnes i roi'r tâp arbennig hwnnw ymlaen. Am funudau lawer, dyna i gyd oedd i'w glywed oedd sŵn y pasio gwynt fel taranau, a phob un yn wahanol wrth gwrs – rhai hir, rhai byr, rhai distaw, rhai cryf – a phawb yn gweiddi ar draws ei gilydd,

'That's mine!'

'No, that's mine!'

A chwerthin di-stop! Mi wnaeth hynny gymaint o les i ni i gyd hefyd drwy dorri ar undonedd bywyd a ninna yno am gyfnod mor hir. Roedd, yn ei ffordd unigryw ei hun, yn help mawr i ni.

Roedd un digwyddiad arall yn eitha therapiwtig hefyd. Roedd Tony ac Aloma wedi cael gwahoddiad i ganu yn noson Sêr Cymru yn y Majestic, Caernarfon. Ond roeddwn i yn yr ysbyty, wrth gwrs, ac yn methu â bod yno. Beth wnaeth y trefnwyr wedyn oedd gwahodd Aloma, nid i ganu, ond i fynd yno fel gwestai arbennig. Roedd arweinydd y noson, Alun Williams dw i'n meddwl, am ei holi hi wedyn a gofyn sut roeddwn i a phryd y basan ni 'nôl yn canu efo'n gilydd ac ati. Wrth iddo wneud hynny, mi ddechreuodd y gynulleidfa guro dwylo a chymeradwyo gan dorri ar y sgwrs. Roeddwn i wedi dechra cerdded o du cefn y llwyfan ac yn anelu draw at Aloma – a hitha'n gwybod dim bod y fath beth wedi'i drefnu!

Yn fwy na hynny, roedd ffrind wedi 'nghodi

i o'r ysbyty a mynd â fi i dŷ ym Mhort Dinorwic lle roedd Hogia'r Wyddfa hefyd a dyna lle buon ni'n ymarfer cân i'w chanu efo'n gilydd. Dim ond yr Hogia, Idris Charles a fi oedd yn gwybod am y cynllun. Pan ddoth yn amser i ni fynd ar y llwyfan wedyn, roedd y gân, 'Oes Ma 'Na Le', yn barod gynnon ni i'w chanu ac ymunodd Aloma â ni hefyd. Roedd yn noson sbesial iawn.

Roeddwn i wedi cael caniatâd i adael yr ysbyty y noson honno, mae'n amlwg, ac mi wnaeth un nyrs alw fi i'r naill ochr wrth i mi adael a rhoi tablet i mi.

'Cymer hon awr cyn i ti fynd ar y llwyfan,' medda fo wrtha i.

Wrth eistedd y tu cefn i'r llwyfan roeddwn i'n nerfus iawn – doedd dim byd fel petaen nhw'n dod at ei gilydd a doedd gen i ddim awydd mynd

Sêr Cymru, un o'r nosweithiau arbennig yn y Majestic yng Nghaernarfon

ar y llwyfan o gwbl. Ond y funud i mi gamu arno, toeddwn i ddim isho gadael. Dw i wedi meddwl sawl tro ers hynny y basa hi'n braf cael tablet fel'na yn amlach!

Wedi hir aros, mi ddoth y diwrnod pan ges i fynd adra. Sioc oedd dallt bod HTV yn credu bod y fath achlysur yn haeddu anfon camerâu teledu i Abergele i wneud eitem i raglen *Y Dydd* a Gwilym Owen ei hun yn dod draw fel gohebydd. Roedd Aloma yno hefyd, wrth gwrs, ac fel rhan o'r eitem mi wnaeth y ddau ohonon ni ganu cân wnes i ei sgwennu tra o'n i yn yr ysbyty. Roeddwn i newydd ei gorffen hi jyst cyn cael gadael yr ysbyty felly toedd Aloma ddim yn gwybod y geiriau. Mi wnes i eu sgwennu ar ddarn o bapur iddi. Eisteddodd ar erchwyn y gwely a'r papur o'i blaen, ac mi wnaethon ni ganu'r gân yn y ward ar gyfer y camerâu. Wrth i ni fynd i'r car a chychwyn ar ein taith adra, mi ddoth y matron a'r nyrsys allan i'r maes parcio a chwifio'u dwylo a gweiddi ta-ta hefyd. Roedd hynny'n braf. Does gen i ddim ond diolch i'r doctoriaid a'r nyrsys am eu gwaith ac am lwyddo i'n mendio i.

Diolch i Ti

Am gael geni'n faban bach, diolch i Ti.
Am gael bod yn fyw ac iach, diolch i Ti.
Am gael cartref ar y bryn,
Tad a Mam i gydio'n dynn
Beth all fod yn well na hyn? Diolch i Ti.

Am gael dydd ac am gael nos, diolch i Ti.
Am gael blodau ar y rhos, diolch i Ti.
Am yr haul a'r lloer uwchben,
Daear las o dan y nen,
Mae fy myd fel nefoedd wen, diolch i Ti.

Dim bwys am boen na'r dagrau chwaith.
Ar bob un croen mae eisiau craith.
Dim am ei fod yn iawn, o na,
Mae'n rhaid cael drwg cyn gweld y da.

Am bob peth, yn fach a mawr,
Yrrodd Duw o'r nef i lawr
Anodd diolch, hawdd gweld bai,
Pam na allwn gwyno llai?
Wn i ddim am air yn awr, a wyddost Ti,
Sydd ddigon da a digon mawr? Na dim i mi.

Yr unig beth a allaf wneud
Yw cofio beth wyt wedi wneud
Byth dy anghofio Di a dweud
Diolch i Ti.

Y syniad oedd i mi ei chymryd yn dawel am rai misoedd wedi dod allan o'r ysbyty er mwyn cael ailadeiladu'r cryfder a'r iechyd. Ond doedd y pedwar mis fues i yn yr ysbyty ddim wedi gwanhau'r diddordeb yn Tony ac Aloma o gwbl. Wedi dod allan o'r ysbyty ym mis Ionawr, roeddwn yn Paris ym mis Mawrth, wedyn yn y Savoy yn Llundain, yn ffilmio rhaglenni teledu ac yn gwneud y daith hir un diwrnod ar hugain heb stop efo Ryan a Ronnie. Tawel? Sgersli bilîf!

Cyn diwedd taith Ryan a Ronnie, daeth tro arall ar fyd. Un noson, doeddwn i ddim isho dilyn y drefn arferol a mynd am ddiod efo pawb arall oedd wedi perfformio'r noson honno. Dyna fydda'r arferiad wrth gwrs, 'nôl i'r gwesty lle roeddan ni i gyd yn aros a chael diod neu ddau. Ond y noson hon, mi es yn syth i fyny i'm llofft gan adael pawb arall yn y bar. Gwaethygu wnaeth petha wedyn hefyd. Doeddwn i ddim isho cymysgu efo neb. Cyn hir toeddwn i ddim isho mynd ar y llwyfan a ddim isho canu o gwbl. Do, mi lwyddais i gwblhau'r daith i gyd er gwaetha hyn. Ond y funud y gwnaeth hi ddarfod mi ges i *breakdown*. Roedd y cwmwl du trwchus wedi disgyn.

Doeddwn i ddim isho bod yng nghwmni pobol oedd yn canu nac yn perfformio bellach. Doedd gen i ddim amynedd efo'r holl beth. Roedd hi'n anodd iawn i Aloma hyd yn oed ddallt hyn i gyd gan nad oedd hi erioed wedi 'ngweld i yn y fath gyflwr. Toeddwn i ddim wedi gweld fy hun fel'na chwaith ac mi roedd yn brofiad ofnadwy. Yn sglyfath o brofiad. Ond yn allanol doedd dim byd i'w weld yn bod arna i ac felly doedd pobol ddim yn dallt.

Roeddwn i'n byw yn Cerrig Tyrn yr adeg hynny a'r cyfan oeddwn i isho'i wneud oedd cysgu. Bydda Idris ac Aloma yn galw acw ac yn gwneud eu gora i fynd â fi allan. Ond y gwir amdani oedd nad oeddan nhwytha chwaith ddim yn gwybod yn iawn beth oedd yn bod. Fedrwn i ddim dweud wrthyn nhw fy hun achos toeddwn i ddim yn gwybod beth oedd yn digwydd i mi, felly doedd dim bai arnyn nhw o gwbl.

Gadael Ysbyty Abergele. Diolch i bawb am fy mendio a diolch i Aloma am ddisgwyl amdanaf

Un peth wnaeth weithio rhywfaint oedd un o driciau Idris. Mi alwodd amdana i un dydd a mynd â fi i Landudno a dyna lle bu'r ddau ohonon ni'n bysgio ar y stryd, wedi'n gwisgo fel tramps fel na fasa neb yn ein nabod ni. Mi fuodd hynny o help gan iddo fynd â fi i fyd dieithr lle roedd modd cuddio ynddo, yn hytrach nag aros yn yr un sefyllfa a wnaeth fi'n sâl yn y lle cynta.

Roeddan ni wedi cytuno efo Meredydd Evans, Pennaeth Rhaglenni Ysgafn BBC Cymru, i wneud cyfres o raglenni yn Pebble Mill, Birmingham. Roeddan ni wedi cytuno hefyd i wneud nifer o nosweithiau llawen. Ond roedd yn rhaid i mi eu gwrthod. A'r broblem fwya oedd pan fydda'r bobol hyn yn holi pam, doedd gen i ddim ateb gan nad oedd gen i ddim cliw beth oedd yn digwydd i mi. Sut ar y ddaear 'dach chi'n esbonio salwch meddwl?

Wrth wrthod y gwaith, golygai hyn na fydda Aloma yn cael y pres am y gyfres chwaith. Felly roedd yr hyn a wnawn ar y pryd, wrth wrthod y ceisiadau amrywiol, yn annheg iawn ar Aloma. Fedra i ddim dychmygu sut roedd Aloma'n teimlo ar y pryd wrth ddallt 'mod i'n gwrthod gwaith a'i gadael hi mewn twll go iawn.

Daeth cnoc ar y drws un noson yn Cerrig Tyrn a dyma ryw foi yno'n gofyn i mi a fedrwn i wneud noson lawen yn Llangefni. Mi gafodd yr un ateb â phawb arall gan gynnwys esgusodion di-ri. Mae'n rhaid ei fod o wedi gweld bod rhywbeth yn bod arna i wrth iddo sefyll a siarad efo fi.

'Yli,' medda fo, 'ma gen i fêt yn Talwrn, lawr y lôn. Dafydd Alun ydi 'i enw fo ac mae o'n seiciatrydd.'

'Seiciatrydd! Dw i ddim isho gweld un o'r rheina. Pam faswn i isho gwneud y fath beth?'

Mi ddwedais i hyn wrth Aloma ac roedd ganddi ateb parod.

'Petaet ti wedi torri dy fraich, mi fyddat ti'n mynd i weld doctor yn syth, siŵr iawn.'

Roedd hynny'n gwneud synnwyr, wrth gwrs, ac yn ddigon i wneud i mi gytuno, yn erbyn fy ewyllys, i wneud apwyntiad i weld Dafydd Alun. Mi ddoth Aloma efo fi ar yr ymweliad cynta. Diolch i'r drefn, roedd Dafydd Alun yn gwybod amdanan ni ac wedi dilyn ein gyrfa ar y llwyfan. Mae'n siŵr bod hynny wedi bod o help mawr iddo ddallt y byd roeddwn i'n byw ac yn bod ynddo ar y pryd. Fy ngeiriau cynta wrtho fo oedd,

Idris a fi yn bysgio ar y promenâd yn Llandudno
– y therapi gora yn y byd

'Wna i byth ganu eto! Dw i ddim am gerddad ar unrhyw lwyfan byth eto.'

'Lle ti'n mynd o fama 'ta?' oedd ei ateb distaw, pwyllog cyn dweud wrtha i am ddechra cymryd *bookings* ar gyfer y Nadolig oedd o'n blaenau.

Pan ddechreuodd y ffôn ganu wedyn unwaith eto, a finna'n dal i fynd i weld Dafydd Alun, derbyniais y ceisiadau.

'Iawn, dim problem, fyddwn ni yno!' oedd yr hyn a ddwedwn yn ddigon uchel a hyderus ar y ffôn. Ond y funud roeddwn i wedi rhoi'r ffôn i lawr, gwahanol iawn oedd y geiriau a ddeuai allan o'm ceg.

'Wela i mohono chi o gwbl y noson honno,' a hynny mewn llais digon blin a chas.

Roedd Dafydd Alun wedi penderfynu ar roi therapi fydda'n gwneud i mi ymlacio. Cwrs o yoga ges i mewn gwirionedd, yn ogystal â sgwrsio efo Dafydd Alun wrth gwrs. Roedd y fath driniaeth yn weddol newydd bryd hynny, er bod y Beatles wedi cwrdd â'r Maharishi ym Mangor dair blynedd ynghynt gan danio'r *craze* am yoga a phetha tebyg.

Rhoddodd dâp i mi wrando arno unwaith y dydd, ond mi fyddwn i'n gwrando arno ddwywaith y dydd. Roeddwn i bellach yn hollol fodlon derbyn y driniaeth yn ogystal â'r syniad o fynd at seiciatrydd ac mi ges bron i bedwar mis o driniaeth yn y diwedd.

Erbyn y Nadolig roeddwn i 'nôl ar y llwyfan a'r ddau ohonon ni'n canu unwaith eto. Wrth i waith teledu ddechra ailgydio, mi faswn i'n diflannu o'r set am ryw bum munud neu ddeg er mwyn gwneud yr ymarferion roedd Dafydd Alun wedi'u rhoi i mi. Yn y diwedd, ches i ddim trafferth o gwbl mynd 'nôl i'r byd roeddwn i wedi'i adael, y byd oedd wedi achosi'r fath gyflwr yn y lle cynta.

Er 'mod i wedi mendio'n llwyr o'r salwch yna, tydw i ddim y Tony oeddwn i cyn y *breakdown*. Doedd dim ots gen i am neb cyn hynny, roedd gen i'r hyder i fod yn rhan o unrhyw sefyllfa. Mi wnaethon ni gario 'mlaen i berfformio, a hynny am gyfnod hir iawn, a 'dan ni'n dal i ganu. Ond dydach chi byth 'run fath ar ôl i rywbeth fel yna ddigwydd.

'Diwedd y gân'

Cafodd Tony ac Aloma ail gyfle wedi i Tony wella o'i salwch tua diwedd y flwyddyn 1970. Er iddo wrthod cynnig gan y BBC i wneud cyfres yn stiwdio newydd sbon Pebble Mill, daeth Merêd o'r BBC yn ôl ato a chynnig cyfle arall iddyn nhw wneud cyfres. Yr adeg hynny, byddai llai a llai o ddefnydd yn cael ei wneud o stiwdio'r BBC yn Broadway, Caerdydd a chafodd adloniant ysgafn y Gorfforaeth ei symud i stiwdios Birmingham. Pan aeth y ddau yno i recordio'u rhaglen gyntaf, doedd y gwaith adeiladu ddim wedi'i orffen ac roedd y swyddfeydd ac ati'n dal ar eu hanner. Ond roedd y stiwdio, wrth gwrs, wedi'i chwblhau. Eu cyfres nhw oedd y gyfres deledu Gymraeg gyntaf i gael ei recordio yn Pebble Mill. A bu hynny'n agoriad llygad i'r ddau a oedd, erbyn hynny, yn gyfarwydd iawn â byd teledu.

Aloma

Doedd Tony a mi ddim yn gallu coelio bod y fath le'n bod. Roedd yn dipyn mwy modern na'r un stiwdio arall i ni fod ynddi cyn hynny. Hawdd iawn oedd cael yr argraff ei bod yn fwy proffesiynol o lawer na'r rhai roeddan ni'n gyfarwydd â nhw â chryn dipyn mwy o dechnoleg o'n cwmpas. Roedd y dillada yn fwy modern yn un peth ac roedd gynnon ni *dressing rooms* efo *showers*! Roedd hynny'n rhywbeth! Roedd y golygfeydd agoriadol

yn defnyddio sgrin enfawr y tu ôl i ni ar y set a ffilm yn cael ei thaflu ar y sgrin a ninna wedyn yn cerdded ar y set a'r ddau beth yn dod at ei gilydd. Roedd yn dipyn o newid yn y cyfnod hwnnw!

Tony

Roedd artistiaid gwahanol gynno ni bob wythnos ar y gyfres, pobol fath ag Iris Williams. Roedd Aloma a fi'n mynd lawr am ddau ddiwrnod yr wythnos a'r gerddoriaeth i gyd yn cael ei recordio ar y diwrnod cynta, sef ar y dydd Sul fel arfer. Roedd y band oedd gynnon ni yn un reit fawr. Y diwrnod canlynol, mi fydda ni'n meimio i'r traciau a recordiwyd ymlaen llaw. Roedd hynny'n rhywbeth newydd i ni wrth gwrs, a ninna wedi hen arfer â bod ar raglenni byw tan hynny. Bydda'r ddau ohonon ni'n gorfod gwneud ein lincs rhwng caneuon, ac mi roedd gan Aloma ffordd wych o ymarfer y lincs yna, on'd toedd Aloma?

Aloma

Wel, tydw i erioed wedi bod yn rhy hoff o siarad rhwng caneuon am nad ydw i'n gallu diodda clywed fy llais fy hun. Mi roedd yn rhaid i mi ymarfer y llinella ar gyfer pob rhaglen yn fanwl. Trwy lwc, roedd sw gogyfer â Pebble Mill, ac mi fyddwn i'n mynd yno bob dydd. Dyna lle byddwn i'n cerdded o gwmpas y sw ac yn siarad Cymraeg â'r llewod, y teigrod a'r hipos! Mae anifeiliaid sw Birmingham wedi dysgu cryn dipyn o Gymraeg ac maen nhw i gyd yn gallu dweud 'Noswaith dda a chroeso cynnes i chi i gyd'! Ac mae 'na sawl mwnci wrth swingio yn ei gaets yn medru dweud 'Nos da' wrth bawb!

Cyfla i ymlacio oedd hi ar y nos Sul wedyn ac mi fyddwn i wrth fy modd yn mynd efo rhai o genod Pebble Mill i ryw glwb neu'i gilydd yn y ddinas. Fel arfer mi fyddwn i'n mynd efo grŵp o'r enw Sweet Rain a fydda'n lleisiau yn y cefndir i Tony a mi. Mi aethon ni i un clwb rhyw dro heb edrych yn iawn i ble roeddan ni'n mynd. Wedi bod yno am beth amser, dyma ni'n sbio o gwmpas ac yn gweld mai dim ond dynion oedd yno. Dynion mewn cotiau llaes a'u dwylo yn eu pocedi! Mi wnaethon ni ddallt yn ddigon sydyn wedyn mai mewn *strip club* roeddan ni a'r dynion i gyd yn aros i'r cyrtans agor. Agor y drws wnaethon ni, a'i baglu hi oddi yno!

Profodd cyfres Tony ac Aloma o Pebble Mill i fod yn gyfres boblogaidd iawn. Rai misoedd yn unig wedi iddyn nhw recordio yno, roedd deuawd arall o Gymru yn eu dilyn i'r un stiwdio er mwyn recordio eu cyfres Saesneg gyntaf i'r BBC, sef Ryan a Ronnie. Roedd y ddwy ddeuawd o Gymru yn llwyddiant ysgubol ar y teledu ym mlynyddoedd cyntaf y 70au. Âi Tony ac Aloma o nerth i nerth yn y nosweithiau llawen ar hyd a lled Cymru hefyd.

Tony

Cofio am un noson. Roeddan ni ar ein ffordd lawr i noson lawen yn Aberporth ac wedi mynd heibio Aberystwyth ac felly ymhell dros hanner y ffordd yno. Mi fuodd yn daith digon stormus a dweud y gwir gan fod Aloma a fi wedi bod yn ffraeo â'n gilydd yn ddi-baid. Gwaethygu wnaeth y ffraeo, ac wedi gadael Aber mi wnes i droi'r car rownd

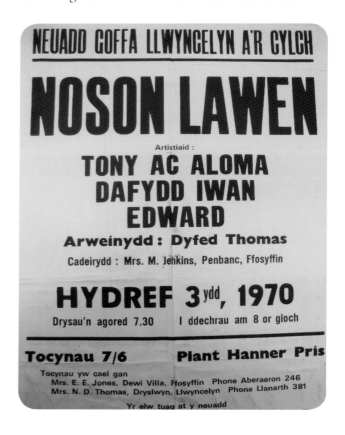

a dweud nad oeddan ni'n mynd i'r noson lawen. Tynnu i mewn wrth *kiosk* ar ochr y lôn wedyn a rhoi gwybod i'r trefnwyr nad oeddan ni'n gallu perfformio'r noson honno. Mae'r ffaith i mi wneud hynny yn fy mrifo fi o hyd a dweud y gwir. Tydi gadael rhai o'n cefnogwyr i lawr yn y fath fodd ddim yn deimlad braf. Toeddwn i ddim wedi gwneud hynny cynt, a dydw i ddim wedi gwneud dim byd tebyg ers hynny chwaith. Ond mi wnes i o'r noson honno, ac anelu'r car – y Rover *3-litre automatic* – yn ôl am y Gogledd mor gyflym ag y galla fo fynd â ni!

Aloma

Yr adeg hynny roedd gen i Triumph Spitfire ac roeddwn wrth fy modd ag o – un glas llachar ac yn tynnu digon o sylw. Erbyn i ni gyrraedd Sir Fôn, a Tony wedi gyrru yr holl ffordd o'r ochr draw i Aberystwyth, dyma fo'n penderfynu neidio i mewn i'r Spitfire ac i ffwrdd ag o i ganol y nos i rywle, fath â cowboi yn diflannu yn y pelltar!

Tony

Be wnes i oedd gyrru, yn fy nhempar, bob cam i Lundain! Bob cam!

Aloma

A 'ngadael i efo'r Rover mawr 'ma wrth gwrs!

Tony

Do siŵr! Erbyn cyrraedd Llundain roedd hi'n niwl dychrynllyd. Y niwl mwya trwchus i mi ei weld erioed, hynny wedi'i gymysgu â smog Llundain wrth gwrs. Toedd dim gobaith gweld pen draw bonet y car, er ei fod o'n las llachar. Y plan ddaeth i'm meddwl wrth i fi sylweddoli fy mod ar fy ffordd i Lundain ac yn rhy hwyr i droi 'nôl oedd mynd at ffrind oedd yn cadw tafarn yn Woolwich – Dai, hogyn o dde Cymru. Toeddwn i ddim yn gallu gweld blaen y car heb sôn am Woolwich, felly toedd dim amdani ond tynnu'r car oddi ar y ffordd fawr. Mi wnes i hynny a dod o hyd i rywle i barcio a chysgu am sbelan tan i'r niwl glirio.

Pan wnes i ddeffro roedd hi'n olau dydd, diolch

Nosweithiau arbennig yn y Cross Keys yng Nglan Conwy

byth, a phetha dipyn yn gliriach. Digon clir i weld bod boi yn eistedd ar fonet y car! Ond roedd y sefyllfa'n waeth na hynny. Roeddwn i wedi tynnu'r car i mewn i orsaf bysys! Roedd *double deckers* coch Llundain o'm cwmpas ymhobman, rhai'n dod i mewn, rhai'n gadael, a'r Spitfire bach yn eu canol. Dw i'n dal ddim yn gwybod pam oedd y boi yna'n eistedd ar y bonet, efalla mai disgwyl bws oedd o! Ond yn sicr wnes i ddim aros o gwmpas yn ddigon hir i ofyn iddo fo. Allan â fi cyn gynted â phosib a draw at dafarn Dai yn Woolwich, a chael diod i ddod dros y cyfan!

Mi arhosais efo fo am dipyn, tua wythnos a dweud y gwir. Toedd neb adra yn gwybod ble roeddwn i, ddim y teulu, na ffrindia nac Aloma. Mi ges amser braf iawn. Tua diwedd yr wythnos, gwaeddodd Dai arna i draw ato, 'Tony, phonecall for you.' Sut ar y ddaear oedd 'na alwad ffôn i fi? Draw â fi i ateb yr alwad a phwy oedd yno ond Aloma. Rhywsut, rhywffordd, roedd wedi dod o hyd i mi mewn tafarn yn Llundain. Tydi hi ddim wedi dweud wrtha i tan y dydd heddiw sut y llwyddodd i gael gafael yn'o i.

Aloma

Tydw i ddim yn mynd i ddweud chwaith, Tony. Mae'n gyfrinach. Falla bod ffrindia gen i yn Special Branch, pwy a ŵyr?

Tony

Ta waeth, wedi'r alwad ffôn roeddwn i 'nôl yn Llannerch-y-medd erbyn pump o'r gloch y bore ac Aloma yn disgwyl amdana i yn y drws!

Bu'r ddau'n canu llawer y flwyddyn honno, mewn cyngherddau a nosweithiau llawen trwy Gymru gyfan. Ond doedden nhw ddim gyda'i gilydd erbyn diwedd y flwyddyn 1972. Does dim un o'r ddau yn gallu rhoi eu bys ar yr union reswm dros ddod â'u gyrfa canu gyda'i gilydd i ben. Roedd yna ffraeo, oedd, fel y bu trwy gydol eu hamser gyda'i gilydd cyn hynny. Efallai i hynny dyfu'n fwy o ffactor wrth iddyn nhw fod cymaint gyda'i gilydd ar ôl troi'n broffesiynol. Roedd y sîn gerddorol boblogaidd Gymraeg wedi newid hefyd, ddwy flynedd i mewn i'r 70au ac wyth mlynedd ers iddyn nhw ddod at ei gilydd am y tro cyntaf. Nid yn unig roedd yr wyth mlynedd yn gyfnod hir, ond roedd yn gyfnod chwyldroadol yn nhermau canu poblogaidd Cymraeg hefyd a'r sîn yn newid mor gyflym. Fe lwyddodd y ddau i oresgyn bod am dros wyth mis heb fod yn rhan o'r bywyd cyhoeddus a heb berfformio yn ystod salwch Tony, ddwywaith. Ond yn awr roedd y diwedd wedi dod, a hynny am gyfuniad o resymau. Roedd carwriaeth y Cymry â'r ddeuawd a wnaeth yrfa lwyddiannus o'u perthynas ydyn-nhw'n-gariadon-neu-beidio wedi dod i ben. Y recordiau'n unig bellach oedd yn aros fel cofnod o'u cyfraniad. I Tony ac Aloma, bywyd ar wahân oedd yn eu hwynebu.

'Natur mab, natur merch'

Aloma

Roedd hadau yr hyn y baswn i'n gallu ei wneud wedi i Tony ac Aloma ddod i ben wedi'u hau yn y blynyddoedd cyn i ni orffen canu. Ar ambell drip lawr i stiwdios y BBC yng Nghaerdydd i wneud *Disc a Dawn* byddwn i'n aml yn galw yng Nghlwb y BBC, fel y bydda'r perfformwyr eraill yn ei wneud, a'r criw hefyd. Ymhlith y bobol fydda'n ymlacio ac yn sgwrsio yno'n aml roedd Dave Burns a Frank Hennessy o grŵp yr Hennessys. Roedd yr Hennessys yr adeg hynny yn driawd, Dave, Frank a Paul. Toeddwn i ddim yn eu hadnabod yr adeg hynny, ond wedyn, ar daith Ryan a Ronnie o gwmpas Cymru, mi ddaeth Tony a minna i'w nabod. Roeddan nhw erbyn hynny ymhlith y criw a fydda'n mwynhau diod neu ddau 'nôl yn y gwesty efo ni ar ôl perfformiad y noson.

Yn ystod un o'r sgyrsiau hynny mi ddoth yn amlwg eu bod nhw hefyd yn cofio'n gweld ni yng Nghlwb y BBC. Rhyfadd sut roedd eu stori nhw a'n stori ni mor wahanol! I ni, roedd yn fyd arall. Yn fyd estron gan ein bod ni'n dau o berfeddion Ynys Môn, o Lannerch-y-medd a Rhosmeirch, a'n cefndir mor wahanol. Roedd yn gam mawr i ni i'w gymryd felly i ddisgyn i ganol pobol y BBC, pobol y ddinas, a'r rheiny'n byw bywydau gwahanol iawn i ni ein dau. Roeddan ni o ganlyniad yn teimlo'n anghyfforddus tu hwnt yn y clwb. Roedd y bobol o'n cwmpas ni yn y fan honno'n dallt y byd teledu ac yn dallt y busnes adloniant. Toeddan ni ddim, ac felly mi safem ein dau yn ddigon ofnus ynghanol bwrlwm Clwb y BBC.

O'u safbwynt nhw, beth bynnag, roedd yr un olygfa yn cynnig dehongliad eitha gwahanol. Roedd yr Hennessys wedi clywed amdanan ni ac yn gwybod am ein poblogrwydd. Felly, wrth ein gweld yn sefyll ar ein penna ein hunain yn y clwb a ddim yn ceisio siarad efo neb arall, mi ddaethon nhw i'r casgliad bod y rhain yn rhy fawr i'w sgidia, yn meddwl eu bod nhw'n sêr bellach ac yn rhy fawreddog i ddod i ganol y gweddill! Allai dim byd fod ymhellach o'r gwirionedd a, diolch i'r drefn, roedd 'na gyfla i unioni'r cam ar daith Ryan a Ronnie. Chwerthin dros y fath sefyllfa wnaethon ni yn y diwedd, a dod yn ffrindia da.

A dweud y gwir, mi ddes i'n fwy na ffrind da efo un o'r Hennessys. Mi ddechreuodd Dave Burns a fi fynd efo'n gilydd yn ystod y daith honno ac mi gydiodd y berthynas yn eitha buan. Cyn bo hir, ar ôl y daith, mi gododd y sefyllfa am y tro cynta yn fy mywyd pan mai ein perthynas ni fydda'n penderfynu ble fyddwn i'n mynd a phryd. Yn dilyn y daith honno roeddwn i, wrth gwrs, adra'n segur gan fod Tony'n sâl ac felly roedd amser gen i i'w roi i'r berthynas. Byddwn i'n mynd i Gaerdydd yn weddol aml ac yn aros efo Meic Stevens a'i wraig ar y pryd, Tessa. Profiad go wahanol i'r hyn roeddwn i'n gyfarwydd ag o. Ond er bod eu ffordd o fyw yn wahanol, eto doedd dim gwadu cynhesrwydd y croeso na gwres yr aelwyd chwaith. Mi faswn i'n aros hefyd efo Ronnie a'i wraig Einir, gan i mi ddod yn ffrindia da efo nhw wedi'r daith. Mae gen i lun o ferch Ronnie ac Einir, Bethan, yn eistedd ar fy nglin, a hitha'n blentyn tua wyth oed ar y pryd mae'n siŵr. Toeddwn i ddim wedi'i gweld hi ers hynny tan ryw ychydig wythnosa'n ôl. Mi ddoth criw ar fws i'r gwesty yma yn Blackpool, a phwy oedd yn rhan o'r trip ond Einir a Bethan. Hyfryd oedd eu gweld a chael cyfla i dynnu llun mwy diweddar ohona i efo'r ddwy.

Pan na fyddwn i'n mynd i Gaerdydd i weld Dave, mi fyddwn i'n mynd i'w weld pan fydda'r Hennessys yn teithio i unrhyw le o'r Canolbarth i fyny i'r Gogledd. Yn ystod ambell gyfnod hir o aros yng Nghaerdydd, mi ges i'r cyfla i chwarae'r delyn yn rhai o'r gwleddoedd canoloesol yng nghastell Caerffili. Roedd digon o gyfla i fagu perthynas a chyn hir roedd Dave a mi wedi dyweddïo.

Pan ddaru Tony ac Aloma ddod i ben, mi es i efo'r Hennessys i Killarney, lle roedd yr Ŵyl Ban-

Bethan, merch Ronnie Williams

Bethan a'i mam Einir yn y Gresham yn ddiweddar

93

Geltaidd y flwyddyn honno. Cawsai'r ŵyl gynta erioed ei chynnal y flwyddyn cynt, yn 1971, er mwyn uno'r chwe gwlad Geltaidd trwy gerddoriaeth a gweithgareddau diwylliannol o bob math. Enillwyr *Cân i Gymru* sy'n cynrychioli Cymru yn yr Ŵyl Ban-Geltaidd erbyn hyn ond nid dyna pam roeddwn i yno, mynd efo Dave wnes i. Cawsai'r trip ei drefnu gan Meredydd Evans a'i wraig Phyllis am eu bod nhw'n awyddus i roi grŵp at ei gilydd i gynrychioli Cymru. Roedd yn amser bendigedig ac yn gyfla i glywed cerddoriaeth y gwledydd Celtaidd eraill. Roedd hynny'n digwydd fel rhan o'r ŵyl, ond roedd hefyd yn digwydd yn anffurfiol ac ar fympwy yn y tafarndai o gwmpas y dre. Mi fydda'r Hennessys ynghanol pob digwyddiad o'r fath, ym mha dafarn bynnag roeddan nhw ynddi, ac roedd yn rhaid i mi ymuno yn yr hwyl. Bydda caneuon pob gwlad yn ei thro yn cael eu canu gan bawb ora fedran ni. Am fy mod i'n siarad Cymraeg, ces i gyfla i ganu'r hen alawon traddodiadol Cymraeg fel 'Myfanwy' ac 'Ar Lan y Môr'. Mi glywodd rhywun fi wrthi mewn tafarn un noson ac, wedi sgwrsio ymhellach a dallt 'mod i'n chwarae'r delyn hefyd, mi driodd fy mherswadio i gymryd rhan mewn cystadleuaeth telyn yn yr ŵyl. Grêt! Ond roedd un broblem: doedd gen i ddim telyn. Doedd hynny ddim yn broblem yn Iwerddon, wrth gwrs, ac mi ddwedodd y dyn a wnaeth ofyn i mi y galla fo ddod o hyd i delyn.

Wel, am delyn ryfadd! Roedd yn un gymharol fychan a rhywbeth yn debyg i *pogo stick* yn sticio allan o'i gwaelod. Yn ôl pob tebyg, dyna lle'r oeddwn i fod i roi fy nhraed. Doeddwn i ddim yn ffansïo chwarae'r delyn honno o gwbl, ond roeddwn wedi cytuno ac felly ymlaen â fi i gystadlu – ac ennill! Roedd y daith efo Dave i Iwerddon wedi troi'n fuddugoliaeth yn un o gystadlaethau'r Ŵyl Ban-Geltaidd. Ond medda rhywun am y cystadleuwyr eraill o Iwerddon oedd yn cystadlu yn fy erbyn,

'These convent girls can't play the harp anyway!'

Mi gymrodd rhywun lun ohona i ar y llwyfan, ac yn ôl yr hyn a ddwedodd un person wrtha i y llynedd mae'r llun hwnnw'n dal i fod ar glawr rhaglen yr ŵyl. Oherwydd y delyn â'r *pogo stick* mae'n siŵr gen i!

Roedd y byd Celtaidd yn agor o'm blaen yn y dyddia hynny, a thaith i Lydaw ddoth ar ôl dod 'nôl o Killarney. Draw â ni i Lorient wedyn ar gyfer yr Ŵyl Geltaidd fawr gaiff ei chynnal yno bob blwyddyn: y Festival Interceltique de Lorient neu Gouelioù Etrekeltiek An Oriant yn Llydaweg. Roedd yr ŵyl honno hefyd newydd ddechra bryd hynny, yn 1971, ac mae hithau'n dal mewn bodolaeth hyd heddiw, fel yr Ŵyl Ban-Geltaidd. Mae'r ffaith i'r ddwy ŵyl ddechra'r un flwyddyn yn dangos iddo fod yn gyfnod da o ran y diddordeb mewn cerddoriaeth werin a bod tipyn o fynd ar y fath fiwsig.

Ar y ffordd yno roedd Frank wedi awgrymu y baswn i'n ffitio i mewn fel trydydd aelod o'r Hennessys. Cyn cychwyn ar y daith, roedd Paul, y trydydd aelod, wedi gadael. Dyma gyfla i mi felly fod yn rhan o grŵp go iawn. Roeddwn wedi canu efo nhw ambell dro fel llais yn y cefndir, ond roedd hyn yn dra gwahanol.

Draw â ni i Lydaw felly, fel grŵp o dri, a chyrraedd maes awyr Quimper mewn eroplên fach yn cael ei gyrru efo propelars. Wel, os oedd gen i unrhyw ddisgwyliadau y bydda bywyd efo'r band yn *glamorous* wrth hedfan o le i le, roedd maes awyr Quimper yn mynd i ladd y syniad hwnnw cyn iddo gydio go iawn. Sôn am fand un dyn. Yr un dyn

Frank   Aloma   Dave

The hennessys

hwnnw fydda'n gwthio'r grisiau at yr awyren wrth i ni gyrraedd, wedyn fo fydda'n rhuthro i ryw gaban bychan er mwyn archwilio ein pasports ac yna fo fydda'n cloi'r gatiau y tu ôl i ni wedi i ni adael.

Y tu allan i'r maes awyr roedd gŵr yn aros i fynd â ni i Lorient – mewn fan symud dodrefn! Roedd angen cludo'n hofferynnau, ac roedd telyn gen i wrth gwrs, ond roedd y fan yn dipyn o syrpréis. I'r ffrynt â mi, ond roedd Dave a Frank yn gorfod sefyll yn y cefn i warchod y delyn. Mi gawson ni groeso digon gwresog, a'r gyrrwr fan ddodrefn yn mynnu ein bod ni'n stopio ar y ffordd yn nhafarn ffrind iddo er mwyn i ni gael blasu'r ddiod draddodiadol leol, *chouchen*, *liqueur* o fath, ac mi aeth i lawr yn dda iawn. Ond y drafferth oedd bod gan y gyrrwr nifer o ffrindia oedd yn cadw tafarndai ar y daith o Quimper i Lorient ac roedd yn benderfynol o stopio yn nhafarn pob un o'i ffrindia. Toedd hynny fawr o broblem i mi, ond roedd sefyll yng nghefn y fan yn cydio'n sownd yn y delyn yn mynd yn anoddach ac yn anoddach i Dave a Frank ar ôl ymweld â'r holl dafarndai. Mi ddwedon ni how-di-dŵ go dda i *chouchen* cyn cyrraedd yr ŵyl.

Roedd yr ŵyl ei hun yn un arbennig iawn. Toeddwn i ddim yno i gystadlu, ond roeddan ni wedi cael ein bwcio ar gyfer rhai o'r cyngherddau gyda'r nos. Gan 'mod i'n rhan o grŵp, roeddwn i'n canu deunydd tra gwahanol i'r hyn a ganwn efo Tony ac Aloma. Yn Lorient, canu penillion telyn wnes i fwya, yn ogystal â chaneuon arferol yr Hennessys. Ond mi wna i gofio'r ŵyl am un peth yn benodol, neu un dyn i fod yn fanwl gywir. Roedd Alan Stivell yn gawr ym myd canu gwerin bryd hynny. Caiff ei gyfri'n feistr ar y delyn Geltaidd a bu'n arbrofi efo'r delyn honno mewn sawl achlysur cerddorol gwahanol ers canol y 60au. Bu ar lwyfan yn Llundain efo'r Moody Blues yn 1968 er enghraifft. Roedd o yng Ngŵyl Lorient y flwyddyn roeddwn i yno. Y flwyddyn honno hefyd mi wnaeth o ryddhau LP wnaeth newid miwsig Celtaidd yn llwyr, *Renaissance of the Celtic Harp*, a enillodd y brif wobr gerddorol yn Ffrainc gan werthu'n fyd-eang. Tipyn o gamp i LP sy'n llawn o fiwsig offerynnol ar y delyn.

Mi ddoth atan ni wedi un perfformiad a dweud ei fod wedi rhyfeddu gweld telyn fawr yn rhan o berfformiad grŵp gwerin. Tan hynny, dim ond y telynau bychan a welsai'n cael eu defnyddio. Mae'n siŵr mai dim ond mewn eisteddfodau y bydda'r telynau mawr yn cael eu defnyddio 'nôl yng Nghymru ac, yn sicr, toedd o ddim yn arferol iddyn nhw gael eu chwarae gan ferch ifanc yn gwisgo sgert fini a bŵts gwyn fel oedd gen i yn Llydaw. Roedd sgwrsio â Stivell yn brofiad gwych i minna hefyd ac yn dipyn o fraint.

Wedi dod 'nôl o Ffrainc, drwy faes awyr un-dyn Quimper eto, mi wnaethon ni ryddhau record sengl yn y Gymraeg efo cwmni Sain, *Huna Blentyn*. Roedd y teithio'n parhau hefyd, o gwmpas Prydain yn mynd o glwb gwerin i glwb gwerin, un noson yn Penzance a'r noson wedyn ar yr Isle of Skye. Do, mi ddigwyddodd hynny! Draw â ni unwaith eto hefyd i Iwerddon, i Waterford.

Sinema y Capitol, Dydd Gŵyl Dewi: yr Hennessys a Derek Boot

Roedd yr holl brofiad o fod efo'r Hennessys mor wahanol i mi o'i gymharu â'r hyn roeddwn wedi'i wneud efo Tony. Roedd canu'n Saesneg yn brofiad gwahanol wrth gwrs, gan fod y miwsig yn wahanol ac, yn fwy na dim, roedd yn newid llwyr i gamu ar lwyfan a neb yn gwybod pwy ar y ddaear oeddwn i. Roedd yn brofiad fydda hefyd yn fy mharatoi ar gyfer yr hyn fydda'n fy nisgwyl ymhen blynyddoedd i ddod.

'Waw' yw'r gair i sôn am y profiad gawson ni yn 1973. Gwahoddiad i berfformio ar y *QE2*. Toedd hi'n sicr ddim yr un fath â'r fferi o Gaergybi i Werddon! Tro Prydain oedd hi i drefnu digwyddiad blynyddol y Young Presidents' Association, mudiad byd-eang i lywyddion ifanc cwmnïau mawr y byd. Y trefnydd ar ran Prydain oedd dyn o Gaerdydd, Chris Bailey o Bailey's Dry Dock yn y ddinas. Mi wnaeth o heirio'r *QE2*, chwarae teg iddo fo. Doedd arno fo ddim ofn mentro mae'n amlwg. Mi aeth yr Hennessys ar y daith ac ymysg y Cymry eraill roedd Elinor Jones a Robin Jones. Roedd band y Royal Marines efo ni hefyd, ac roedd y Welsh Guards ar y doc wrth i ni adael y porthladd. Cawson ni amser braf iawn.

Tra oeddan ni yn Tangiers mi aeth Dave a fi i siopa yn y farchnad yno, i chwilio am anrhegion i'w chwiorydd o – a handbag lledr i Mam wrth gwrs. A ninna yn un o'r siopau, wrthi'n trafod prisiau efo'r perchennog, mi ddoth tri llanc i mewn a dechra creu twrw ofnadwy. Gofynnodd y perchennog iddyn nhw adael ac mi drodd aton ni wedyn i ymddiheuro am ymddygiad y tri gan ddweud,

'Americans are not as polite as you English.'

Wel, roedd yn rhaid cywiro sylw fel'na on'd oedd?

'We're not English actually, we're Welsh!'

Roedd Dave yn ofni mai gwastraffu fy amser oeddwn i wrth gynnig esboniad.

'Which part of Wales?' oedd ateb y perchennog yn syth.

'A small town in Anglesey in the North.'

'Which one?' medda fo wedyn, heb arwydd o ollwng gafael yn y sgwrs o gwbl.

'Llangefni.'

'O, I know the Bull very well. I've stayed there a lot!' medda perchennog stondin marchnad ym mherfeddion Tangiers!

Teithio trwy Gymru oedd hi ar ôl dod 'nôl ar dir sych, a theithio o gwmpas rhai o westai crandia'r Gogledd ar ran Bwrdd Twristiaeth Cymru. Aethon ni i'r Hydro yn Llandudno, y Royal Oak ym Metws y Coed, y Victoria Hotel yn Llanberis a'r Villa Pantana yn Garndolbenmaen. Cyn perfformio byddwn i bob amser yn tiwnio'r delyn yng nghyntedd y gwesty ac roedd gan yr ymwelwyr – llond bysys o Americanwyr fel arfer – gymaint o ddiddordeb yn y tiwnio ag yn y noson ei hun. Un noson, dyma un ddynas yn dangos mwy o ddiddordeb na'r cyffredin, cymaint o ddiddordeb a dweud y gwir nes i mi gynnig esboniad helaeth a manwl iddi ynglŷn â sut roedd telyn yn gweithio, o'r tannau i'r pedalau a'r corff ei hun. Ar ddiwedd y noson mi ddoth ata i unwaith eto a diolch i ni a dweud ei bod wedi mwynhau yn fawr iawn.

Rhoddodd ei cherdyn i mi, gan ddweud pe bawn yn ymweld â San Francisco unrhyw bryd y dylwn alw heibio i'w gweld. Wedi iddi fynd, mi edrychais ar y cerdyn a gweld mai hi oedd prif delynores Cerddorfa Symffoni San Francisco. Wel, am deimlo'n dwp gan 'mod i wedi rhoi gwers iddi ar beth oedd telyn!

Aethon ni ddim i San Francisco yn anffodus, ond parhau wnaeth y teithiau tramor. Mi aethon ni i Limassol yn Cyprus, gan fynd at hogia'r Combined Services allan yno, a fflio o Brize Norton. Os oedd perfformio ar y *QE2* yn brofiad gwahanol, yn sicr roedd perfformio yn amffitheatrau Limassol a Famagusta yn wahanol wedyn. Am acwstics! Pan ddaeth yr amser i fflio adra, dim ond awyren i filwyr oedd ar gael, awyren gargo i bob pwrpas. Penderfynodd y trefnwyr na fydda hynny'n addas i mi nac i Bonnie Dobson, a ddaeth allan yno i ganu hefyd, gan nad oedd y cyfleusterau yn rhai gweddus i ferchaid. Felly, bu'n rhaid i ni aros am ychydig ddyddia ychwanegol yn gwneud dim byd ond torheulo tan i awyren go iawn gyrraedd i fynd â ni adra. Roeddan nhw'n fodlon i Dave a Frank aros efo ni hefyd, felly mi gawson ni wyliau annisgwyl yn sgil yr ymweliad.

O ganlyniad i'r holl deithio, roedd symud y delyn o le i le yn gallu bod yn eitha her. Fan ddodrefn gafodd ei defnyddio yn Lorient a chafodd y delyn hefyd ei chlymu ar do car Mercedes, ac yn Cyprus roedd angen ei rhoi yng nghefn Land Rover. Cychwynnodd y cyfan, am wn i, pan roddodd John y delyn ar do'r Citroën i fynd â fi i'r cyfweliad yng Ngholeg Manceinion.

Mynd o glwb gwerin i glwb gwerin fu ein hanes ni unwaith eto ar ôl dod 'nôl, nes cyrraedd y pinacl, cael gwahoddiad i ymddangos ar *Folk on Two* ar BBC Radio 2. Dyna oedd y rhaglen bwysica i bawb â diddordeb mewn canu gwerin, a'r cyflwynydd, Jim Lloyd, oedd y *guru*. Roedd *Folk on Two* yn sefydliad arall wnaeth ddechra ym mlynyddoedd cynnar y 70au. Cydiodd Jim Lloyd yn y meic am y tro cynta i gyflwyno'r rhaglen yn 1970 ac mi wnaeth ei chyflwyno tan y flwyddyn 1997. Lai na thair blynedd ers i'r rhaglen ddechra, roedd hi eisoes wedi magu statws cwlt, ac roedd cael bod arni yn rhywbeth i'w chwennych.

Ond roedd problem. Un peth nad oeddwn i'n ei wneud oedd siarad mewn gigs. Fyddwn i byth yn siarad rhwng caneuon ac ati. Penderfynwyd, fodd bynnag, mai fi ddylai esbonio beth oedd canu penillion telyn a sut roedd hynny'n gweithio. Mi es i recordio'r cyfweliad ac egluro cerdd 'Melin Trefin' i Jim Lloyd, gan ddweud bod y melinydd yn marw ac, yn y bôn, yr holl bentra yn marw efo fo. Mi ddes i allan o'r stiwdio i'r cyntedd tu allan a gweld Dave a Frank yn chwerthin yn eu dyblau nes eu bod nhw'n sâl. Wedi iddyn nhw dawelu, mi wnes i ddallt y rheswm am yr holl chwerthin. Trwy gydol y sgwrs yn sôn am stori'r melinydd, nid '*miller*' wnes i ddweud ond '*milliner*'. Felly roedd gwrandawyr Radio 2 ar y pryd yn credu bod 'na gerdd draddodiadol yn y Gymraeg ynglŷn â dyn oedd yn gwneud hetiau crand mewn melin wynt!

Er gwaetha stori'r dyn gwneud hetiau, mi gafodd y rhaglen gryn ddylanwad ac mi fuon ni'n brysur iawn wedi iddi gael ei darlledu. Roedd Jim Lloyd hefyd yn asiant ac mi wnaeth drefnu nosweithiau i ni yn rhai o glybiau Llundain. Ac ar ben hyn oll, roedd Jim Lloyd hefyd yn rheolwr rhai o brif fandiau'r cyfnod. Cynigiodd gytundeb rheoli arbennig o dda i'r Hennessys a fydda wedi golygu y basan ni ar ei lyfrau o, efo'i holl ddylanwad, am gyfnod hir. Ond doedd Frank ddim yn awyddus o gwbl i dderbyn y cytundeb. Roedd Dave a fi yn fwy parod i wneud, ond doedd dim modd perswadio Frank. Roedd ganddo ei resymau ac roedd yn rhaid eu parchu.

Wnaethon ni ddim arwyddo'r cytundeb felly, ac o orfod gwneud y penderfyniad hwnnw roedd yr amseru yn fy siwtio i mewn un ffordd arall. Doedd iechyd Nain ddim yn dda o gwbl ac roedd yn bryd i mi roi rhywfaint o'm hamser i edrych ar ei hôl hi. Roedd fy mrawd, Vaughan, oedd yn byw yn y Llan efo fi, wedi cario lot o'r baich tra oeddwn i'n crwydro a bu'n gysur mawr i mi wybod bod Nain wedi cael ei gwmni a'i ofal am gymaint o amser. Mae Vaughan a finna'n agos iawn at ein gilydd. Mi roedd troi at ofalu am Nain yn haws fyth wedi i ni benderfynu nad oedd dyfodol i'r Hennessys yn sgil gwrthod cynnig Jim Lloyd. I ble gallen ni fynd wedi gwrthod cytundeb mor dda? Beth oedd ar ôl i ni ei wneud? Felly, mi ddoth noson ein gig ola a hynny yn ein hoff leoliad ohonyn nhw i gyd, y Seaman's Mission yn Atlantic House, Lerpwl. Yr hoff le am sawl rheswm, ac nid y lleia o'r rheiny oedd bod yr hogia'n hoff iawn o'r wisgi yno!

'Wedi colli rhywun sy'n annwyl'
Tony

Roeddwn i'n sicr isho brêc erbyn cyrraedd '72. Roedd 'na deimlad o fod ychydig yn *fed-up* ac isho torri ar y patrwm o berfformio a theithio'n ddi-baid. Camu tu ôl i'r llwyfan wnes i wedyn a mynd ati i drefnu nosweithiau adloniant yn y Star Motel, Ynys Môn. Rhyw fath o tryc-stop oedd o a garej yn rhan o'r busnes. Roeddwn i wrth fy modd. Mi benderfynais un dydd, wrth fynd ati i drefnu gigs yn y Star, i ffonio Ruby Murray, hogan o Belfast oedd yn seren fawr yn y siartiau ar y pryd. Mi gafodd saith cân yn siart y Deg Ucha yn 1955! Tipyn o gamp. Roedd ganddi ei sioe deledu ei hun ac roedd wedi gweithio efo pobol fath â Norman Wisdom a Frankie Howerd.

Mi ges afael ar ei rhif ffôn a ffonio gan ddisgwyl i asiant fy ateb. Ond Ruby Murray ei hun oedd ben arall y ffôn.

'Will you come and sing for us at the Star Motel in Anglesey?'

Doedd hi ddim yn rhy siŵr oedd hi isho neu beidio. Doedd hi ddim yn canu cymaint y dyddia hynny. Ond yn y diwedd mi ges berswâd arni. Y funud yr aeth y gair ar led ei bod hi yno, mi werthodd pob tocyn mewn dim o amser. 'Nôl â mi ar y ffôn wedyn a gofyn a fasa hi'n fodlon gwneud ail noson. Cytunodd, a gwerthwyd pob tocyn i'r noson ychwanegol hefyd.

Does gen i ddim syniad beth wnaeth i mi feddwl am Ruby Murray, ond roedd ei chael yno wedi bod o help aruthrol i sicrhau bod y nosweithiau yn cydio. Cyn hir mi ddoth Iris Williams i'r Star hefyd, fel y gwnaeth Hogia'r Wyddfa a Hogia Llandegai. Wnes i ddim rhoi'r gora i berfformio fy hun yn llwyr chwaith, o na. Toeddwn i ddim mor *fed-up* â hynny! Mi wnes i ffurfio grŵp, Y Tir Newydd, ac roeddan ni'n perfformio'n gyson yn y Star ac yn mynd o gwmpas y clybiau yn ogystal â pherfformio mewn priodasau. Roeddwn i, felly, wedi newid fy myd cerddorol, fel Aloma, ond yn wahanol i Aloma roeddwn i'n dal yn fy milltir sgwâr a phobol yn dal i fy nabod.

Roedd gan hynny ei fanteision a'i anfanteision. Un pnawn, a ninna wedi bod yn chwarae mewn priodas yn y Faraway Hotel, Bae Cemaes drwy'r pnawn, mi wnaethon ni ddechra pacio'r gêr tua chwech o'r gloch. Daeth dyn draw atan ni a dweud ei fod wedi ein talu am y diwrnod cyfan a holi lle roeddan ni'n meddwl ein bod yn mynd. Doedd dim modd ei berswadio mai am y pnawn yn unig roeddan ni wedi cytuno i chwarae. Roedd yr hogia eraill i gyd wedi gwneud trefniadau am y noson. Wel, mi aeth yn ffrae. Yn y diwedd, wedi i'r dyn ddweud na fydda yn ein talu o gwbl, mi drois i ato a dweud wrtho am stwffio ei bres. Ffwrdd â ni i orffen llenwi'r fan. Wrth i ni adael, mi ddoth ar ein hôl a'n talu ni. Fy mai i oedd y cyfan mae'n siŵr, am beidio â threfnu petha'n iawn. Toedd hi ddim yn braf bod yn y fath sefyllfa a finna newydd ddechra ar y busnes o drefnu gigs. Fel efo Aloma, roeddwn i'n ennill fy mywoliaeth yn gyfan gwbl trwy waith o'r fath, ond roedd gan yr hogia eraill yrfa arall yn ogystal. Petaem ni heb gael ein talu, fydda dim ceiniog i fi. Dangosodd hynny'r straen allai fod arna i, felly mi chwalodd y band. Arhosodd Twm y Drwm efo fi, a gan mai dau ohonon ni oedd, roedd modd wedyn mynd i dafarnau yn hytrach na chlybiau. Y Black Lion, Llanfaethlu, Maelog Rhosneigr, ac yn y blaen. Roedd cynulleidfa newydd yn agor o'n blaenau ni eto felly.

Mi glywais fod tafarn yn Amlwch, y Vaults, yn trefnu gigs ac ati. Draw â fi i gael sgwrs â'r landlord. Toedd neb yn y bar ac allan o'r cefn doth y perchennog – y feri dyn 'nes i ddweud wrtho am stwffio ei bres! 'O Mam bach! Be dw i'n wneud rŵan?' oedd yr unig beth aeth drwy fy meddwl. Roeddwn i'n fwy na pharod am bryd o dafod ac yn disgwyl iddo ddweud 'Dos o 'ma' neu eiriau tebyg!

Y Tir Newydd: Brian, fi, Twm y Drwm a Ken Joe

Ond nid felly y buodd hi o gwbl. Mi gawsom sgwrs ac o'r funud honno mi ddoth Will Vaults a mi yn fêts da iawn. Mi wnes i a Twm y Drwm berfformio'n gyson yn y Vaults o hynny 'mlaen.

Yn sydyn reit, mi aeth Will yn sâl ac mi awn i'w weld yn aml wedyn. Un tro mi ddoth i lawr i'r bar yn ei *dressing gown*, a'i wraig yn flin ei fod yno, ond mi fynnodd aros am ei fod am gael diod efo fi. Roeddwn i ffwrdd wedyn, yn canu am ryw wythnos, ac erbyn dod 'nôl adra i Ynys Môn, deallais fod Will wedi marw ac wedi'i gladdu. Roeddwn i'n teimlo'n ofnadwy o golli'r angladd ac o beidio â bod yno iddo. Gelwais i weld ei wraig, ac mi ddwedodd ei bod wedi trio a thrio i ddod o hyd i fi wedi iddo farw, gan fod Will wedi dweud ei fod yn awyddus i fi ganu 'Cloch Fach yr Eglwys' yn ei angladd. Dyna'r ail waith i mi ei adael i lawr a theimlwn yn isel iawn.

Doedd y gwaith ddim wastad yn dod yn ddigon cyson ac mi ges gyfnodau anodd. Un noson, toedd gen i ddim digon o betrol i fynd i gig y diwrnod wedyn. Mewn â fi i garej roeddwn i'n gyfarwydd â hi a rhoi gwerth punt o betrol i mewn yn y tanc. At yr hogan i dalu wedyn a dweud nad oedd y pres gen i ac y baswn yn ei thalu'r diwrnod wedyn. 'Iawn,' medda hi. Draw â fi wedyn i'r noson yn y Faraway, Cemaes a dallt bod y perchennog wedi dybl bwcio. Roedd hogan ifanc a fi yno i ganu. Dyma benderfynu rhannu'r noson ac, wrth wneud hynny wrth gwrs, rhannu'r pres. Mi gafodd hi £10 ac mi ges inna £10 hefyd. Gofynnais am y pres ar ddechra'r noson a ffwrdd â fi i roi petrol yn y car, cadw punt yn ôl i dalu dyledion, ac yna 'nôl i'r gwesty. Prynu diod wedyn wrth gwrs, a dyna'r £10 wedi mynd cyn i mi adael y gwesty.

Mi roedd hi'n amser caled. Efo Aloma, roeddwn i'n ymddangos ar y telefision a ballu ac yn cael pres iawn am y gwaith. Roedd hynny wedi diflannu. Felly hefyd y sgwennu caneuon. Un gân wnes i ei sgwennu yn y blynyddoedd hynny, sef 'Nid y Fi oedd ar Fai'. Toedd Aloma ddim o gwmpas, gan ei bod wedi dyweddïo efo Dave, ond roedd geiriau'r gân yna'n sôn am Aloma a fi'n ffraeo a'r ddau ohonon ni yn gwadu bod unrhyw fai arnan ni.

Nid y Fi oedd ar Fai

Mae'n anodd cofio nawr, mae'n amser maith yn ôl
Mae'n anodd coelio nawr am ddau gariad ffôl
A fel oedd raid, oedd rhaid i'r ddau
I'r ddau gael dweud ar ddiwedd ffrae
'Nid y fi oedd ar fai. Nid y fi oedd ar fai.
O na, nid y fi oedd ar fai!'

Mae'n debyg dyna pam, rhaid oedd dweud ffarwél
Ac er mwyn arbed cam, gwell oedd geiriau fel
'Beth allaf wneud, beth arall wna i
Drwg gen i ddweud ond fel 'na mae,
Nid y fi oedd ar fai. Nid y fi oedd ar fai
O na, nid y fi oedd ar fai.'

Roedd Aloma a fi'n dal yn ffrindia, wrth gwrs, ac yn cadw mewn cysylltiad er nad oeddan ni'n canu efo'n gilydd. Toeddwn i ddim yn ei gweld hi mor aml am ei bod yn teithio efo'r Hennessys neu yn gweld Dave.

Colled dipyn, dipyn mwy ysgytwol oedd colli 'nhad yn '72. Mi gollais i fy mam pan oeddwn i'n un ar ddeg oed. Ond, rhyfadd dweud, toedd hynny ddim yn gymaint o ergyd â cholli 'nhad. Wrth gwrs, meddwl plentyn oedd yn gweld petha fel'na. Roedd Mam wedi bod yn wael yn diodda efo canser am gyfnod hir. Dw i'n cofio ni'n rhoi gwely i lawr llawr iddi ym mharlwr Ty'n Llan. Ond yn y diwedd, bu'n rhaid iddi fynd i fyw at fy Anti Lizzie ym Mhenrhoslligwy i gael y gorffwys a'r gofal oedd ei angen arni. Baswn i wedyn yn mynd i'w gweld yno

Catherine ac Alastair

Phyllis a Griff

Jac a Mary

Huw a Meira

rŵan ac yn y man, efo Dad yn y Standard 8, neu efo Jac ar gefn y moto beic. Felly, toedd hi ddim wedi bod o gwmpas yn y cartra fel y basa hi petai hi ddim yn sâl. Ond rydw i'n cofio, trwy gydol y cyfnod pan o'n i'n llanc ifanc, teimlo eiddigedd o weld ffrindia oedd â'u mamau'n dal yn fyw a gweld y gofal roeddan nhw'n ei gael. Gweld isho petha syml fel arfer, fel golchi dillad a chael bwyd ar y bwrdd. Roeddwn i'n gorfod gwneud fy mwyd fy hun. Un peth da am hyn, fodd bynnag, oedd fy mod yn gwneud bwyd roeddwn i'n ei lecio a ddim yn gorfod bwyta beth oedd yn cael ei roi o 'mlaen.

Dw i'n cofio Mam yn gorwedd yn y gwely yn nhŷ Anti Lizzie a hithau ddim yn ymwybodol. Aeth Dad ati, tra 'mod i'n sefyll 'nôl yn edrych ac yn trio dallt be oedd yn digwydd. O'r profiad yna y doth geiriau pennill cynta 'Wedi Colli Rhywbeth sy'n Annwyl'.

Rwy'n cofio sefyll mewn cornel
Rhy ofnus i ofyn pam
Fy nhad oedd ar ei liniau
Wrth wely angau fy mam.
Wedi colli rhywun sy'n annwyl
Y cwestiwn gan bawb ydi pam
Ond cyn gweld gwerth mae'n rhaid colli
A'r gost o gael ateb yw cam.

Pan fu Mam farw, tair oed oedd Catherine, a Dad ddim yn gallu edrych ar ôl plentyn mor ifanc. Mi aeth at Anti Lizzie, felly, i gael ei magu ganddi hi. Mae Catherine yn cofio Dad yn dweud wrthi mai mynd ar ei gwyliau oedd hi ac y bydda hi 'nôl ar ôl tipyn. Ond ddoth hi byth 'nôl atan ni ac mae'n dal i deimlo'r golled o beidio â chael ei magu efo'i theulu.

Mi sgwennais i'r gân yna, gyda llaw, wedi derbyn cynnig i ganu yn un o nosweithiau llawen Plaid Cymru yn Llangefni. Roeddwn i'n gweithio ar y ffermydd yn Lloegr ar y pryd, ac mi sgwennais i'r gân wrth ddreifio yn y car o Loegr i'r cyngerdd yn Llangefni. Ei hymarfer wedyn yn Cerrig Tyrn cyn ei chanu o flaen y gynulleidfa.

Sefyllfa wahanol iawn oedd colli 'nhad. Roeddwn i'n dri deg dau pan wnaeth hynny ddigwydd. Erbyn hynny, dim ond Dad, fi a Phyllis oedd yn Cerrig Tyrn, gan fod Jac, Huw a Catherine wedi priodi ac yn byw yn eu cartrefi eu hunain. Mi wnaeth ei farwolaeth fy hitio i'n ofnadwy a wnes i erioed ddallt tan hynny sut roedd teimladau fel'na yn gallu effeithio ar berson. Roedd yn chwarae triciau â'r meddwl. Pan ddoth 'nhad o'r ysbyty mewn arch, roeddwn i'n dweud wrth bawb,

'Ma Dad yn dod adra heddiw!'

Roeddwn i'n gwrthod derbyn be oedd yn amlwg wedi digwydd. Gwrthod derbyn bod Dad wedi marw. Ar ddiwrnod yr angladd, roeddwn i'n iawn, wnes i ddim torri lawr o gwbl. Ond mi welodd Jac a'i wraig Mary nad oeddwn i'n iawn. Roeddan nhw wedi gweld bod rhywbeth yn rong arna i a 'mod i mewn rhyw fath o *trance*. Mi ofynnon nhw i fi fynd atyn nhw i aros am ychydig a dyna lle bues i am ryw dridiau. Tra oeddwn i yno, mi ddwedodd Jac bod angen i ni sortio busnes Dad a threfnu beth i'w wneud efo Cerrig Tyrn ac ati.

Roedd gan Dad gôt o'r enw Ciansi, sef côt hir o ddefnydd tebyg i denim. Dyna oedd y ffasiwn ar y pryd, yn debyg iawn i'r *donkey jacket* oedd gen i pan o'n i'n dreifio lori. Ym mhocad y gôt yma y bydda fo'n cadw ei waled, un drwchus efo lastig band o'i chwmpas. Bob tro roedd un ohonon ni blant yn gofyn am fenthyg punt, mi fydda 'nhad yn troi ei gefn atan ni ac yn nôl y pres o'r waled. Fydda fo byth yn agor y waled o'n blaen, ac wrth chwilio am yr arian mi fydda fo'n dweud, 'Tony bach, tria hel dy bres, tria hel dy bres.' Roedd yn rhaid rhoi'r waled yn ei hôl yn ei bocad cyn troi rownd a'n gwynebu efo'r bunt yr oeddan ni wedi gofyn amdani.

Wrth fynd efo Jac i edrych trwy betha 'nhad, y peth cynta i mi ei weld oedd y Ciansi yn hongian ar gefn y drws i fyny yn y llofft. Dyma fi'n dod o hyd i'r waled yn y bocad cesail ac yn ei hagor. Wrth i mi ei hagor, dyna pryd y gwnaeth marwolaeth 'nhad fy hitio go iawn. Dyna pryd y dwedais i, 'Mae o wedi mynd!' Mi es yn rhacs yn y man. Rhedais i lawr y grisiau ac allan i'r cae gan feichio crio. Nid ei weld yn mynd lawr i'r bedd mewn arch oedd wedi dod â realiti'r peth yn fyw i fi, ond agor y waled efo lastig band trwchus o'i chwmpas.

Un ar bymthag oed oeddwn i pan symudodd y teulu i Gerrig Tyrn, bwthyn bychan heb ddim dŵr tap na letric. Tanc mawr o flaen y drws ffrynt i ddal y dŵr glaw oedd y lle y caem ddŵr ohono. Doedd dim gwres canolog wrth gwrs, ac wrth fynd i'r gwely, yn enwedig yn y gaea, roedd yn fater o dynnu amdanan ni mor gyflym â phosib a neidio i mewn i wely oedd fel ffrij. Ond buan ro'n i'n cynhesu o dan y flanced a'r gôt sowldiwr. Ia, hen gôt sowldiwr oedd y *duvet* yn Cerrig Tyrn. Hyd heddiw, mae'n rhaid i mi gael gwely oer i fynd i mewn iddo. Does gen i fawr ddim o wres yn y stafell wely ac mi fydda i'n cysgu efo ffenast ar agor rownd y flwyddyn – a heb byjamas! Pan fydda Aloma a fi'n teithio o le i le, mi fydden ni'n aros yn aml yng nghartrefi gwahanol bobol. Yn aml iawn roedd y bobol yma yn rhoi letric blancet yn y gwely yn barod ar fy nghyfer. No wê! Allan â fo'n syth!

Roedd bywyd Cerrig Tyrn yn ddigon ryff a dweud y gwir, ond doedd yna byth brinder bwyd, gwres na chariad yno. Wedi i 'nhad farw yn '72, mi aeth Phyllis at Catherine i fyw. Dim ond y fi oedd ar ôl felly i aros yn hen ffarm y teulu, Cerrig Tyrn, ar fy mhen fy hun.

'Rhaid oedd dweud ffarwél'

Wedi dwy flynedd a mwy o fynd eu ffyrdd eu hunain, penderfynodd Tony ac Aloma eu bod am ddod 'nôl at ei gilydd wedi'i cyfan. Elwodd y ddau o'r cyfnod ar wahân, ond yn 1974 daethant i'r casgliad y byddai'n werth rhoi cynnig arall arni. Felly, yn Eisteddfod Caerfyrddin y flwyddyn honno roedd ganddyn nhw stondin ar y Maes yn cyhoeddi eu bod yn ôl gyda'i gilydd, a record newydd sbon i nodi'r achlysur hefyd. Er iddyn nhw gael cyfnod digon prysur gyda'i gilydd wedyn, aduniad byr iawn a gafwyd. Lai na blwyddyn wedi Eisteddfod Caerfyrddin, mynd i wahanol gyfeiriadau unwaith eto wnaethon nhw. Ond nid cyn iddyn nhw gael blwyddyn ddigon anturus.

Tony

Roeddwn i'n fodlon iawn fy myd wedi gwahanu efo Aloma yn '72. Roedd 'na ddiffyg arian, mae hynny'n wir, a hynny mor wahanol i cynt gan fod y ddau ohonon ni'n gwneud arian go dda tan i ni orffen. Digon tlawd oedd hi ar y ffarm, a chrafu byw oedd hi i bob pwrpas. Wedyn mi ddoth cyfnod cynta Aloma a fi ag arian newydd i'r ddau ohonon ni, ond wedi gwahanu yna yn ôl i fod heb bres unwaith eto oedd fy hanes i. Roeddwn i wedi arfer efo hyn, toeddwn? Felly, er nad oedd bod heb bres yn brofiad braf, toedd o ddim yn brifo ac roeddwn i'n medru delio efo fo. Toedd y ffaith 'mod i'n mynd i ymweld â'r bwcis bob pnawn ddim yn help, mae'n rhaid i mi gyfadda. Diolch byth bod Aloma a fi wedi ailddechra canu efo'n gilydd, neu pwy a ŵyr beth fydda wedi digwydd i mi.

Tydw i ddim yn cofio bod unrhyw un wedi gofyn i Aloma a fi ddod 'nôl at ein gilydd yn 1974, a chawson ni ddim gwahoddiad penodol gan unrhyw un. Roeddan ni'n dal i weld ein gilydd 'nôl adra wrth gwrs, ac mae'n siŵr mai sgwrs ar un o'r adega hynny wrth i ni daro ar ein gilydd arweiniodd at ailgydio yn y ddeuawd.

Aloma

Mae'n siŵr hefyd bod y ffaith i'r Hennessys chwalu, a finna wedyn heb waith, yn ffactor bwysig i esbonio pam y gwnes i ailgydio yn y canu efo Tony. Fydda hynny ddim wedi digwydd petaen ni wedi derbyn cytundeb Jim Lloyd am wn i. Felly, un o'r petha cynta wnaeth y ddau ohonon ni oedd creu ein cwmni recordio ein hunain. Pan oeddan ni efo'n gilydd o 1964 i 1972, roeddan ni wedi cael digon o brofiadau trwstan yn y diwydiant recordio, ac yn anhapus gan mai ni oedd yn recordio ac yn perfformio ond dim ond canran fechan o'r arian a gaen ni gan y cwmni recordio. Felly, wrth ailgydio mewn petha, roedd yn gyfla i gymryd rheolaeth dros yr ochr recordio i'n gyrfa hefyd. Ganwyd cwmni Recordiau Gwawr felly, a'r cwmni wedi'i enwi ar ôl fy merch Dawna.

Tony

Eisteddfod Caerfyrddin, 1974. Max Boyce yn galw i'n gweld yn stondin Recordiau Gwawr i lansio record gyntaf y cwmni, *Nid y Fi oedd ar Fai*

Pan wnaeth Aloma a fi ddechra canu, roedd yn gyfnod newydd a neb i ddweud wrthan ni sut a be i wneud. Does dim amheuaeth i ni elwa o'n profiadau, ond nid yn y ffordd mae artistiaid heddiw yn medru elwa ar ddegawdau o fyd busnes pobol yn y maes yng Nghymru. Falla ei bod hi'n hwyr yn y dydd i greu ein cwmni ein hunain ond yn sicr roedd yn beth da i'w wneud gan ein bod ni, fel artistiaid, yn ennill mwy o bres. Mi gawson ni gynnig recordio gan sawl cwmni, ond roedd y profiad gawson ni wrth ymwneud â chwmnïau recordio cyn hynny wedi'n gwneud yn amheus o bob cwmni. Ac er nad oedd y rhai ddoth ata ni yr adeg yma wedi pechu yn ein herbyn, mi benderfynon ni mai'r llwybr gora i Aloma a fi oedd creu ein cwmni ein hunain.

Mi gawson ni fenthyciad banc er mwyn i ni allu dechra'r busnes a bwrw ati'n syth i recordio. Mi wnaethon ni heirio stiwdio yn Llundain, a chael dealltwriaeth dda iawn efo grŵp Cymraeg arall, Bilidowcar. Roeddan nhw am wneud record eu hunain ac mi ddoth Morus Elfryn atan ni i holi am hynny. Yn y diwedd mi gytunon ni i wneud record iddyn nhw os byddan nhw'n cyfrannu at ein record ni. Felly buodd hi, ac mi ryddhawyd y record *Nid y Fi oedd ar Fai*. Er mwyn gwneud sblash go

iawn o betha, mi wnaethon ni heirio stondin i ni'n hunain yn y Steddfod. Am wn i, roedd yn anarferol i unigolion wneud hynny, ond roedd yn gam naturiol i ni'n dau wrth lansio cwmni Recordiau Gwawr ac ail-lansio gyrfa Tony ac Aloma. Profiad bythgofiadwy fu cymryd rhan mewn noson lawen fawr yng nghwmni Max Boyce ac artistiaid eraill. Ond yn ddigon rhyfadd, roedd y noson honno i'w chofio am reswm arall hefyd. Dwn i ddim pam, ond mi ddechreuodd rhyw ofnau ac amheuon gasglu yng nghefn fy meddwl ynglŷn â lle'r ddau ohonon ni yn y sîn canu poblogaidd Cymraeg fel ag yr oedd hi'r adeg hynny.

1974. Dyna flwyddyn dechrau ail bennod gyrfa Tony ac Aloma. Does dim gwadu ei bod yn flwyddyn dra gwahanol ym myd canu poblogaidd Cymraeg i'r flwyddyn ddegawd ynghynt pan ddechreuodd y cyfan i'r ddau o Fôn. Tenau iawn fyddai unrhyw restr o artistiaid poblogaidd Cymraeg 'nôl yn 1964. Ond erbyn 1974, diolch i raddau helaeth i bobol fel Tony ac Aloma, roedd y sîn wedi'i thrawsnewid. Yn yr Eisteddfod Genedlaethol honno yng Nghaerfyrddin pan oedd gan Tony ac Aloma eu stondin eu hunain, cafwyd perfformiad o'r opera roc Gymraeg gyntaf, *Nia Ben Aur*. Yn y pafiliwn, felly, roedd arwyddion pendant o'r newid a fu yn y sîn, a hynny dafliad carreg o'r fan lle'r oedden nhw'n gwerthu eu record ddiweddaraf. Ar lwyfan y pafiliwn y noson honno yn opera roc yr Eisteddfod, yn serennu roedd Dewi Pws a Cleif Harpwood, dau o hoelion wyth y grŵp gafodd gymaint o effaith ar y byd pop Cymraeg, sef Edward H Dafis. Ymddangosodd record gyntaf Edward H y flwyddyn honno. Dyna'r flwyddyn hefyd y ffurfiodd Mynediad am Ddim ac y cydiodd grwpiau eraill yn nychymyg Cymry ifanc y 70au, megis Ac Eraill, Hergest a Sidan – a oedd yn cynnwys Caryl Parry Jones. Roedd y rhaglen *Disc a Dawn*, a fu mor allweddol yn natblygiad Tony ac Aloma a chymaint o'u cyfoedion, wedi gorfod wynebu yr union yr un deilema ag yr oedd Tony yn ei deimlo. Roedd y BBC wedi gorfod wynebu cwestiynau ynglŷn â sut y gallai'r rhaglen apelio at ddilynwyr Meic Stevens a Tony ac Aloma fel ei gilydd. Doedd dim ateb yn y bôn, a daeth y rhaglen i ben yn 1973. Ond llwyddodd yr amryddawn Tony ac Aloma i barhau i ganu ar ôl Caerfyrddin, a hynny trwy ddatblygu ac addasu.

Aloma

Mi ddoth cyfla i Tony a finna ymddangos ym mhanto *Mawredd Mawr*, coeliwch neu beidio. Dyna beth oedd profiad newydd. Falla nad oedd yr actorion yn rhy sicr ohonon ni ar ddechra'r daith ac yn meddwl pam oedd dau ganwr yn cael actio, ond mi wnaethon ni ffrindia da efo actorion mwya poblogaidd Cymru drwy'r panto hwnnw. Un atgof amlwg sy gen i, ymhlith llu o atgofion da eraill, yw cofio am driciau Dewi Pws. Toedd o'n malio dim am gymryd mantais o actores ifanc gwbl ddibrofiad oedd yn ymddangos ar lwyfan cenedlaethol am y tro cynta, o na! Yn y panto roedd yn rhaid i mi fynd at Pws, ac yntau'n eistedd ar y llawr, i ddweud ei ffortiwn a finna wedi gwisgo fel sipsi. Ond yn aml, bydda'n gwrthod yn lân ag agor ei law ac yn cynnig dwrn i mi. Bryd arall mi fydda fo wedi tynnu lluniau mewn sialc ar y llwyfan, lluniau anweddus os ca i ddweud o fel'na, ac âi'r lluniau yn fwy a mwy anweddus bob nos. Doedd dim gobaith i mi beidio â chwerthin, a'r funud mae'r gigls yn cydio, wel mae'n ta ta arna i wedyn. Ar noson ola'r daith trwy Gymru aeth petha'n waeth byth. Mi es ato, ac oedd, roedd ei ddwrn ynghau unwaith eto. Wedi i mi straffaglu i'w agor, mi ollyngodd ei afael ac agor ei law – a dyna lle'r oedd condom. Wel, dyna ni wedyn. Yn y ffys a'r ffwdan, mi hedfanodd y condom o'i ddwrn a disgyn ar y llwyfan. Dwn i ddim hyd heddiw a welodd rhywun yn y gynulleidfa'r condom, ond yn sicr mi wnes i!

Tony

A hyd yn oed ynghanol taith hir fel'na, roedd Aloma a fi'n dal i ganu mewn cyngherddau a gwneud ambell i eitem ar y teledu hefyd. Nid dechra 'nôl yn ddistaw bach wnaethon ni o gwbl.

Aloma

I ddychwelyd at yr hyn roedd Tony'n ei deimlo yn y cyngerdd hwnnw yn Eisteddfod Genedlaethol Caerfyrddin, roedd yna un newid amlwg arall a ddaeth i'n rhan, heb sôn am wneud panto. Prinhau wnâi'r gwahoddiadau i ni i nosweithiau llawen ac i gyngherddau mewn capeli a ballu. Yn weddol fuan wedi Caerfyrddin roeddan ni'n derbyn lot mwy o bwcings i fynd i glybiau cymdeithasol ar y dechra ac yna, yn weddol gyflym wedi hynny, i nosweithiau mewn gwestai mawr trwy Gymru. Roedd enwau newydd felly'n ymddangos yn y dyddiadur: Plas Gwyn, Llwyn Gwair Manor, Blaen Dyffryn, y Cawdor, Llandeilo, Bryn Hyfryd ac ati. Daeth nosweithiau *cabaret* yn rhan llawer amlycach o'r patrwm o hynny 'mlaen. Roeddan nhw'n nosweithiau cwbl wahanol hefyd, gan fod pawb yn eistedd o gwmpas y byrddau yn bwyta ac yn yfed ac wedyn bydda disco. Pan fydda'r tocynnau wedi gwerthu'n dda cyn y noson, roeddan nhw'n aml yn ein ffonio ni a gofyn i ni wneud ail noson yno. Yn sicr, roedd yn ffordd wahanol o weithio ac o redag y busnes ac yn dangos bod petha'n newid. Mi fydden

Panto *Mawredd Mawr*: ni a Rosalind Lloyd a Dewi Pws

ni'n cynnal nosweithiau Cymraeg mewn lleoliadau mwy amrywiol a gwahanol i'r hyn a wnaen ni cynt, ac roedd hynny'n rhywbeth i'w groesawu.

Un man y bydda Tony a fi'n mynd iddo wedi'r newid mawr oedd i'r Llew Gwyn yng Ngherrigydrudion, ar wahoddiad y perchennog, Ronnie Williams. Wedi i ni fod ar ein taith hir yn 1971 mi gadwon ni gysylltiad rhyngon ni a fo a Ryan tan farwolaethau'r ddau. Toedd y nosweithiau

llawen traddodiadol ddim wedi darfod o gwbl, er
eu bod nhw wedi newid. Wrth i'r byd pop dyfu,
roedd y nosweithiau llawen yn tyfu ac, yn sydyn
reit, roedd ambell sinema er enghraifft yn cau ar nos
Sul er mwyn cynnal noson lawen. Yng Nghonwy er
enghraifft, yn Neuadd y Dre, Pwllheli, King's Hall,
Aberystwyth a'r Majestic yng Nghaernarfon wrth
gwrs.

Ail record Cwmni Gwawr oedd *Clychau
Nadolig* ac mi fuon ni draw i Loegr i wneud honna
hefyd. Toedd fawr ddim stiwdios yn y Gogledd
'radeg hynny. Pan oeddan ni efo Cambrian, draw
i stiwdios Rockfield, Mynwy roeddan ni'n mynd
i greu albyms. O ran y recordia sengl wedyn, wel
mi roedd rheiny'n cael eu gwneud mewn unrhyw
neuadd bentra gyfleus ar beiriant *reel to reel*. Ar gyfer
yr albym yma, draw â ni i Gaer i'r Abbott Studios.
Toedd ein drymiwr ni ddim wedi dod i recordio
un dydd, ac mi ddwedodd perchnogion y stiwdios
y bydda eu drymiwr nhw'n medru'n helpu ni.
Mewn â fo, a ninna'n gweld mai Russ Abbott oedd
o! Felly, ar rai o sesiynau'r record yna, fo sydd ar y
dryms!

Tony

Ffliwc ddoth â'r cam mawr nesa yn hanes Aloma
a fi mae'n siŵr gen i! Roedd y ddau ohonon ni'n
canu yn ardal Aberystwyth rhywle, ac yn digwydd
bod yn gwrando arnon ni roedd dyn o'r enw John
Morris. Roedd o'n perthyn rywsut i'r John Morris
fu'n Ysgrifennydd Gwladol Cymru. Toedd o ddim

yn siarad Cymraeg ond am ryw reswm roedd wedi dod i un o'n cyngherddau ni gan ei fod yn digwydd bod adra ac wedi bod yn teithio fel *road manager* i James Marcus Smith – hynny yw, P J Proby. Mi ddoth yr Americanwr Proby yn adnabyddus i bobol trwy Brydain yn 1964 pan fuodd ar raglen deledu'r Beatles. Roedd wedi rhyddhau naw albym rhwng hynny a 1974 a chanddo ddilyniant o gwmpas y byd. Mi wnaethon ni gyfarfod a chymryd at ein gilydd yn syth. Bydden ni'n cyfarfod â'n gilydd pryd bynnag y bydda cyfla wedi hynny ac un tro, wrth inni ymweld â John, roedd P J Proby efo fo yn ardal Ynyslas ger Aberystwyth.

Aloma

Draw â Tony a fi a phawb arall i'r traeth a chael barbeciw a pharti ac mi benderfynodd PJ saethu cwningen efo 12 bôr ac wedyn dangos i ni i gyd sut i'w blingo! Wedi gwneud hynny, mi gydiodd ym mhawen y gwningen, llosgi un pen ohoni yn y tân a'i rhoi i mi gan ddweud y basa'n dod â lwc i mi. Rêl cymêr. Ac mi roeddwn i wedi gwirioni arno, ac yn ei addoli bron, gan fy mod yn ei gofio pan oeddwn yn Ysgol Amlwch ac yntau yn ei anterth. Roedd yn hoff iawn o wisgo *pony-tail* a *bow* anferth, y PJ *bow* fel roedd yn cael ei nabod. Roedd gen i un fy hun pan oeddwn i tua thair ar ddeg neu bedair ar ddeg oed – a rŵan dyma'r dyn ei hun yn cynnig pawen cwningen i mi. Mi ddoth yn amlwg ei fod hefyd yn hoff o'n cerddoriaeth ni.

Tony

Yr unig gwningen fwytais i erioed oedd yr un roddodd PJ i mi. Fel mab ffarm, roeddwn i'n cofio *myxomatosis* yn rhy dda – y clefyd y gwnaeth boi'r Navy fy holi i amdano yn y cyfweliad yn Lerpwl. Ond mi drodd y sgwrs efo John at y ffaith y dylai Aloma a fi wneud record Saesneg. Dwedodd y dylen ni wneud *demo disc* ac felly dyna wnaethon ni. Trefnodd gyfarfod â chontact o gwmni recordia yn Llundain. Doeddwn i ddim yn gyfarwydd ag enw Peter Sullivan, ond mi ddaethon ni i ddallt yn ddigon buan ei fod yn enw mawr yng nghwmni Decca ac wedi ffurfio cwmni cynhyrchu annibynnol efo neb llai na George Martin, cynhyrchydd y Beatles, a Ron Richards, a weithiodd ar *hits* mwya'r Hollies. Roedd Sullivan ei hun wedi gweithio efo Tom Jones ac Englebert Humperdinck a rŵan roedd am wrando ar gân gan Tony ac Aloma!

Recordiwyd y gân ac mi aeth Aloma a finna i Lundain efo John. Dwedodd wrthan ni am aros y tu allan i swyddfa Sullivan, gan ei fod yn medru ymddangos yn ddyn digon cas oherwydd ei fod o'n dweud yn union beth roedd o'n ei feddwl am gân neu act benodol. Mewn â John i'r cyfarfod felly efo'r *demo*. Daeth allan a dweud bod Sullivan am ein gweld. Mewn â ni i swyddfa oedd yn ymddangos fel petai'n anferth o lolfa fawr. Byr iawn oedd ei neges. 'I like you!'

Aloma

Ia wir! Ac yn y gwynt nesa, dwedodd wrth Tony a fi bod ganddo gân ar ein cyfer. Hyn i gyd yn y fan a'r lle. 'Ewch â'r gân adra efo chi,' medda fo, 'dysgwch hi a dewch 'nôl i'w recordio.' Rhoddodd ddiod yr un i ni wrth iddo fynd i chwilio amdani, cân o Brazil a gawsai ei chyfieithu gan Greenaway a Cook. Roeddan nhw wedi sgwennu caneuon i Andy Williams, Cliff Richard, Deep Purple a'r Hollies. Nhw hefyd fu'n gyfrifol am y gân 'I'd Like to Teach the World to Sing', gan gynnwys ei hailsgwennu a'i throi yn 'I'd Like to Buy the World a Coke' a ddoth yn *hit* byd-eang drwy hysbyseb deledu Coke. Methodd Sullivan â dod o hyd i gopi o'r gân y diwrnod hwnnw, ond mi addawodd ei hanfon atom. Gofynnodd i ni fod yn barod i ddod 'nôl i'w recordio efo cerddorfa lawn yn un o stiwdios mwya Llundain. Am deimlad!

Yr hyn oedd ym meddwl Sullivan oedd nad oedd unrhyw ddeuawd ar y sîn ar y pryd. Roedd Esther ac Abi Ofarim, Sonny and Cher a Nina and Frederick, y tair deuawd, wedi gwahanu a doedd neb wedi cymryd eu lle. Roedd yn gweld y galla Tony a minna lenwi'r bwlch yna.

Tony

Roeddwn i wedi ecseitio'n lân a dweud y gwir. Dyma rywbeth newydd cyffrous i Aloma a fi. Canodd y ffôn wedyn ymhen rhai dyddia. John

oedd yno. 'Bad news' oedd ei eiriau cynta, ac mi adroddodd y stori gyfan i ni a 'nghalon i'n suddo efo pob brawddeg. Roedd Sullivan wedi ffonio BBC Cymru a gofyn am farn rhywun yn fan'no amdanan ni. Dwedodd John mai'r ateb a gafodd Sullivan oedd, yn syml, 'Keep away!' Mi dderbyniodd Sullivan air un o bobol uchel y BBC a dyna ddiwedd ar bob dim. Dim record.

Aloma

Sut mae ymateb i siom fel'na? Roeddan ni wedi bod mewn ffrae â'r BBC ychydig cyn hynny ynglŷn ag un cymal yn ein cytundeb. Er i ni oresgyn y broblem honno a'n bod wedi ymddangos ar y rhaglen, doedd y ffaith ein bod ni fel artistiaid wedi meiddio cwestiynu'r Gorfforaeth ddim wedi cael ei anghofio. Wel, falla 'mod i wedi anghofio erbyn hyn ond tydw i ddim wedi maddau. Digon yw dweud bod Tony a fi yn ymateb mewn ffyrdd gwahanol i'r un digwyddiad. 'Dan ni'n meddwl ein bod yn gwybod pwy oedd y person hwnnw. Fasa dim gwahaniaeth gen i ei enwi ond mae'n well gan Tony beidio ac mae hynny'n ddigon teg, felly wna i mo'i enwi.

Tony

Cael cip wnaeth Aloma a fi yr adeg hynny ar yr hyn a allai fod. Y posibiliadau newydd. Hefyd, dangosodd y gwahaniaeth a fasai wedi medru dod i'n rhan pe bai rheolwr go iawn y tu ôl i ni. Mi fasa

John ei hun wedi bod yn rheolwr arbennig i ni – fo oedd y rheolwr gora na chawson ni.

Roedd y sîn yn newid, oedd. Roedd hynny'n fwy o ergyd i mi nag i Aloma, mae'n amlwg. Ond roedd y siom o foddi wrth ymyl y lan efo'r record Saesneg, heb os, yn ergyd i ni'n dau.

Aloma

Ar ben hynny hefyd, Tony, roedd yna newidiadau yn ein perthynas ni. Pan wnaethon ni ddechra yn '64, merch ysgol oeddwn i ac roeddwn i'n derbyn y penderfyniadau roeddat ti'n eu gwneud. Ond wedi i mi fod efo'r Hennessys, roeddwn i'n ffurfio fy marn fy hun ar betha oedd yn golygu, wrth fynd yn ôl atat ti yn '74, 'mod i am y tro cynta yn ein perthynas ganu yn dy herio o dro i dro ar ambell fater. Toeddat ti ddim yn gyfarwydd â hynny. Felly, mi fydden ni'n ffraeo, ac mae'r ddau ohonon ni'n ddigon adnabyddus am wneud hynny, beth bynnag – ffraeo mewn ffyrdd gwahanol a newydd erbyn hyn.

Tony

Yn gefndir i hyn i gyd ar y lefel gyhoeddus, roedd yna ddigwyddiadau digon personol gen i y tu ôl i'r cyfan, a doedd a wnelo nhw ddim ag Aloma chwaith. Wedi marw 'nhad, a finna'n byw ar fy mhen fy hun yn Cerrig Tyrn, mi fues mewn brwydr go hir i gadw'r tyddyn yn y teulu. Toedd dim trafferth cadw'r tŷ cyn i Aloma a mi ddod 'nôl at ein gilydd. Ond unwaith i ni ailgydio yn y canu bu'n rhaid teithio ac mi waethygodd petha. Wedi bod i ffwrdd am wythnos ar y tro, roedd y tŷ yn damp gan nad oedd unrhyw dân wedi'i gynnau ar yr aelwyd. Mi ddechreuodd y tŷ fynd â'i ben iddo wedi peth amser. Tenant oedd fy nhad beth bynnag i'r sgweiar, Roger Lloyd, Plas Tregaian, ac mi ddoth ei bobol o ata i un dydd a dweud eu bod nhw am fy hel i allan ac ychwanegu Cerrig Tyrn at ffarm arall. Roedd gan Dad wartheg ac mi adawais i nhw ar y cae yn rhydd o gwmpas y tyddyn. Doedd y sgweiar ddim yn medru fy hel oddi yno mor hawdd wedyn, gan na allai droi'r gwartheg allan i'r lôn.

Mi fuon ni 'nôl a blaen i'r llys yn Llangefni ac yntau'n gwneud ei ora i roi *eviction order* i fi. Mi wnes i gynnig droeon i brynu'r tŷ er nad oedd gen i ddim syniad sut y baswn i'n gwneud hynny. Mi ges gydymdeimlad arbennig gan bobol leol yn y llys yn Llangefni, ac mi ges *stay of execution* bob tro. Mi barodd hyn am ddwy flynedd. Erbyn hynny roedd Roger Lloyd tua naw deg oed ac roedd wedi rhoi'r busnes yn nwylo dyn o Dde Affrica. Felly, pan fyddwn yn curo ar ddrws y plas a gofyn i Roger Lloyd am gael aros yn Cerrig Tyrn, nid y fo oedd wrth y llyw mwyach a doedd gan y dyn o Dde Affrica ddim cydymdeimlad â fi o gwbl. Wedi brwydr hir, mi es yn *fed-up* yn y diwedd ac ildio. Symudais i fyw felly at Rowena, mam Aloma, a'i llystad John yn 1975. Dyna pryd sgwennais i'r gân sydd wedi profi'n un o'n rhai poblogaidd, sef 'Cerrig Tyrn'.

Cerrig Tyrn

Plis syr eich mawrhydi, esgusodwch fi
Dwi'n ddim ond Cymro bach yng ngwlad fy hun
Dw i ddim yn gofyn gormod, dim ond cael byw yn hen
Mewn bwthyn bach o'r enw Cerrig Tyrn.

Môn Mam Cymru
Rwyf yn dy garu
Pwy all gymharu
Cartref yng Nghymru.

Cerrig Tyrn

Roedd fy myd i'n newid felly hefyd, a'r sicrwydd a fu yno ers y diwrnod cynta wedi'i siglo. Rhwng popeth, mi ddoth noson ein gig ola yn y British Legion, Conwy. Ac os oes angen un ffactor arall dros orffen, i mi, ac i mi yn unig unwaith eto, toeddwn i ddim yn credu 'mod i'n sgwennu caneuon cystal â'r rhai cynnar. Fydda neb yn gofyn am y caneuon newydd, dim ond yr hen rai o'r cychwyn cynta.

Felly mae'n wir dweud mai fi oedd isho gorffen yn fwy nag Aloma ynghanol 1975. Rydw i'n siomedig yn'o fi fy hun i raddau. Mi roedd gynno ni dalent arbennig a wnaethon ni ddim defnyddio cymaint ohoni ag y dylen ni fod wedi gwneud.

Aloma

Mae'n iawn dweud mai Tony oedd am orffen yn fwy na fi yn 1975. Mi roedd gen i gomitments ar y pryd. Roedd Dawna gen i ac roedd yn amser i mi

hefyd ofalu am Nain a'r teulu fel roeddan nhw wedi gofalu amdana i 'nôl ar y cychwyn. Toedd gen i ddim awydd gorffen felly. Mae Tony, er clod iddo, wedi ymddiheuro i mi ers hynny am ddod â phetha i ben yn y modd y gwnaeth yr adeg hynny. Wedi i ni orffen, roeddwn i wedyn, i bob pwrpas, yn ddi-waith a dim i syrthio 'nôl arno. Mi arhosais i adra am gyfnod hir, ond yn wahanol i '69, pan wrthodais gynnig i fynd efo Roy i Sbaen, mi ges gynnig arall ganddo, sef symud i Blackpool efo fo. Felly, mi wnaed y penderfyniad drosta i.

Rhan o'r paratoi ar gyfer cam nesa fy mywyd oedd symud Nain i fyw i Langefni yn nes at Mam. Yn nhŷ Mam ar y pryd roedd fy mrodyr, fy chwaer fach, finna a Dawna hefyd. Yn y cartra hwn y digwyddodd yr un peth a wnaeth i mi benderfynu bod yn rhaid gadael hyn i gyd. Adeg Dolig oedd hi a finna'n poeni f'enaid beth gallwn i brynu i Dawna'n anrheg. Toedd gen i fawr o bres a rhyw dameidiau o anrhegion oedd gen i iddi wrth i'r diwrnod ei hun agosáu. Mi ddois i wybod am feic ail-law, ddyddia'n unig cyn Dolig, a draw â mi i'w weld. Roedd o'n edrych yn ddigon truenus, ond roedd y cyffro o allu rhoi beic iddi'n anrheg yn ddigon i lenwi calon mam. Mi brynais i fo a'i roi, noswyl Dolig, yn y stafell efo anrhegion plant eraill y teulu. Bore Dolig, lawr â Dawna'n llawn cyffro. Roedd yr edrychiad ar ei hwyneb yn dweud y cyfan – nid beic 'newydd' oedd hwn. Aeth yr olwg yn ei llygaid drwydda i fel cyllell ac mi wnes addewid i mi fy hun i beidio â gadael i fy merch fynd heb unrhyw beth byth

eto. Tydw i erioed wedi bod yn berson sy'n credu mewn prynu cariad trwy anrhegion a difetha plant trwy brynu pob dim iddyn nhw, a does gen i ddim problem efo petha ail-law chwaith. Ond roedd hyn yn gwbl wahanol. Roedd hyn yn mynd at ddyfnder ei theimladau hi a fi fel mam a phlentyn.

Pan ddaeth yr alwad gan Roy i mi fynd ato felly, mi dderbyniais y cynnig. Roedd o wedi dweud o'r cychwyn, wrth i ni gwrdd y tro cynta a'r ddau ohonon ni'n un ar bymthag, y basan ni'n dau efo'n gilydd yn y diwedd. Ac er i mi wrthod mynd efo fo i Sbaen, ac er i mi ddyweddïo â Dave Burns, wnaeth o ddim newid ei feddwl. Toeddan ni ddim wedi bod mewn cysylltiad agos am gwpwl o flynyddoedd, ond mi ddoth i Ynys Môn efo'i waith, cyn i Tony a fi orffen yn '75, a dod i chwilio amdana i. Roedd yn disgwyl y baswn i'n briod neu'n canlyn neu rywbeth ond toeddwn i ddim, ac mi ailgydiodd y cyfeillgarwch. Erbyn hynny roedd Roy wedi symud i Blackpool, lle'r oedd yn rhan o grŵp Solomon King. Miwsig fu ei fywyd erioed, ers iddo ddod yn rhan o'r sîn honno yn Lerpwl yn ystod cyffro'r Beatles. Roeddan ni wedi tynnu 'mlaen yn grêt o'r cychwyn cynta, ac roedd hi'n bryd symud y berthynas ymhellach.

Felly, mi yrrais dros Bont Menai yn 1976 a'r cyfan oedd gen i yn yr Austin 1300 oedd y delyn, un cês o ddillad a llun o'r Blue Boy, hogyn bychan yn crio roeddwn wedi'i brynu am geiniog yn Ffair Borth. A toedd yr Wyddfa ddim i'w gweld, gymaint oedd fy nagrau i.

'Mae arall fyd yn dod'
Aloma

'If you come from Wales, you're either a rugby player or a singer! Which one is it?'

Dyna'r tynnu coes cyson a gawn wrth wneud fy ngwaith cynta yn Blackpool, sef gweithio mewn bar yn un o theatrau *cabaret* y dre. Roeddwn wedi dechra mynd yno efo Roy, gan ei fod o'n rhan o'r band oedd yn perfformio yno. Mi ddoth cyfla am waith yn y bar, ac efo'r agwedd 'rhaid i mi ddechra rhywla' mi wnes ei dderbyn. Wedi i'r bar gau, byddwn wedyn yn gweini o gwmpas y byrddau. Os nad oedd iddo fanteision eraill, roedd yn gyfla gwych i ddod i gysylltiad efo llwyth o bobol a dechra ymarfer fy Saesneg go iawn wrth ateb yr holl sylwadau pryfoclyd a ddeuai i'm cyfeiriad.

Mi fentrais un tro, wrth ateb y cwestiwn ynglŷn â rygbi a chanu, nad oedd fawr o obaith i mi'n saith stôn i chwarae rygbi er fy mod wedi ffansïo ambell i *scrum half*! Ond mi ychwanegais drwy ddweud 'mod i wedi canu rhywfaint 'nôl yng Nghymru. A dyna hi wedyn.

'Come on, Taffy, give us a song!'

Un gân Saesneg roeddwn i'n ei gwybod o'r dechra i'r diwedd, un o ganeuon Cliff Richard. Fyny â fi i'w chanu, ac mi ddoth yn eitem gyson yn ystod y nosweithiau yn y bar wedyn, a'r 'Singing Barmaid' oeddwn i o hynny 'mlaen. Roeddwn i wedi cyrraedd Blackpool.

Unwaith y mis yn y clwb hwnnw mi fydden nhw'n cael noson arbennig efo sêr amlwg yn cymryd rhan. Un o'r rhain, yn fuan wedi i mi gyrraedd yno, oedd neb llai na P J Proby. Ond toeddwn i ddim yn gweithio'r noson honno ac mi gollais gyfla i'w gyfarfod yno. Pan ddwedodd Roy wrtha i mai fo oedd wedi bod yno'n perfformio y noson honno, mi wnes i ddallt wedyn bod Roy hefyd yn ei nabod,

Job gynta yn Blackpool

trwy'r byd cerddorol. Felly, pan ddoth o 'nôl, mi wnes i'n siŵr fy mod yno. Ymlaen â fi ato heb ddisgwyl y bydda fo yn fy nghofio, ond mi roedd o ac mi gefais groeso gwresog iawn. Y peth cynta wnaeth o oedd holi beth ddigwyddodd efo miri'r record Saesneg. Wedi derbyn yr esboniad, roedd yn wirioneddol flin ac yn credu i ni gael cam go iawn. Roedd yn biti mawr ei fod wedi fy atgoffa am yr hen grachen yna, ond roedd yn galondid mawr ar yr un pryd i gael ei gefnogaeth o. Allan â ni i gyd wedyn am ddrinc neu ddau.

Cam naturiol oedd i mi a Roy ddechra gweithio efo'n gilydd. Mi fuon ni'n trafod y posibilrwydd am dipyn ond ddigwyddodd hynny ddim yn syth. Pe na bydden ni'n llwyddo yn Blackpool yr adeg hynny, yna fydda dim gobaith llwyddo yn unrhyw le arall chwaith. Blackpool oedd prifddinas adloniant Prydain y tu allan i Lundain ac roedd mwy o glybiau i'r filltir sgwâr yno nag yn unrhyw le arall ym Mhrydain. Mentro oedd raid ac felly mi adawodd Roy y band roedd o'n aelod ohono ar y pryd. Ar ddechra'r *summer season* y flwyddyn honno felly, mi gafodd o waith mewn clwb ar y Promenade yn Blackpool ond dim ond iddo fo'i hun. Toeddan nhw ddim yn medru fforddio deuawd, meddan nhw. Ond roeddan nhw'n fodlon i mi ddod i mewn o bryd i'w gilydd a chanu efo Roy, er mai fy newis i fydda gwneud hynny.

Roedd hynny'n ddelfrydol a dweud y gwir gan y bydda gen i gyfla rŵan i ddysgu caneuon Saesneg newydd a'u hymarfer hefyd mewn sefyllfa go iawn.

Os oedd cynulleidfaoedd yr Hennessys yn newid byd i mi, roedd sefyll o flaen pobol o bob cornel o Brydain ar eu gwyliau yn Blackpool yn brofiad newydd eto. Toeddwn i erioed wedi profi'r fath beth. Ond roedd yn ddigon hawdd penderfynu a oeddan nhw yn ein mwynhau ai peidio. Gan eu bod yno yn Blackpool am gyfnodau hir, bydden nhw'n dod 'nôl i'r un lle pan fydden nhw wedi mwynhau'r sioe. Hanner ffordd drwy'r haf, sylweddolodd perchnogion y bar fod nifer yn dod 'nôl i glywed Roy a fi'n perfformio ac roedd un peth yn ein gwneud ni'n wahanol – y delyn. Mae Roy yn bianydd clasurol, felly roeddan ni'n medru datblygu act efo'r delyn a'r piano yn ogystal ag efo'r offerynnau electronig oedd yn rhan o'r act hefyd. Yn sicr, dyma'r unig delyn oedd yn rhan o sioe yng nghlybiau Blackpool ac un o'r telynau prin iawn trwy Brydain a chwaraeai'r math yna o gerddoriaeth mewn clwb nos.

Fel Tony a fi, mae Roy hefyd yn medru cyfrannu at y miri o ran cael enw pan oedd yn fabi, coeliwch neu beidio. Cafodd ei fedyddio'n Robert Smith ond mi galwyd o'n Roy ers yn gynnar iawn yn ei fywyd. Felly, pan ddoth y gig gynta i ni'n dau yn Blackpool yn y Number One Club, roedd y posteri'n dweud Roy Smith ac Aloma Jones. Ni, felly, oedd y Smith and Jones gwreiddiol!

Yn ymddangos ar yr un noson â ni y noson gynta honno roedd Derek Batey, oedd yn cyflwyno *Mr and Mrs* ar y pryd. Yn bwysicach, roedd drymar wrthi'r noson honno hefyd ac roedd o wedi'n lecio

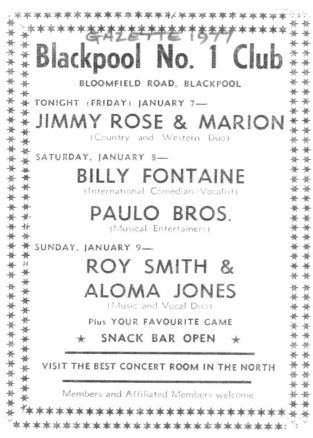

GAZETTE 1977

Blackpool No. 1 Club

BLOOMFIELD ROAD, BLACKPOOL

TONIGHT (FRIDAY) JANUARY 7—

JIMMY ROSE & MARION
(Country and Western Duo)

SATURDAY, JANUARY 8—

BILLY FONTAINE
(International Comedian/Vocalist)

PAULO BROS.
(Musical Entertainers)

SUNDAY, JANUARY 9—

ROY SMITH & ALOMA JONES
(Music and Vocal Duo)

Plus YOUR FAVOURITE GAME

★ SNACK BAR OPEN ★

VISIT THE BEST CONCERT ROOM IN THE NORTH

Members and Affiliated Members welcome

Job gynta 'iawn' yn Blackpool

ni'n fawr. Mi ffoniodd ffrind iddo, Jan Curry, oedd wedi ennill *Opportunity Knocks* ychydig ynghynt ac oedd yn perfformio yn y Palladium ar y pryd. Mi ddoth hi i'n clywed a'n cyflwyno i asiantaeth yn Leeds, ATS, un o'r asiantaethau mwya yn Lloegr. Y gŵr oedd yn gyfrifol am ATS oedd perchennog un o theatrau enwoca Leeds, y City Varieties – y *music hall* sydd wedi bod ar agor hira ym Mhrydain.

Roedd Jan wedi cymryd atan ni go iawn, ac wedi cyflwyno agwedd broffesiynol i'n hact ni – mynnodd fy mod i'n prynu ffrogia am £200 yr un! Arian mawr iawn y dyddia hynny, ond yn ôl Jan mi fydda'n golygu y bydda pobol yn ein cymryd o ddifri wedyn. Felly mi brynais ddwy! Mi fydden ni'n newid ar ôl dod oddi ar y llwyfan fel na fydden ni yn ein dillad perfformio wrth gymysgu â'r gynulleidfa yn y cyntedd wedi'r sioe. Petha bach, ia, ond roeddan nhw'n ein gwneud ni'n fwy proffesiynol.

Dechreuodd ein *repertoire* gynyddu yn eitha cyflym a bydda caneuon Demis Roussos, y Carpenters, caneuon y siartiau a chaneuon o sioeau'r West End yn boblogaidd iawn. Ond caent eu trefnu mewn modd unigryw gan y ddau ohonon

Roy, Jan Kennedy (ein rheolwr), Stanley Joseph (asiant a pherchennog y City Varieties), fi a bytlar Princess Margaret (ar fenthyg!)

Princess Margaret ydi'r un hefo'r sigarét!

ni. Ehangodd yr ardal lle bydden ni'n perfformio hefyd ac mi fydden ni'n canu yn Newcastle, Middlesborough, Sheffield ac i lawr i gyfeiriad Leicester hyd yn oed. Cawn fwynhad, ond roedd hyn yn teimlo fel gwaith go iawn hefyd, a hwnnw'n waith caled. Roedd yn rhaid i mi ddatblygu i fod yn gantores *cabaret* o'r safon ucha, mewn nosweithiau pan fydda dwy neu dair act ar yr un llwyfan â ni, a phob act wedi'i pherffeithio.

Fel ein rheolwr, mi wnaeth Jan drefnu i sawl asiant ddod i'n gweld, gan ei bod hi o'n plaid ni o'r cychwyn cynta, ac roedd hynny'n fendith. A ninna mewn clwb yn Wigan, trefnodd i gyfarwyddwr adloniant cwmni Pontins ym Mhrydain a thramor ddod i'n clywed. Roedd o'n chwilio am berfformwyr ar gyfer tymor yr haf mewn sawl canolfan wyliau Pontins. Diolch i'r drefn, roedd yn

ein hoffi ni ac mi gawson ni gynnig *summer season* ar ynys Jersey – tri mis o waith heb orfod symud yr offer o'r naill glwb i'r llall. Do, mi gawson ni'r gwaith ganddo, er i ni ei basio ar y drafffordd ar y ffordd i fyny i Wigan a Roy yn dangos iddo'n ddigon clir be oedd o'n feddwl o'i yrru gorofalus gan ei fod yn aros yn y lôn ganol ac yn mynd yn rhy araf. Sioc oedd cyrraedd y clwb a sylweddoli mai fo oedd y gyrrwr gwirion. Jimmy Kennedy oedd ei enw fo, ac ymhen rhai blynyddoedd mi briododd â Jan. Diolch byth nad oedd o'n dal dig.

Draw â ni i Jersey felly, a Jan wedi cyfrannu'r arian i'n galluogi ni i deithio yno, fel y gwnaeth hi hefyd er mwyn i ni fedru creu LP. Roedd nifer o'r prif berfformwyr yn y clybiau wedi dechra gwneud hynny ac yn gwerthu eu LPs wedi iddyn nhw berffformio. Dyna wnaethon ni felly, ac ad-dalu Jan â'r arian roedden ni'n ei ennill drwy berfformio. Mae Jan yn cadw mewn cysylltiad â ni o hyd ac mae bellach yn rheolwr ar neb llai na Bruce Forsyth – a dyna 'nhiced i i ffeinal *Strictly Come Dancing* wedi'i sortio! Ar ben hyn i gyd, mae hefyd yn llysfam i Michael Ball. Ond Roy ac Aloma oedd ei hact gynta hi.

Roedd Jersey yn grêt, er bod 'na ddau atgof digon trist gen i o fod yno. I ddechra, dyna lle'r oeddwn i pan fu farw Elvis. Roeddwn i'n ffan aruthrol ohono, ac roedd yn dristwch pur i glywed y newyddion ac mi daflodd gysgod dros y diwrnod hwnnw a thros rai dyddia wedyn. Ond roedd yn fwy o ergyd i un o *chefs* Pontins. Ar ôl perfformio

bob nos, am y gegin â ni i gyd, a Billy y Chef yn potsio wyau di-ri. Roedd o'n addoli Elvis, yn swnio fath â fo ac yn edrych fath â fo. Diwrnod marw Elvis oedd yr unig noson na chawson ni wy drwy'r holl dymor y buon ni yno.

Ond roedd yr atgof arall yn fwy trist o lawer i mi gan ei fod yn fwy personol. Dyna'r cyfnod hira erioed i mi fod heb allu bod mewn unrhyw gysylltiad â'r teulu. Mi fydden nhw'n dod draw i'n gweld mor aml â phosib i ogledd Lloegr ac roeddan nhw'n rhan o'n bywyd newydd proffesiynol ni yno, ond toedd dod draw i Jersey ddim yn bosib. Roeddwn i'n colli Dawna a phawb arall. Dw i'n dal i gadw'r holl lythyron a anfonwyd ganddyn nhw

dros y cyfnod hwnnw yn fy nghartra yn Blackpool. John fy llystad sgwennodd y rhan fwya ohonyn nhw, er bod rhai yno gan Mam a Nain a sawl un mewn sgrifen plentyn gan Dawna. Mae'r llythyron yna'n drysorau i mi.

Y flwyddyn wedyn mi gawson ni *summer season* arall ond yn dipyn agosach at adra, yn y Layton Institute, Blackpool. Ond nid bod yn agosach at y teulu oedd yr unig beth da am y tymor hwnnw. Y Layton Institute oedd y brif *summer season* ym myd clybiau Blackpool. Yn y fan honno y cafodd cyfres deledu gynta Lily Savage ei recordio. Mae tymor adloniant yr haf yn Blackpool yn hirach nag yn unrhyw fan arall ym Mhrydain oherwydd y goleuadau, felly roedd gofyn i ni berfformio chwe noson yr wythnos am bedair wythnos ar bymthag. Roedd hynny'n golygu perfformio i filoedd ar filoedd o bobol bob wythnos hefyd. Hyd yn oed ar nos Lun, os nad oedd y cyhoedd yn yr Institute erbyn 7 o'r gloch, doedd ganddyn nhw ddim

Bill Pertwee o *Dad's Army*

neuadd bingo ac roedd yna wrthwynebiad cryf i hynny'n lleol. Felly mi drefnwyd codi arian i gadw'r datblygwyr newydd draw. Roedd cast *Dad's Army* yno, Marti Caine, y Bachelors a Roy a fi. Ni oedd yr unig ddau yn y cyngerdd nad oedd neb wedi clywed amdanon ni ond mi gawson ni wahoddiad. Mae yna draddodiad o gyngherddau elusennol yn Blackpool a'r rheiny'n dechra am hanner nos fel arfer pan gaiff sêr pob sioe ymhob lleoliad arall yn y dre gyfla i ddod draw i'r cyngerdd elusennol. Mae'r sioeau yma'n medru para am dair awr. Yn y cyngerdd arbennig hwn, mi ymddangosodd y Bachelors am bump o'r gloch y bore. Ond yn rhyfeddach fyth, yn y papurau lleol y bore wedyn, dim ond Roy a fi gafodd mensh, a llun ohonon ni hefyd efo'r delyn.

Mi ddeuai'r gwaith yn rheolaidd wedi hynny, ac yn 1979 mi enillon ni wobr – un o'r Clubland Awards trwy Brydain oedd hi, er nad ydi Roy na fi'n cofio am beth yn union y cawson ni hi chwaith.

gobaith mynd i mewn. Mae'n amhosib deall maint sîn y clybiau'r adeg hynny. Dyna pryd y dechreuais i gynnwys ambell i gân Gymraeg yn ein hact, dwy fel arfer – 'Pererin Wyf' a 'Myfanwy'.

Roedd bod yn y Layton Institute am gyfnod mor hir ac mewn lle uchel ei broffil wedi gwneud lles amlwg i ni. Daeth galwad wedyn i wneud cyngerdd elusennol i godi arian i'r Grand Theatre, un o brif theatrau Blackpool a adeiladwyd yn Oes Victoria. Roedd bygythiad y byddai'n cael ei throi'n

Duo with a difference

Ilona Adams and Roy James

Roeddan ni wedi dringo'n eitha agos at frig byd y clybiau erbyn hynny. Mi glywson ni yn ystod y gaeaf cyn y wobr ein bod wedi cael *summer season* arall, y fwya hyd hynny, lawr yn Eastbourne efo Tom O'Connor. Am gyffro! Roedd fy meddwl yn mynd 'nôl at y clwb yna ym Mangor pan welodd Tony a fi 'n perfformio a dweud y bydda fo'n seren rhyw ddydd. Wel, roedd o wedi cyrraedd *top of the bill* yn Eastbourne a finna rŵan yn rhannu llwyfan efo fo. Roeddwn i'n edrych ymlaen yn fawr iawn felly at yr haf er mwyn cael ymuno ag o. Cyn mynd yno, roeddan ni wedi cael gwaith *cabaret* ar long yng ngwlad Groeg, ac mi fydden ni'n mynd i Eastbourne wedi dod 'nôl.

Yna, cefais newyddion i ddweud bod Nain yn sâl iawn. Roedd angen i mi fynd ati felly yn syth ac mi fuodd yr holl gynlluniau ar stop am gyfnod er mwyn i mi fynd 'nôl i Gymru at Nain. Pan gyrhaeddais yr ysbyty yng Nghaernarfon, toedd Nain ddim yn dda. Mi benderfynais aros yn yr ysbyty doed a ddelo, ac mi gysgais ar y soffa yn un o'r stafelloedd. Mi ddes i nabod y staff i gyd ar ôl bod yno am rai dyddia ac mi fydden nhw'n picio allan i Woolworths i nôl fy anghenion i mi pan fydda angen gan gynnwys bwyd hefyd, ac mi fydda Mam yn cario dillad glân 'nôl a 'mlaen.

Tra oeddwn yn yr ysbyty un noson, mi ges alwad gan y meddyg ymgynghorol, Dr Carado, i ddweud ei fod yn gwybod 'mod i'n poeni ond roedd am fy sicrhau nad oedd Nain mewn poen o gwbl, er nad oedd yn disgwyl iddi fyw drwy'r noson honno. Fo oedd wedi gofalu am Mam yn Abergele pan gafodd hi TB a fo wnaeth drin Tony pan ddioddefodd o'r un afiechyd yn yr un lle. Roedd yr alwad yn gysur, ac yn hwyrach y noson honno, bu Nain farw.

Ychydig amser cyn iddi fynd, mi ddeffrodd a dweud y drefn wrth bawb gan droi ac edrych ar un adeg i gyfeiriad pen y gwely a dechra siarad efo'i mam ei hun fel petai'n eistedd yno.

'Fydda i ddim yn hir. Mi fydda i yno rŵan.'

Trodd ata i wedyn a dweud,

'Mi rydw i wedi deud wrthi hi, fydda i ddim yn hir.'

Ac yna, wedi seibiant, mi drodd ata i unwaith eto ac edrych i mewn i fy llygaid,

'O, ti'n hogan dda. Dyro dy ben ar y clustog yma a dos i gysgu.'

Mi wnaeth hynny fy ypsetio i'n llwyr, ac mae'n dal i wneud hyd heddiw. Ynghanol dyfnder y teimladau hyn, a'r galar o golli rhywun oedd wedi bod yn asgwrn cefn, yn help llaw ac yn gysur i mi ers pan o'n i'n hogan fach, mi drodd petha'n waeth o lawer. Anodd sgwennu am y profiad hwnnw.

Mi gasglodd y teulu at ei gilydd yn lolfa'r ymwelwyr ac mi ddechreuodd petha droi'n ddigon hyll. Roedd dwy chwaer i Mam yn swnian am nad oeddan nhw'n hapus â threfn petha yn nyddia ola Nain ac yn dweud eu bod nhw wedi cael eu cadw yn y tywyllwch ynglŷn â phob dim. Toedd un ohonyn nhw heb fod yn ymweld â Nain o gwbl tra bu hi'n sâl yn yr ysbyty. Dyna oedd dechra'r drafodaeth.

Mi ddoth nyrs i mewn wedyn â bag o eiddo Nain a gofyn i bwy ddyliai hi ei roi. Trodd tri brawd Mam ata i a dweud mai fi ddyliai eu cael. Roedd y bag yn cynnwys tlysau Nain, ei modrwy briodas ac ati. Heblaw am y fodrwy briodas, fi oedd wedi prynu popeth oedd yn y bag iddi, wrth i mi ddechra rhoi rhywfaint yn ôl iddi am yr holl gefnogaeth a ges ganddi. Hi gafodd ran helaeth o arian y *Disc a Dawn* cynta, er enghraifft.

A dyna'r ffraeo'n dechra go iawn wedyn a Nain yn gorwedd yn farw ddim ymhell o'r stafell lle roeddan ni. Tydw i ddim am fanylu, ond roedd cyhuddiadau cas yn fflio o gwmpas y stafell. Roedd y bobol yma wedi bod yn byw yn fy ymyl i ar hyd fy mywyd a rŵan roeddan nhw'n fy nghyhuddo i o fynd ag eiddo eu mam a minna heb unrhyw hawl i wneud hynny.

Yr hyn ddoth i'r amlwg wedyn oedd eu bod wedi cuddio teimladau digon cenfigennus tuag ata i ar hyd y blynyddoedd. Roeddan nhw hefyd, meddan nhw, wedi dod ag wyrion i'r byd yma a toeddan nhw ddim wedi cael cymaint ag yr oeddwn i wedi'i gael. Yr unig reswm y ces i unrhyw beth o gwbl gan Nain oedd oherwydd y sefyllfa y ffeindiodd Mam ei hun ynddi. Toeddwn i ddim wedi cael fy newis fel ffefryn yn fwy na'r lleill. Roedd Mam yn teimlo hyn i'r byw, fel y gwnawn i. Wedi'r cwbl, roedd hi'n chwaer i'r rhai oedd yn gas wrth ei merch.

Mi ddwedodd y trefnwr angladda nad oedd yn rhaid i Nain ddod adra cyn yr angladd ac y gallen nhw wneud trefniadau i ofalu amdani. Ond roeddwn i'n benderfynol mai adra y bydda hi'n dod. Rhoddwyd fy nain yn ei harch yn y stafell fyw lawr grisiau a'r clawr ar agor. Roedd Vaughan yn dal i fyw adra, a fy llofft inna yn barod ar fy nghyfer bob amser, ond mi gysgais i yng ngwely fy nain y noson honno.

Rai blynyddoedd ynghynt roeddwn wedi prynu cloc iddi, tua phedair troedfedd o uchder, ac mi roedd y 'Westminster Chimes' yn canu arno bob chwarter awr. Mi roddwyd plât pres arno â'r geiriau 'Nadolig Llawen Mami'. Wnes i erioed ei galw'n Nain – toedd hi ddim yn hoffi'r gair. Pan oeddwn yn blentyn yn ei chartra, roedd brodyr a chwiorydd Mam yn ei galw'n Mami yn ddigon naturiol, felly mi benderfynais i ei galw wrth yr un enw. Felly hi oedd Mami a Mam oedd fy mam. Roedd yr wyrion a'r wyresau eraill i gyd yn ei galw hi'n Mam Llan.

Cloc Mami

Roedd hi wrth ei bodd efo'r cloc ond o fewn rhai wythnosau imi ei roi iddi'n anrheg, mi beidiodd yn gyfan gwbl â chanu bob chwarter awr. Ond â Mami'n gorwedd yn ei harch a finna'n cysgu yn ei gwely, mi benderfynodd y cloc ganu unwaith eto, bob chwarter awr drwy'r nos. Y diwrnod wedyn, mi stopiodd ganu unwaith eto, a tydi o erioed wedi canu ers hynny.

Mae'n rhaid dweud, wrth i'r cloc ddechra canu unwaith eto'r noson honno, iddo fod yn gysur i mi a gwneud i mi deimlo'n gyffordus. Toedd o ddim yn frawychus o gwbl. Roedd fel petai Mami'n dweud ei bod hi efo fi a bod popeth yn iawn am fod ei chloc yn gweithio eto.

Ymlaen â fi wedyn i drefnu'r angladd. Ond ar y diwrnod hwnnw doedd dim taw ar ambell un o'r teulu. Wedyn, mi ddechreuodd llythyron cyfreithiol gyrraedd gan fod ewyllys Nain wedi dod yn hysbys erbyn hynny. Roedd wedi gadael swm bychan iawn o arian i mi a'm brawd hyna, Vaughan, gan iddo yntau fod yr un mor bwysig iddi hi a 'nhaid ag oeddwn inna, a swm bychan hefyd i Dawna i'w roi at wersi piano iddi. Dechreuodd rhai, dwy o'r teulu'n benodol, gwestiynu'r ewyllys. Mi aeth y cyhuddiadau'n waeth wedyn, a finna'n cael fy nghyhuddo o orfodi Nain i greu ewyllys o'r fath yn erbyn ei dymuniad. Roedd hynny'n brifo ac yn gwneud i mi deimlo'n sâl, ac mae'n dal i frifo hyd yn oed heddiw.

Dyddia oedd y rheiny pan oedd gwir angen fy nheulu arna i, ond gwyddwn fod y gefnogaeth

Dymuniad Nain oedd i Dawna gael gwersi piano

Dawna, Nain a fi

yno gan Mam, fy mrodyr a'm chwaer, diolch byth. Cyn i Nain fynd yn sâl, fel y soniais i, roeddan ni wedi derbyn gwahoddiad i ganu mewn *cabaret* ar long yng ngwlad Groeg. Pan drawyd hi'n wael, roeddwn i'n amau a faswn i'n medru derbyn y gwahoddiad. Rŵan, a hithau wedi marw ac wedi'i chladdu, toeddwn i'n dal ddim yn sicr a fyddwn i'n mynd. Mam roddodd yr hwb i mi yn y diwedd a dweud wrtha i bod gen i fywyd i'w fyw. Felly mi dderbyniodd Roy a fi y cytundeb a mynd ar y llong. Dyna'r tro cynta i mi wneud rhywbeth yn fy mywyd heb i Nain wybod.

Roedd y teithiau hyn a'r tymhorau hir dros yr haf yn gyfnodau digon rhyfadd a dweud y gwir. Wrth fod mewn lle arbennig am rai misoedd, roeddan ni'n gweithio'n agos efo grŵp o bobol a phawb ohonon ni'n dibynnu ar ein gilydd. Bydden ni bron yn ddieithriad yn tynnu 'mlaen efo'n gilydd yn arbennig o dda – ac yna'n dymuno hwyl fawr i'n gilydd a hynny weithiau am byth gan na fydden ni'n gweld ein gilydd wedi hynny. Fel y bydd Roy yn dweud yn aml, er bod gynnon ni nifer o ffrindia byrdymor, does gynnon ni ddim llawer o ffrindia am oes.

'Nôl â ni o wlad Groeg felly ac i Eastbourne at Tom O'Connor. Amhosib gorbwysleisio pa mor bwysig oedd y cyfla dros dymor yr haf yn Eastbourne. Roedd yn rhaid i ni gael *band parts* yn barod ar gyfer pob un o'n caneuon er mwyn i'r gerddorfa fedru eu chwarae. Ia, cerddorfa, dim band cofiwch. Toedd hynny ddim yn digwydd yn

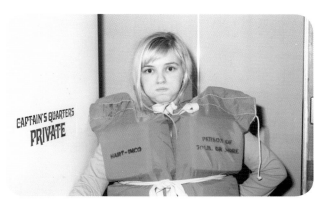

Be 'dach chi'n feddwl 'Neidio rŵan'?!

87182 PO EA G
299992 PO TS G
C32 APE 1117 LONDON T 27

GREETINGS

THE COMPANY C/O STAGE DOOR CONGRESS THEATRE
EASTBOURNE

WISHING YOU ALL VERY GOOD LUCK TONIGHT AND A VERY HAPPY SEASON
REGARDS
        BERNARD DELFONT AND RICHARD MILLS

COL NIL

299992 PO TS G
87182 PO EA G

Hefo Dave a Shirley Evans

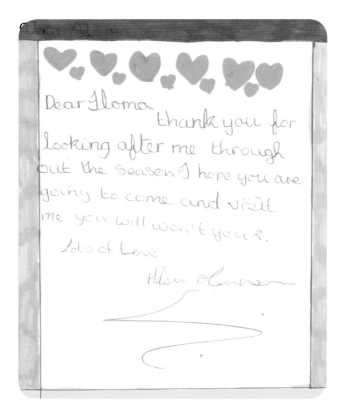

Dear Iloma thank you for looking after me through out the season I hope you are going to come and visit me you will won't you?

lots of Love

Helen O'Connor

Dawna yn fy ystafell wisgo yn y theatr

aml. Ar ben hynny, Tom O'Connor oedd y seren yr adeg hynny. Roedd y cyn–athro mathemateg a cherddoriaeth wedi dod i enwogrwydd drwy Brydain yn sgil y gyfres *The Comedians* cyn cael ei sioe ei hun, *Wednesday at 8.*

Roeddan ni'n dilyn digrifwr a dynwaredwr o'r enw Dave Evans, seren arall ar y pryd. Mi fydda'n dod â'i act i ben bob nos drwy ganu o flaen y llenni er mwyn i ni fedru cael pob dim yn barod y tu ôl i'r llenni. Ei gân ola oedd un o ganeuon Acker Bilk ac mi fydda'n ei ddynwared o a Cleo Laine. Roedd pawb wedi gwirioni arno fo a ninna'n eistedd y tu ôl i'r llenni yn meddwl 'Sut 'dan ni'n mynd i ddilyn hwn?' Roedd o'n foi lyfli ac mi fydda fo'n dod â'i fab efo fo'n aml – hogyn bach digon tenau a chanddo wallt coch. Bydda Dave yn dweud yn aml ei fod yn poeni am yr hogyn a doedd o ddim yn gwybod beth fydda ei ddyfodol. Y mab oedd yr actor a'r digrifwr Lee Evans, a ddaeth yn dipyn mwy o seren na'i dad hyd yn oed!

Roedd Tom O'Connor yn foi dwywaith neisiach o'i gyfarfod nag y mae o'n ymddangos ar y teledu, sy'n dweud llawer. Mi ddaeth Roy a fi ymlaen yn dda iawn efo fo – yn wir, bydda'n rhaid i mi roi *blow-dry* i'w wallt pan fydda fo'n dod 'nôl ychydig yn hwyr ar ôl chwarae golff. Mi fydda fo a'i wraig Pat yn mynd 'nôl i Lundain ar ôl sioe nos Sadwrn er mwyn recordio *Wednesday at 8* ar y nos Sul, a phan fydda hynny'n digwydd mi fydda ei ferch Helen yn dod i aros efo Roy a fi gan fod Dawna efo ni dros yr haf hefyd a'r ddwy tua'r un oed.

● ILONA ADAMS and ROY JAMES with DICK HURRAN (right) who discovered them working in Blackpool in 1978, and has given enormous encouragement and help with this new act which is heading for the top.

Theatr y Congress, Eastbourne

Yn Eastbourne roedd yn rhaid i ni newid ein henwau i berfformio unwaith eto. Aloma Jones a Roy Smith oeddan ni ar y cychwyn ond roedd Jan wedi gorfod newid ein henwau tra oeddan ni ar sîn y clybiau cymdeithasol gan i berson o un clwb ofyn iddi beth oedd enw'r act. Heb feddwl, mi ddwedodd y peth cynta ddaeth i'w meddwl, sef

mai Aloma and Jones oeddan ni. Felly y buodd hi wedyn, heblaw am ambell un mewn ambell glwb nad oedd yn medru ynganu'r enw ac yn ein galw ni'n Paloma and Jones! Beth bynnag, erbyn i ni gyrraedd Eastbourne roedd yr *impresario* Dickie

Hurran wedi dweud bod yn rhaid i ni newid yr enw oedd gynnon ni neu fydda 'na ddim cytundeb. Ac mi roedd ganddo fo enw newydd yr oedd yn rhaid i ni ei dderbyn hefyd, sef Ilona Adams and Roy James. Yn ôl pob sôn, Ilona oedd enw cyn-gariad iddo. Felly, dyna pwy gamodd ar lwyfan Eastbourne, Ilona Adams a Roy James.

Gwnaeth Dickie Hurran benderfyniad arall hefyd, y fo a Tom O'Connor rhyngddyn nhw, sef eu bod am roi cyfla i ni'n dau fentro ymhellach. Mi fuon nhw'n trafod sut y gallai hynny ddigwydd a'r ateb a ddaeth oedd y bydda Tom yn cael gair

Papur adloniant *The Stage*

efo'i gynhyrchwyr yng nghwmni teledu Thames i weld a allen ni fynd ar ei raglen, *Wednesday at 8*, ar y ddealltwriaeth y bydden ni'n cael ein cyflwyno fel act newydd o'i sioe yn Eastbourne. Cytunodd Thames ac roedd lle i ni ar raglen adloniant ysgafn fwya poblogaidd y cyfnod a miliynau yn ei gwylio bob wythnos. Dyna oedd y *big time* go iawn. I ble fydda hynny'n arwain tybed? Roedd yn deimlad anhygoel, yn enwedig o wybod mai Tom O'Connor ei hun oedd wedi dadlau'n hachos a bod Dickie Hurran wedi ei gefnogi.

Ond – mae fel petai wastad rhyw 'ond' neu'i gilydd yn fy mywyd i – y diwrnod roeddan ni i fod i deithio i Lundain i recordio efo Tom roedd streic technegwyr teledu yn Thames ac felly fydda dim rhaglen. Roedd pob rhaglen arall yn y gyfres wedi'u llenwi. Fydda 'na ddim cyfla arall i ni ar *Wednesday at 8*. Mae gan y byd adloniant ei uchelfannau a'i iselfannau, ac mi gawson ni brofiada o'r ddau yn eu tro, a'r ddau efo'i gilydd y tro hwn. Y cysur, pan ddoth yr amser i allu trio meddwl am gysur, oedd i ni gael y fath sêl bendith gan ddau mor amlwg.

'Mlaen â'r sioe oedd hi felly, a mwynhau yr hyn fyddan ni wedi'i fwynhau beth bynnag, petaen ni ddim wedi cael y cynnig i fynd ar sioe Tom. Mae 'na 'ond' arall coeliwch neu beidio. Doedd y salwch yr oeddwn i wedi dechra ei ddiodda yn sgil yr helynt wedi marw Nain ddim wedi 'ngadael i. Dwn i ddim a oedd y siom o fod mor agos at gael cyfla i fod ar sioe arbennig wedi cyfrannu at hyn

oll ond mi ddechreuais deimlo'n reit ddrwg tra oeddwn yn Eastbourne.

Bu colli Nain, yn ddi-os, yn eitha trawmatig i mi. Roedd yn ergyd emosiynol drom a'r pwysa a'r cyhuddiadau a ddaeth yn sgil hynny gan ambell aelod o'm teulu fy hun wedi gwneud yr ergyd yn drymach byth. Doedd dim modd i mi ddygymod â rhai o'r petha roeddan nhw'n dweud 'mod i wedi eu gwneud, ac roedd hynny'n achosi i mi gwestiynu fy hun ac amau falla 'mod i wedi cam-drin Nain. Ond mi wyddai y rhan fwya o'r teulu nad oedd hynny'n wir. Gwyddwn inna hefyd, ond roedd hadau amheuaeth a gofid wedi'u plannu.

Er gwaetha taith o amgylch ynysoedd Groeg ar y llong *cabaret*, doeddwn i ddim yn teimlo'n dda pan ddechreuais i dymor yr haf yn Eastbourne. Toedd dim symptomau amlwg, ond teimlwn yn wan ac yn flinedig drwy'r amser heb unrhyw reswm corfforol dros hynny. Er bod Eastbourne yn bwysa mawr am ei fod yn gam pendant ymlaen i ni, doedd hynny yn ei hun ddim yn esbonio'r blinder.

Un peth roedd Nain wedi'i ddweud wrtha i yn ystod fy ngyrfa oedd yr hoffai fy ngweld mewn *sequins*. Toedd fawr o gyfla i wneud hynny mewn noson lawen. Rŵan fy mod yn Eastbourne, roedd Dickie Hurran wedi trefnu i ffrog gael ei gwneud i mi, a phan ddoth yn ei hôl mi roedd yna *sequins* arni! Roedd gwisgo'r ffrog binc honno ar lwyfan am y tro cynta a gweld y *sequins* yn disgleirio o dan y goleuadau yn deimlad trist i mi o wybod na fedra Nain fy ngweld. Er ei bod hi'n noson anodd iawn i

mi, mi dynnodd y ddau ohonon ni drwodd rywsut.
Wrth gamu oddi ar y llwyfan, y cyfan a âi trwy
fy meddwl oedd bod Nain wedi cael ei ffordd o'r
diwedd o leia ac mi roddai hynny gysur o fath.

Mi ddoth cyfnodau wedyn lle'r oedd fy llais
yn diodda a'm gwddf yn ddolurus. Wnes i ddim
ystyried 'mod i'n diodda o unrhyw salwch penodol
o gwbl, dim ond meddwl fy mod yn mynd trwy
gyfnod gwael ar y pryd. Roedd yn gyfnod od, gan
fod y teimladau hyn yn real, ond eto roedd yn amser
da hefyd gan fod cwmnïaeth y perfformwyr eraill
yn grêt. Cawson ni adolygiadau da hefyd – yn wir,
roedd pob dim yn hyfryd, ond eto roedd yna rhyw
gysgod.

Dechreuais golli pwysa wedyn ac mi sylwodd
Dickie Hurran ar hynny. Gan ei fod yn poeni
amdana i, mi alwodd ar feddyg y theatr i ddod
i'm gweld. Wedi'r ymweliad cynta, mi ddoth Dr
Wilson i'm gweld sawl gwaith wedyn, a chyn hir mi
anfonodd fi i Ysbyty Eastbourne, i'r *outpatients*, lle'r
oedd ffrind iddo'n feddyg ymgynghorol. Tsieciodd
bopeth – fy nghalon, fy *thyroid*, fy ysgyfaint, profion
gwaed ac ati. Roedd popeth yn edrych yn holliach,
ond eto daliai'r symptomau i fod yno.

Mewn un rhan o'n hact bydda Roy yn gwneud
ei *solo* ar y piano a finna'n gadael y llwyfan i newid
er mwyn dod 'nôl i ganu fy hun a chwarae'r delyn.
Un noson, wrth ddechra cerdded o ochr y llwyfan
tuag at y delyn, mi welwn fy hun yn eistedd wrth
y delyn yn barod, ond toeddwn i ddim yn gwybod
beth i'w wneud na'i ddweud. A minna'n gweld fy

Dr Wilson yn galw yn aml

hun yn eistedd ar y sedd, er mai cerdded tuag ati
roeddwn i go iawn, cyfarchais fy hun: 'Be ddiawl
wyt ti'n neud, ti ddim yn gwybod y gân!'

Ychydig nosweithiau'n ddiweddarach, yn ystod
deuawd piano efo Roy, er 'mod i'n chwarae 'run
fath ag arfer, eto i gyd roedd dagrau'n syrthio'n
ddi-baid ar allweddau'r piano wrth i mi berfformio.
Ond dal ati i chwarae yn union fel pob noson
arall wnaethon ni. Ar ddiwedd ein perfformiad,
mi ddaethon ni 'nôl i'r llwyfan i dderbyn y
gymeradwyaeth cyn cerdded oddi ar y llwyfan ac mi
lewygais wrth ochr y llwyfan. Fe'm cariwyd i'r stafell
newid ac mi ddoth doctoriaid ata i. Addawodd un
y basa fo'n dod â ffrind iddo i'm gweld cyn gynted
ag y bydda modd. Mi ddoth y ffrind, a doctor arall
efo fo hefyd. Wedi siarad â fi am amser hir, mi
ddaethon nhw i gasgliad. Roeddan nhw o'r farn i
mi fynd trwy'r hyn a gâi ei alw'n syndrom galaru. Er

nad oedd gen i unrhyw syniad beth roedd hynny'n ei olygu, roeddan nhw wedi'i weld unwaith cyn hynny. Fedra i ddim cofio yn union pa un, ond roedd naill ai Morecambe neu Wise wedi bod trwy'r un profiad ac roedd y doctoriaid oedd gen i wedi bod yno'n ei drin o. Er nad oeddwn i'n gwybod beth yn union oedd o, eto roedd yn dda cael label o ryw fath. Mi aeth un doctor ati i esbonio, ac rydw i'n dal i gofio ei eiriau yn glir.

'If you worked on a till in Tesco you would have taken three months off to have a nervous breakdown. What you've done is you've worked through a breakdown.'

Hynny yw, rhaid i'r sioe fynd yn ei blaen – yn llythrennol. Byddwn yn perfformio ar y llwyfan ond nid fi fy hun oedd yno mewn gwirionedd. Ond fi fy hun fydda yn y stafell newid. Dagrau'r clown. Neu, fel mae Bob Monkhouse wedi galw'r fath deimlad yn nheitl ei hunangofiant, *Crying with Laughter*. Roeddwn yn ei ddallt wedyn. Doeddwn i ddim wedi delio â'r teimladau dyfnion oedd wedi corddi pan fu Nain farw, ac roedd y petha a ddigwyddodd wedi hynny wedi gwneud pob dim yn waeth.

Ar un cyfnod, dim ond chwe stôn a dau bwys oeddwn i'n pwyso a byddwn yn prynu dillad mewn siopau dillad plant. Ar ddiwedd y tymor, trefnodd Dr Wilson i mi fynd i'r ysbyty am driniaeth lawn ar fy llais er mwyn gweld beth oedd o'i le. Cyn mynd yno, mi brofais ochr waetha *showbiz*. Roedd cantores o America oedd yn rhan o'r un sioe â ni wedi mynd at gwmni Delfont a dweud wrthyn

Tom O'Connor

nhw 'mod i'n cymryd cyffuriau. Mi fues mor ffôl â dweud wrthi bod y tabledi a ges i gen y doctor yn fy helpu i gysgu ac mi drodd hynny'n stori oedd yn esbonio fy holl salwch, y colli pwysa a phob dim arall. Ergyd arall a chyhuddiad arall nad oedd unrhyw sail iddo.

Roeddwn wedi gweld digon o feddygon a chael digon o brofion fel bod pawb yn gwybod nad oedd hynny'n wir. Ond er bod pawb oedd yn agos ata i'n gefnogol ac yn gwybod y gwir, mi greodd dipyn o dwrw a chreu loes ar ben loes. I wneud petha'n waeth, er i ni gael cefnogaeth cwmni Delfont a chefnogaeth ymarferol hefyd o ran fy anfon i'r ysbyty, chawson ni ddim ein bwcio ar gyfer y flwyddyn ganlynol yn yr Opera House yn Blackpool. Dyna oedd y bwriad gwreiddiol ond toeddan nhw ddim yn credu y gallen nhw gymryd risg efo unrhyw stori a allai daflu cysgod dros y sioe. Mi ddoth yr Americanes ata i wedyn ac ymddiheuro gan ddweud mai fy lles i oedd ganddi mewn golwg yn wreiddiol wrth ddweud yr hyn wnaeth hi. Toeddwn i ddim yn cytuno, yn amlwg.

Wedi gadael yr ysbyty, y salwch fydda'n dylanwadu arnon ni wrth i ni benderfynu yr hyn y gallai Roy a fi ei dderbyn a'i wrthod o ran gwaith. Mi wrthodon ni gynnig i berfformio yn un o gyngherddau elusennol y Tywysog Charles lle'r oedd y Three Degrees yn perfformio, am y bydda wedi bod yn ormod o bwysa arna i. Mi dderbynion ni gytundeb i fynd ar y *QE2* ar daith o Efrog Newydd ac o gwmpas y Caribî. Yn dilyn hyn roeddan ni i fod i fynd ar y *QE2* am daith 80 diwrnod o gwmpas y byd y flwyddyn ganlynol. Roedd modd, efo gwaith o'r fath, i gael cyfnodau o seibiant go hir ac felly roedd modd rheoli'r salwch rywfaint. Mi aethon ni ar y *QE2* i'r Caribî ond mi ddoth yn amlwg na fyddai'n bosib derbyn y gwaith ar daith 80 diwrnod o gwmpas y byd. Teimlwn fod angen i mi fod yn agos at fy nheulu. Roedd angen eu cefnogaeth a'u cynhaliaeth arna i, a bod 'nôl yn y math o awyrgylch y gallwn deimlo'n saff ynddi.

'Nôl adra â ni felly ond gan fynd y tro yma i fyd y clybiau *cabaret* yn fwy na'r clybiau cymdeithasol. Un o'r rheiny oedd y Golden Garter ym Manceinion, lle'r oedd Roy Orbison, Lulu, y Bee Gees, Frankie Vaughan a Bruce Forsyth yn

Queen Elizabeth 2   10th Anniversary year 1979

gyfarwydd â pherfformio. Tommy Cooper oedd yn perfformio pan oeddan ni yno ac mi roedd yn dipyn o gês. Roedd dau beth yn gweithio yn ei erbyn, yn anffodus – y ffaith ei bod yn adeg y Nadolig a'r ffaith bod ffrind iddo yn berchen ar glwb heb fod ymhell, sef Bernard Manning. Un noson, teg dweud iddo gyrraedd yn hwyr a phan dynnodd ei gar i mewn i'r maes parcio roeddwn i a nifer o'r lleill yn aros amdano. Be welson ni oedd y cawr yma'n dod allan o'i gar ac wrth gerdded tua'r clwb disgynnodd fel sach o datws ar yr iâ a'r eira. Mi gymrodd sawl un i'w godi a'i arwain i'w stafell newid. Fy job i oedd paratoi coffi iddo, a digon ohono!

Erbyn hyn, roedd 1,200 o weithwyr cwmni Hotpoint wedi dallt bod Tommy Cooper yn hwyr ac roeddan nhw'n fwy meddw na fo! Pan ddoth i'r llwyfan mi chwythodd pawb yn y gynulleidfa eu *kazoos* Dolig cyn iddo fedru dechra. Ond hyd yn oed wedi iddo ddechra mi ddaliai rhai i'w chwythu o dro i dro. Roedd hyn yn amlwg yn mynd ar nerfau Tommy Cooper a phan fydda fo wedi cael digon mi fydda'n mynd 'nôl at y bwrdd oedd yn dal ei brops a phwyso arno. Roeddan ni i gyd, y perfformwyr a'r criw, yn gwybod mai darn o bren ar dresal oedd ei fwrdd, a lliain yn cuddio'r cyfan. Felly, mi droeson ni ein sylw ato gan aros i weld a fydda fo'n dychwelyd at y bwrdd a gwthio'r top heibio'r tresal cynta. Wel, mi wnaeth, a disgynnodd y bwrdd a'r props yn un doman ar lawr. Trodd at y gynulleidfa a dweud, 'F★★★ it!' a ffwrdd â fo!

Er mor glên oedd Tommy Cooper, mi gawson

ni gyfla yn y clwb mawr nesa i ni weithio ynddo i gyfarfod ag un o'r dynion neisia posib. Rhaid cyfadda i ni feddwl cyn ei gyfarfod, ar ôl ei weld ar y teledu, ei fod ychydig yn rhy fawr i'w sgidia. Yn Birmingham mewn clwb oeddan ni. Y drefn ymhobman oedd y bydda'n rhaid i bwy bynnag fydda'n ymarfer ar y llwyfan cyn y sioe orffen pan fydda'r *top of the bill* yn cyrraedd. Roeddan ni hanner ffordd drwy'n hymarfer ni pan gamodd rhywun ar y llwyfan a dod i ysgwyd llaw â ni.

'Hi, I'm Bobby!'

Roeddan ni, wrth gwrs, yn gwybod pwy oedd Bob Monkhouse. Mi ddwedon ni 'helô' a 'su'mae' yn ddigon trwsgwl a dechra cerdded oddi ar y llwyfan.

'No, no, kids, you finish what you're doing, and I'll carry on after you.'

'Kids' oeddan ni iddo fo o hynny 'mlaen, hyd yn oed pan welson ni o yn y Bull Ring yn siopa, ac yn dod i lawr *escalator* pan oeddan ni'n mynd i fyny.

'Hiya kids,' gwaeddodd ar draws yr holl siopwyr i gyd!

Roedd o hefyd, chwarae teg iddo, wedi cytuno i mi gael tynnu llun efo fo er mwyn ei roi i Mam. Dwedodd wrtha i am alw yn ei stafell wisgo ac mi allwn i gael llun. Lawr â fi a churo ar ei ddrws. Wedi camu i mewn, dyna lle'r oedd o wedi'i wisgo at y sioe. Wel, bron â bod. Gwisgai grys, *bow tie* a siaced ond dim ond ei ddillad isa, ei sana a'i sgidia am yr hanner isa! Toeddwn i ddim yn gwybod ble i edrych, wir! Falla bod y dynion yn eistedd fel hyn

Bob Monkhouse – hefo'i drowsus!

Clwb Theatr Haifa

cyn mynd ar lwyfan er mwyn osgoi cael *creases* yn
eu trowsus. Roeddwn wedi gweld Tom O'Connor
yn ei wneud droeon. Ond roedd hyn yn sioc.
Dwedodd wrtha i am alw 'nôl ar ôl y sioe gan iddo
drefnu bod ffotograffydd y theatr yn tynnu'r llun i ni
bryd hynny. 'Nôl â fi, wedi gadael hanner awr iddo
newid, a churo'r drws. Mewn â fi a'i ddal y tro yma
hanner ffordd trwy newid ei ddillad ei hun ac roedd
newydd dynnu ei drowsus perfformio oddi amdano.
Roeddwn fel petawn am ei ddal mor aml â phosib
heb ei drowsus. Beth bynnag am hynny, mi ges i lun
ohona i efo fo ac roedd o'n gwisgo'i drowsus erbyn
hynny!

Roedd y gwaith a gawson ni wedyn yn mynd
â fi 'nôl i ddyddia'r ysgol Sul, yn gyfuniad rhyfadd
o *showbiz* a chrefydd. Cafodd Roy a fi waith yn
yr Haifa Theatre Club, a dw i'n cofio yn arbennig
y draffarth gawson ni i fynd â'r delyn allan yno.
Roedd y boi a drefnodd y cyfan wedi taro rhyw
ddêl efo cyswllt yn Heathrow i adael i ni fynd â'r

delyn fel *excess baggage* yn lle cargo. Ond roedd y cyswllt yn sâl pan gyrhaeddon ni a phawb yn gwrthod i ni fynd â'r delyn ar yr awyren. Bu'n rhaid aildrefnu rhyw ddêl arall ar gyfer y diwrnod wedyn a ffwrdd â ni. Wedi cyrraedd maes awyr Tel Aviv, roedd hi'n embaras llwyr gweld y delyn yn dod allan o agoriad yn y wal efo'r holl fagiau a'r cesys eraill a'r rheiny i fod i fynd rownd a rownd y *carousel*. Wrth gwrs, mi aeth y delyn yn styc yn yr agoriad a dod â'r cyfan i stop. Daeth yr heddlu â'u gynnau allan wedyn a mynd â'r delyn i ryw swyddfa a stripio'r ces amdani'n ddarnau rhag ofn ein bod yn cario rhywbeth ynddo. Roeddan nhw hefyd o'r farn ein bod ni'n ei chario i'r wlad er mwyn ei gwerthu fel antîc ac na fydda ni'n mynd â hi adra.

Wedi cyrraedd Israel, roedd yn rhaid manteisio ar y cyfla i ymweld â'r mannau hynny roeddwn wedi dysgu amdanyn nhw pan oeddwn yn blentyn. Roedd y rhain yn cynnwys Jericho, Bethlehem, Jerusalem a llwyth o leoedd eraill a fu'n rhan o'm magwraeth ar Ynys Môn a'r cwrs Ysgrythur Lefel O yn Ysgol Amlwch. Rhaid oedd mynd i'w gweld. Draw â ni i Eglwys y Geni ym Methlehem. Mewn â ni heibio'r allor grand a honno'n boddi o dan yr aur ac i lawr i'r crypt a oedd yn symlach o lawer. Roedd grŵp o dwristiaid o'r Almaen yno ac yn sydyn reit dyma nhw'n canu 'Tawel Nos' yn Almaeneg. Am deimlad. Roedd yn rhaid ymateb ac mi ddechreuais i ganu yn Gymraeg, wedyn dyma Roy yn dechra canu'n Saesneg a dyna ble roeddan ni i gyd yn canu'n dawel mewn sawl iaith uwchben lle bu

Ein *fan club* yn Dubai

Profi *caviar* am y tro cynta

Restaurant Lou' Lou'a – posh!

preseb Iesu. Dyna un o'r emosiynau mwya arbennig i mi ei deimlo erioed wrth ganu unrhywle yn y byd.

Cawson ni dipyn o job teithio i Dubai wedyn, lle'r oedd ein gwaith nesa, a ninna â stamp Israel ar ein pasport. Ond mi lwyddon ni a do, mi gawson ni helynt efo'r delyn unwaith eto. Y tro 'ma mi aeth ar goll am rai dyddia cyn iddyn nhw ei darganfod yn ôl ym maes awyr Heathrow! Yn Dubai roeddan ni'n troi ymhlith cylchoedd o bobol lle câi arian ei wario fel petai'n mynd allan o ffasiwn. Roedd hefyd yn waith caled. Tri chwarter awr o ganu, yna chwarter awr o frêc, a hynny am bedair awr bob nos. Ond rhwng y canu, ar ôl rhyw fis neu ddau o *sun, sand and sea*, toedd yna fawr ddim byd arall i'w wneud, ac er mwyn osgoi diflasu a siopa drwy'r amser mi ddefnyddion ni'r cyfnod i ddysgu caneuon newydd. Erbyn y diwedd roedd gynnon ni bymthag awr o ganeuon wedi'u dysgu heb orfod ailadrodd 'run ohonyn nhw unwaith.

Yn ôl â ni adra wedyn ac i Pontins yn Morecambe er mwyn manteisio ar y cyfla i gael Dawna efo ni dros wyliau'r haf. Roedd Bradley Walsh yn un o'r Blue Coats yno ar y pryd. Ond mi newidiodd y plania ar ôl ychydig wythnosau. Roedd gan Jan a Jimmy andros o broblem. Roedd rhywun wedi'u gadael nhw i lawr ar y funud ola ac mi ofynnon nhw i ni a fasa ni'n ystyried newid lleoliad. Yn amlwg, roeddan ni'n ddigon parod i helpu ond toeddan ni chwaith ddim yn rhy hapus. Hynny yw, nes i Jan ddweud bod angen i ni fflio i Miami ymhen deuddydd. O dan yr amgylchiadau, iawn,

medda fi, ond ar yr amod bod Mam a John a Dawna yn cael pythefnos o wyliau ar gefn hynny. Ffwrdd â ni unwaith eto felly.

Ond gwaetha'r modd, bu'n rhaid rhoi'r gwyliau *on hold* am dipyn – mae o'n ôl ar y gweill ar gyfer 2012, efo teulu tipyn yn fwy erbyn hyn! Y rheswm dros orfod gohirio'r gwyliau oedd bod rheolwr gwesty'r Sheraton yn Dubai wedi dŵad yn dipyn o ffan ohonon ni pan oeddan ni allan yno. Wedi i ni ddod adra, mi gafodd swydd fel rheolwr cyffredinol gwestai'r Sheraton yn yr UAE. Gofynnodd a fydden ni'n fodlon mynd i'r Sheraton yn Abu Dhabi, lle'r oedd ei swyddfa o. Mi gawson ni amser da yn Dubai, felly anodd oedd ei wrthod. Roedd mynd i Abu Dhabi hefyd yn cynnig cyfla i weld artistiaid fel y Supremes a Lulu. Mi aethon ni yno felly, ac aros yno dros gyfnod y Nadolig, o'r golwg ym moethusrwydd gwesty pum seren. Ond y cwbl fedrwn i feddwl amdano fo oedd cael *bacon sandwich* a chael mynd adra i weld Mam a Dawna.

Ar ôl bod adra am gyfnod byr iawn mi ddoth galwad gan ffrindia yn Abu Dhabi, yn gofyn i ni ymddangos mewn clwb newydd oedd wedi'i agor gan Meridien Hotels. Wrth i mi a Roy drafod y cynnig, a chytuno mynd, mi ddwedais yn ddigon pendant,

'This has to be the last time!'

Ac felly y bu.

Yn Dubai ac Abu Dhabi roedd gofyn deall eu ffyrdd gwahanol iawn o fyw. Roeddwn wedi sylweddoli hynny o'r cychwyn, ond mi drodd yr

Sheraton Abu Dhabi

Gadael Abu Dhabi a rhai o'r staff yn ffarwelio â ni

Nadolig hefo'r staff yn Abu Dhabi

O Pontins Morecambe i Pontins Miami

137

holl beth yn ddigon sinistr yn Abu Dhabi. Roedd
un capten yn y fyddin yn benderfynol o fynd â fi
allan i siopa am y dydd. Er iddo ofyn i mi droeon,
yr un fydda'r ateb, sef 'na'. Dwedais na fydda Roy
yn hapus i mi fynd, fel esgus i beidio â dangos nad
oedd unrhyw ddiddordeb gen i ac er mwyn osgoi
creu unrhyw sefyllfa letchwith. Trodd ata i a dweud
y gallai sicrhau bod Roy yn diflannu am ychydig
ddyddia, trwy ei arestio ar ryw gyhuddiad ffug
a'i gloi yn y carchar. Dyna ddiwedd ar betha. Mi
ddwedais wrth Roy ei bod hi'n amser mynd adra ac
allan o'r wlad â ni.

Roedd hyn i gyd yn cyd-fynd â rhyw deimladau
oedd wedi dechra corddi yn fy meddwl ers tro.
Wedi i ni ddod 'nôl y tro hwnnw o Abu Dhabi, a
gweithio drwy'r haf yn Fleetwood, tyfu'n gryfach
wnaeth y teimladau. Roeddwn i isho bywyd
tawelach, heb y teithio na'r pwysa. Dyna oedd y
cynllun felly, ac mi brynodd Roy i mewn i siop
fiwsig yn Blackpool, sef Tower Music.

Roeddwn wedi dechra sylwi yn Abu Dhabi
fy mod yn cael problemau efo fy nghyhyrau, a
medrai chwarae'r delyn fod yn anodd ar adegau.
Un noson, mi syrthiais i gysgu wrth chwarae'r
delyn allan yno. Mi ddoth yn gwbl amlwg fod yr
holl symptomau a gawswn dros y blynyddoedd yn
arwyddion o'r salwch 'dan ni rŵan yn ei alw'n ME,
ond ar y pryd roeddwn i yn y tywyllwch ynglŷn ag
o. Roeddwn i isho cysgu'n wastadol a doedd gen i
ddim brwdfrydedd nac egni ar gyfer unrhyw beth.
Toeddwn i ddim isho dysgu caneuon newydd nac

yn dangos unrhyw ddiddordeb yn ein gyrfa. Mi
fyddwn i'n perfformio, ond roedd fel petai rhywun
yn troi switsh ymlaen pan fyddwn ar lwyfan ac yn
ei ddiffodd wedi i mi adael. Y cyfan a welai Roy
y rhan fwya o'r amser oedd rhywun hollol ddiog.
Datblygodd hynny'n straen ar y ddau ohonon ni ond
diolch i'r drefn, aeth o'n ddim byd mwy na hynny.

A ninna'n dechra byw bywyd tawelach, yn cadw
ein perfformiadau at ddigwyddiadau a lleoliadau
agosach at adra, a chartra newydd yn Blackpool,
mi newidiodd cwrs fy mywyd unwaith eto. Mi ges
alwad ffôn gan Tony.

'Stori a jôc, peint a smôc'
Tony

Mae'n amlwg mai fi oedd isho dod â Tony ac Aloma i ben yn 1975, ac nid Aloma. Tydw i ddim yn credu i mi sylweddoli tan i ni ddechra rhoi'r llyfr yma at ei gilydd gymaint o newid byd wnaeth hynny ei greu iddi a chymaint o drafferthion ddaeth i'w rhan oherwydd y penderfyniad. Ond, 'nôl yr adeg hynny, mi wnes y penderfyniad a mynd ymlaen i wneud yr hyn roeddwn i am ei wneud, neu o leia i geisio gweithio allan beth oeddwn i am ei wneud. Roedd bywyd newydd o'm blaen. Roedd cyfla am newid a chyfla i roi'r siom o golli cyfla i wneud y record Saesneg y tu ôl i fi – nid am mai gwneud record yn Saesneg oedd yn bwysig, ond mi fydda hwnna wedi bod yn newid byd, a chwilio am ryw newid oeddwn i, ac am gyfla newydd. Gan na ddigwyddodd, mi gollais amynedd. Roeddwn i'n teimlo fel pysgodyn aur yn mynd rownd a rownd mewn powlan, pawb yn sbio arna i a finna'n dal i fynd rownd mewn cylchoedd. Doedd 'na ddim cyfla

Mewn tafarn yn rhywle ar un o'r nosweithiau difyr yng nghwmni'r werin

newydd ac felly roedd yn rhaid mentro agor drysau eraill.

Yn fy achos i, gan mai fi oedd yn sgwennu'r caneuon, roedd y teimlada hyn yn fwy o broblem gan fod angen ysbrydoliaeth i sgwennu cân. Toedd dim byd newydd yn digwydd i'm hysbrydoli. Yn ystod y cyfnod pan oeddwn i'n gweithio ar ffermydd Lloegr, mi sgwennais i dair o 'nghaneuon gora, 'Wedi Colli', 'Biti Na Faswn i' a 'Ddoi Di'm yn Ôl'. Yn yr wyth mlynedd ar ôl gorffen canu hefo Aloma yn '75, dim ond dwy gân sgwennais i, 'Anghofio' ac 'Wyt Ti'n Hapus?'. Ond tybed a faswn i wedi sgwennu unrhyw gân petai Aloma a fi wedi aros efo'n gilydd? Ddôi 'run gân wrth i mi fynd rownd a rownd mewn cylchoedd. Roedd y nodwydd yn styc ar y record.

'Nôl â fi felly i fyd canu mewn tafarnau, partïon pen-blwydd a phriodasau. Y gwahaniaeth amlwg oedd fy mod ar fy mhen fy hun unwaith yn rhagor, heb gyfrifoldeb dros fywoliaeth rhywun arall. Rŵan mi allwn fynd i ryw dafarn, eistedd ar y stôl efo 'ngitâr a gwydrad o *sherry* ar ben y spîcars – Harvey's Bristol Cream wrth gwrs, y gora. Yn sicr, toeddwn i ddim yn gweld isho bod ar raglenni teledu a fydda'n caethiwo rhywun yn hytrach na chynnig y rhyddid y mae lleoliadau byw yn ei gynnig. Ar lwyfan mae modd perfformio. Dilyn cyfarwyddiada y bydd rhywun wrth ymddangos ar y teledu, a fues i erioed yn gyfforddus efo hynny. Un rhaglen deledu wnes i yn ystod y blynyddoedd hynny, un a gâi ei chyflwyno gan Vaughan Hughes, gan wneud hynny am 'mod i isho pres ac nid er mwyn cael y sylw.

Mi ges ddigon o waith er mwyn ennill pres i fyw, diolch byth. Un lle y byddwn yn mynd iddo oedd clwb y Plas Gwyn yn Llannon, Ceredigion. Roeddwn wedi gorffen canu un noson ac yn mwynhau diod efo'r perchnogion, Chris a Carol, ffrindia da i mi ac Aloma. Roedd 'na gwpwl yn y bar oedd yn cambihafio ac mi daflodd Chris nhw allan. Yn anffodus, roeddwn i'n nabod y ddau am eu bod yn fy nilyn o glwb i glwb. Roedd gen i dipyn o feddwl ohonyn nhw felly dyma fi'n penderfynu y baswn i'n mynd â nhw adra. Mi driodd rhai fy stopio gan fy mod wedi cael un neu ddau *sherry* yn ormod. VW *caravanette* oedd gen i ar y pryd ac wrth i fi geisio mynd â nhw mi safodd dyn o flaen y VW er mwyn fy stopio rhag ei yrru. Un o'r artistiaid eraill oedd o, canwr gwlad. Mi aeth hi'n ffeit, a cholli wnes i. Fyny â fi wedyn i'r llofft i weld oedd unrhyw farciau ar fy ngwyneb. Na, roedd fy ngwyneb yn iawn. Ond roedd fy siaced wedi'i

rhwygo. Toeddwn i ddim yn hapus o gwbl wrth weld hynny. Lawr â fi unwaith eto ac roedd y boi yn sefyll yn y *foyer*. Mi aeth hi'n ffeit unwaith eto, tan i Chris gamu i mewn a chydio yndda i.

Roedd fy ffêr i'n brifo, ac erbyn y bore wedyn roedd wedi chwyddo. I Ysbyty Bronglais â fi felly a'r nyrsys yno'n gofyn sut ddaru fi gael y niwed. Anodd fydda dweud mai mewn ffeit y troiais ar fy ffêr, gan mai *black eye* gaiff rhywun mewn ffeit go iawn. Felly mi wnes ryw stori am faglu dros rywbeth. Roedd angen mynd 'nôl i Plas Gwyn wedyn i berfformio ymhen amser mewn noson arall. Pwy oedd yno ond y boi y bues i mewn ffeit efo fo. Roedd popeth yn iawn y noson honno, a wyddoch chi beth, mi ddaethon ni'n fêts gora, fi a Dennis Morgan. Tebyg iawn i fi a Will Vaults ar ôl i mi ddweud wrtho fo am stwffio ei bres yn y Faraway yng Nghemaes.

Sbel ar ôl hynny, roeddwn wedi bod yn canu o gwmpas y wlad am chwe noson yn ddi-stop ac yn falch o gael noson yn rhydd. Roeddwn yn aros ar y pryd efo ffrindia da eraill, Melville a Cheryl, yng Nghiliau Aeron. Dyma'r ffôn yn canu. Dennis oedd yno, yn gofyn i mi fynd efo fo i Lambed, lle'r oedd yntau'n canu'r noson honno. Yn y diwedd mi gytunais i fynd efo fo. Mi gadwais ar y sudd oren drwy'r nos, wel, tan ddiwedd y noson beth bynnag, wedyn mi ddoth y *sherry* allan unwaith eto.

'Jonesy,' medda Dennis, 'be am fynd draw i glwb Tŷ Glyn?'

Dyna wnaethon ni, tua dau o'r gloch y bore. Pwy oedd yn cadw Tŷ Glyn ar y pryd ond Ronnie

Dennis Morgan a fi: 'Be am gael ffeit am y peint 'ma?'

Williams. Rydw i wedi meddwl llawer am Ryan a Ronnie ar hyd y blynyddoedd gan iddyn nhw fod yn ddeuawd fel ni. Mi wnaethon nhw wahanu yn 1975, fel ni, ac roedd gofyn wedyn i ailddechra fel un. Fel y gwn i, mae hynny'n sefyllfa anodd iawn ac yn gyfnod digon dryslyd.

Tra bues i'n canu mewn tafarnau, mi aeth Ronnie i gadw tafarnau. Roedd Ronnie, wrth gwrs, wedi colli'i bartner o am byth pan fu farw Ryan yn 1977 yn ddeugain oed. O'm safbwynt i, roedd posibilrwydd wastad i Aloma a minna ailgydio. Doedd y posibilrwydd hwnnw ddim yn bodoli i Ronnie ac roeddwn i'n teimlo drosto.

Iselder Ronnie oedd un rheswm a gâi ei roi pam y gwnaeth Ryan a Ronnie orffen. Daeth diwedd trist ofnadwy i'w fywyd ugain mlynedd wedi i mi

fod yn Nhŷ Glyn efo Dennis, pan gymrodd Ronnie ei fywyd ei hun trwy neidio oddi ar y bont yn Aberteifi. Hunanladdiad oedd y rheswm swyddogol, er nad ydw i'n hollol siŵr mai hynny ddigwyddodd iddo. Bu farw yn 1997 yn bum deg wyth oed ac mi sgwennais i 'Cân Roni'.

Cân Roni

Ar doriad gwawr ar lan y môr
A'r tonnau wedi'i gario
Do, mi ddaeth ei long i mewn
I'r traeth ar ôl y teithio
A'r wylan wen uwchben y don
Fel angel wen y nefoedd
Yn hedfan dros ei gorff ac ef,
O'r diwedd, mewn tangnefedd.

Ac mae Roni 'di mynd, dwi wedi colli ffrind
Ei dalent a drodd ei fywyd yn fodd
A'r cysur a rodd, sydd drosodd.

Mae gwendid bach ar enaid pawb
Dyw bywyd neb yn berffaith
Pan mae'r eiliad hwnnw'n dod
Ffrind sy'n geni gobaith.
Ar ben ei hun yng nghanol nos
Heb un dyn yn gwmpeini
Fydd neb byth yn gwybod beth oedd yn bod
Ger y bont yn Aberteifi.

Hwyl a sbri, Roni a fi,
Stori a jôc, peint a smôc, byth eto, maddau i mi.

Ac mae Roni 'di mynd, dwi wedi colli ffrind.
Oes 'na fai ar y ddawn na ddaw byth yn ôl?
Oes 'na fai ar y rhai â dim ffydd yn y ffôl?
Oes 'na fai ar y wlad, oes ganddo chwith ar ei hôl?

Mae Roni 'di mynd, dwi wedi colli ffrind.
Ddoe wedi bod, heddiw 'di dod
Ac yfory ei fod 'di darfod.

Fedra i hyd heddiw ddim derbyn y ffaith ei fod wedi lladd ei hun. Yn ystod y cyfnod pan fyddwn yn mynd i Dŷ Glyn, roeddwn i'n byw mewn fflat ym Miwmaris, uwchben y Swyddfa Bost, a fy chwaer Catherine a'i gŵr Alastair oedd yn ei rhedeg. Pan fyddwn yn mynd allan i ganu rhywle ac wedi cael rhywfaint i'w yfed, 'nôl â fi i Fiwmaris tua dau, tri o'r gloch y bore. Toeddwn i ddim isho mynd 'nôl i fflat wag, felly byddwn yn mynd am dro draw at y pier. Mi roedd yna steps pren i'r pier yn mynd i lawr at y môr. Lawr â fi i eistedd ar y step waelod a'r tonnau'n lapio am fy nhraed. Eistedd yno am amser hir yn cael smôc ac yn meddwl am hwn a'r llall. Beth pe taswn i wedi baglu a syrthio i'r môr a boddi? Be fydda pawb yn 'i ddweud? Mae Tony wedi lladd ei hun, siŵr. Mae'n fy nychryn i rŵan i feddwl i mi eistedd fel y gwnawn i ym Miwmaris o gofio'r hyn a ddigwyddodd yn Aberteifi. Tydach chi ddim yn gwybod, ydach chi? A phwy a ŵyr nad rhywbeth fel'na ddigwyddodd i'r hen fêt, Ronnie.

Ar ôl gadael clwb Tŷ Glyn, ar y ffordd yn ôl i Giliau Aeron, ces fy stopio gan yr heddlu. 'O diar, mae wedi canu arna i rŵan!' Dyna'r geiriau aeth trwy fy meddwl. Bu'n rhaid mynd i orsaf yr heddlu yn Llambed a holwyd y cwestiwn yn syth,

'Sampl dŵr neu waed? Be ti am wneud?'

I'r tŷ bach â fi felly a llenwi'r botal angenrheidiol. Ond y drefn yr adeg hynny oedd taflu'r sampl cynta, aros am awr, a rhoi sampl arall wedyn. Felly roedd yn rhaid eistedd fan'no yn gwneud dim am awr. Toeddwn i erioed wedi bod yn y sefyllfa honno o'r blaen, a fues i ddim ers hynny chwaith, ond roeddwn i'n weddol sicr na fydda canlyniad y prawf yn ffafriol. Mi fydda hynny'n golygu newid byd mawr i fi wedyn ac roedd angen gwneud trefniadau. Mi ffoniais Karen, ffrind i fi ym Mhen Llŷn, a gofyn iddi oedd hi isho job.

'Pa job, Tony? Be sy gen ti i gynnig?'

'Bod yn ddreifar i fi am flwyddyn. Mae'r heddlu wedi 'nal i'n yfad a gyrru a dw i'n siŵr o golli'n leisans.'

'Bechod am y leisans,' medda hi, 'ond iawn, mi wna i'r job.'

Roedd hynny wedi'i drefnu o leia. Erbyn ei bod hi'n amser rhoi'r ail sampl, toeddwn i ddim yn gallu llenwi'r botal o gwbl. Rhaid oedd troi at brawf gwaed. I mewn â'r doctor i wneud ei waith mewn cap ffarmwr, hen gôt a welingtons.

'What are you?' medda fi, 'a farmer or a vet?!'

Trio bod yn glyfar! Ac wrth iddo gymryd y gwaed o'm braich mi drois ato a dweud,

'Look, Doc, pure sherry!'

Mae'r ddau 'run lliw on'd tydyn nhw! Mi roedd o'n gymeriad annwyl iawn ac yn chwerthin yn braf, diolch byth!

Daeth y canlyniadau'n ôl – yn negatif! Anhygoel. Roeddwn wedi bod yn yfed am saith noson o'r bron gan gynnwys y noson honno. Ond roedd y prawf yn glir. Roedd pawb yn meddwl mai ffafriaeth oedd o, achos Tony ac Aloma. Ond toedd hynny ddim yn bosib gan i mi orfod rhoi fy enw bedydd, Thomas Jones, a doedd gan neb unrhyw syniad pwy oeddwn i. Mi gadwais i fy leisans ond mi gollodd Karen ei job.

Mi wnaeth y profiad fy sobri rywfaint, mae'n rhaid dweud, felly mi drefnodd Karen i mi brynu carafán am £150. Roedd hynny'n drefniant arbennig. Canu mewn tafarndai a pharcio'r garafán yn y maes parcio. Un dydd, ar y ffordd i Aberystwyth, a'r garafán y tu cefn i mi, mi ddechreuodd yr injan stemio. Roedd gofyn stopio bob hyn a hyn wedyn i roi dŵr yn y *radiator*. Erbyn cyrraedd Trawsfynydd, meddyliais nad oedd yn llesol i'r car dynnu carafán. Felly i mewn â fi i *lay-by*, gadael y garafán yno a 'mlaen am Aber. Y dydd Llun ar ôl perfformio dros y penwythnos, 'nôl â fi i Drawsfynydd – ac roedd y garafán wedi diflannu. Yn ôl yr heddlu, roedd hi'n siŵr o fod yn Lerpwl neu Birmingham erbyn hynny. Ond, yn waeth na cholli'r garafán, roeddwn dipyn mwy blin o golli'r *duck-down duvet* oedd ynddi a hwnnw 'di costio £38.85. Roedd y fath beth yn newydd yr adeg hynny ac roeddwn i wrth fy modd efo fy un i. Côt sowldiwr oedd fy *duvet* adra pan oeddwn yn blentyn, wrth gwrs, a llwyth o flancedi Cymreig.

Er bod y canu'n mynd yn ddigon hwylus, eto roeddwn i'n gweld isho harmoni Aloma. Bydda hynny'n fy ysbrydoli i ganu'n well ond toeddwn i ddim yn mwynhau gwrando arna i'n canu ar fy mhen fy hun. Digon cymysglyd oedd ymateb pobol eraill wrth fy nghlywed ar fy mhen fy hun hefyd. Deuai sawl un ata i a dweud,

'Tony, ti'n gwybod be, ti dipyn gwell heb Aloma.'

Toeddwn i ddim yn lecio hynny o gwbl. Deuai eraill ata i a dweud,

'Tony, ti ddim hannar cystal heb Aloma.'

Toeddwn i ddim yn lecio hynny chwaith, er bod pawb yn ddigon didwyll mae'n siŵr. Er i mi ei gweld hi'n weddol aml tra oeddwn i'n aros yn nhŷ ei mam, fyddwn i ddim yn gweld fawr ddim ar Aloma wedi i mi symud i Fiwmaris tan ymhell i ddechra'r 80au. Doedd dim cysylltiad rhyngddan ni chwaith trwy lythyr na dim. Mi aethon ni o fod yn ddeuawd i beidio â bod mewn cysylltiad â'n gilydd o gwbl. Roedd gan y ddau ohonon ni ein bywydau newydd a Tony ac Aloma wedi darfod. Yn y cyfnod yma o fod ar wahân, mi sgwennais y gân 'Anghofio'.

Anghofio

Mi wn ei fod yn digwydd weithiau
Un gair yn groes a digio ffrindiau
Ond sut yn y byd gall fod digwyddiad
Fel geiriau gwan yn gwahanu cariad?

Ma 'na ddynion da a wna ddaioni
Ma 'na ddynion drwg a ddwg drueni

Ond sut yn y byd mae dyn mor wirion
A dweud y gair sy'n torri calon?

Mae rywun sydd yn agos atat
A'i freichiau ef sy'n dynn amdanat
Ond sut yn y byd er gwaetha'r syniad
Na fedraf byth anghofio'r cariad?

Ma 'na obaith gwnaf anghofio'r gusan
Er gwn na chaf mo'i gwell yn unman
Ond sut yn y byd mae lladd y teimlad
A greodd Duw o'r enw cariad?

Daw cariad pur os daw o gwbl
O galon dyn a dim o'r meddwl
Mae meddwl cas a geiriau creulon
Yn newid dim ar deimlad calon.

Mi ges i'r ddawn i dy garu di, do,
Ond ches i ddim mo'r ddawn i beidio
Mae geiriau blin rwy'n dal i gofio
Yn helpu dim i dy anghofio.

Ar hyd y blynyddoedd, rydw i wedi cael sawl galwad ffôn sydd wedi agor drws newydd i mi ac mi ddoth un arall o'r rheiny yn 1979, o fan annisgwyl tu hwnt. Galwad gan Gyngor Sir Môn yn Llangefni oedd hi, a toeddwn i ddim yn arfer cael galwadau ganddyn nhw. Ar y pryd, roeddwn i'n ennill arian go dda ond toedd o ddim yn arian cyson iawn. Toedd o chwaith yn ddim mwy nag yr oedd ei angen arna i er mwyn byw. Roedd y Cyngor wrthi'n creu tîm adloniant i fynd o gwmpas cartrefi hen bobol, ysbytai, ysgolion arbennig a phob math o sefydliadau a dweud y gwir. Roeddan nhw am i mi fod yn rhan o'r tîm, sef Cwmni Adloniant Môn. Rhai o'r lleill oedd Emyr Post, Llannerch-y-medd, Sian Wheldon, Dyfan Roberts, Catrin Griffith, Llangristiolus a boi o'r enw Bryn Fôn. Roedd yn gytundeb blwyddyn ac felly mi dderbyniais i'r cynnig heb oedi.

Mi alwais efo nain Aloma i ddweud wrthi am y job a digwydd sôn bod yn rhaid i mi ddechra am naw bob bore. Roedd hi, fel pawb arall, yn gwybod nad oeddwn ar fy ngora yn y bore ac mi gynigiodd i mi aros mewn stafell wag oedd ganddi yn ei chartra yn Llangefni. Dyna wnes i ac aros yno am bron i ddeng mlynedd.

Un bore, mi wnaeth Emyr Post alw amdana i. Roedd o isho mynd i gyfarfod â'r hogyn ifanc oedd yn rhan o'r tîm, yr un nad oeddan ni'n gwybod dim amdano, sef Bryn Fôn. Draw â ni tuag at Lôn Penmynydd, o Langefni i Borthaethwy. Roedd Bryn a rhyw dri neu bedwar o hogia, stiwdants, yn aros mewn bwthyn oddi ar y lôn. Mewn ag Emyr a fi a holi am Bryn.

'Mae o yn y tŷ bach.'

Toeddan ni ddim yn gwybod pa stafell oedd y tŷ bach, felly dyma Emyr yn gwthio un drws. Toedd o ddim wedi ei gloi ond honno oedd stafell y lle chwech a dyna lle roedd Bryn Fôn yn eistedd ar y toilet a'i drowsus o amgylch ei draed! Mae yna filoedd ar filoedd o genod trwy Gymru fasa wrth eu bodd i weld Bryn Fôn efo'i drowsus i lawr. Wel, mi rydw i wedi! Clêm tw ffêm!

Roedd hwnnw'n gyfnod arbennig a'r tîm yn gweithio'n dda efo'i gilydd yn canu a chreu sgetshys amrywiol o gwmpas Sir Fôn. Roedd yn amlwg yr adeg hynny bod y Bryn Fôn ifanc yma'n mynd i lwyddo fel actiwr ac yn y byd canu gan fod ei dalent yn gwbl amlwg.

Am fod gen i a Dyfan gerdyn undeb Equity, mi gawson ni alwad i fynd i'r Castle Hotel ym Mangor, lle'r oedd ffilm yn cael ei saethu ac roedd angen actorion. Tipyn o sioc oedd dallt mai George Cukor oedd y cyfarwyddwr. Fo wnaeth ffilmiau fath ag *A Star is Born* a *My Fair Lady*. Ond roedd yn fwy o sioc i ddallt mai Katharine Hepburn oedd y seren.

Emyr Post yn 'i bapur
a Bryn Fôn yn 'i drowsus

Ffilm deledu oedd hi o'r ddrama *The Corn is Green*, o waith y Cymro Emlyn Williams. Gwnaed ffilm ohoni yn y 30au a Bette Davis yn serennu, ond toeddwn i ddim yn honno! Beth bynnag, roedd Dyfan a fi i fod i fynd i gyfarfod â'r *casting director* ac mi wnaethon ni berswadio Bryn i ddod efo ni am dro. Mewn â ni am sgwrs a dau ohonon ni'n dod allan wedi cael rhan yn y ffilm – Dyfan a Bryn. Fydda dim Hollywood i fi, felly!

Cafodd Dyfan a Bryn gyfweliad arall yn Llundain wedyn, y ddau'n eistedd mewn stafell hardd ac yn rihyrsio be i'w ddweud. O'r diwedd dyma ddyn yn cerdded i mewn ac yn edrych arnyn nhw. Dim un cwestiwn, dim ond dweud,

'Yup! They'll do, they're rough enough!'

Ac allan â fo. A finna'n meddwl mai rhy hen oeddwn i i gael y job! Dyna fo, 'te, hogyn bach teidi dw i wedi bod erioed.

Diolch byth am y ffôn unwaith eto – mi ddoth galwad arall yn fuan wedyn a byd y pantomeim yn galw unwaith yn rhagor. Wilbert Lloyd Roberts o'r Cwmni Theatr oedd am i mi fod ym mhanto Gari Williams, *Eli Babi*. Fi oedd y tywysog a'r dywysoges oedd Sioned Mair, aelod o'r grŵp hynod boblogaidd Sidan. Yn y panto hefyd roedd Dafydd Hywel, John Pierce Jones, Sue Roderick a llwyth o ddawnswyr. Roeddan ni'n rihyrsio ym Mangor am tua mis, ac wedyn ar y lôn am ryw ddeufis. Fy unig brofiad o'r panto cyn hynny, wrth gwrs, oedd *Mawredd Mawr* efo Aloma. A bod yn onast, fues i erioed yn actor ac yn sicr fues i erioed yn dywysog. Mae tywysog

145

i fod i gerdded mewn ffordd arbennig ar y llwyfan ond roeddwn i'n cerdded fath â ffarmwr! Felly dyma Wilbert yn gofyn i'r ddynas oedd yn gyfrifol am y dawnswyr a fedra hi fy nysgu sut i gerdded ar y llwyfan. Mi driodd, chwarae teg, ond mi fethodd. Diolch byth fod 'na ddigon o ganeuon i mi.

Wrth fynd o glwb i glwb neu o dafarn i dafarn mae rhywun yn gallu rhoi ei rif ffôn i ddwsinau o bobol er na chlywa i ddim gair gan y rhan fwya ohonyn nhw. Roeddwn i mewn tafarn yn Rhosneigr yn 1981 ac mi roedd 'na gwpwl yno, John a Pat. Roedd John newydd orffen un mlynedd ar hugain efo'r Army, yn yr Heddlu Milwrol yn Dortmund. Roedd ganddo gwestiwn digon difyr,

'Would you come and do a few gigs for us in Germany?'

'Iawn,' medda fi, gan ddisgwyl na fyddwn yn clywed gair pellach. Mi ganodd y ffôn 'mhen ychydig wedyn, ac roedd John isho trefnu dyddiadau. Cyn pen dim roeddwn i'n dechra ar y daith hir i'r Almaen. Dreifio i Hull yn gynta, yn fy Renault 5 bach gwyrdd oedd yn llawn spîcyrs, gitâr a'r offer roedd eu hangen. Draw â fi ar y fferi wedyn i'r porthladd yn yr Iseldiroedd sydd tua 20 milltir o Rotterdam. Pan welodd swyddogion y porthladd fy Renault 5, mi wnaethon nhw fy nhynnu i'r naill ochr er mwyn archwilio'r car yn fanwl tu hwnt. Wedi ei archwilio yn y fan a'r lle, mi aethon nhw â fi a'r car i garej y porthladd a rhoi'r Renault ar y ramp. Dyna lle bu'r mecanics wedyn yn tynnu darnau o rwd oddi tan y car ac yn chwerthin

wrth wneud. Y dyfarniad yn y diwedd oedd nad oeddan nhw'n fodlon i mi fynd â'r car i mewn i'r wlad. Roedd gen i ddigon o bres i fynd oddi yno i Dortmund, ac ar ôl gwneud y gwaith yn y ddinas honno mi fydda gen i ddigon o bres i ddychwelyd. Doedd gen i ddim pres i wneud unrhyw waith ar y car nac i fynd 'nôl ar y llong chwaith. Felly, gadael y car yn y fan a'r lle wnes i a rhoi'r holl offer oedd yn y car mewn swyddfa yn y porthladd. Cydiais yn y gitâr a meddwl am ddechra fy ffordd tuag at Rotterdam. Ond roedd bysys am ddim y porthladd i gyd wedi gorffen rhedeg am y noson. Yn ffodus, roedd hen foi yn gweithio yno ac wedi gorffen ei waith am y dydd ac mi roddodd lifft i mi. Ces drên wedyn i Dortmund a chyrraedd mewn pryd i ganu. Mi aeth un o ddreifars yr Army wedyn yr holl ffordd i Rotterdam i nôl fy offer.

Roeddwn yno am gyfnod hir. Mewn â fi i'r Mess Club ar y noson gynta, a toeddwn i ddim yn disgwyl y fath awyrgylch. Byrddau wedi'u gosod yn hyfryd, goleuo chwaethus, y sowldiwrs yno efo'u cariadon – lle grêt i berfformio a dweud y gwir. Roeddwn wedi gwneud fy ngwaith cartra cyn mynd allan yno ac wedi paratoi caneuon o holl wledydd y Deyrnas Unedig o 'Danny Boy' i'r 'Fields of Athenry' a chaneuon Max Boyce. Toedd dim problem efo rhai Cymru, Iwerddon na'r Alban ond dim ond caneuon *country and western* a wyddwn a fydda'n berthnasol i Loegr. Ond mi weithiodd diolch byth, ac roedd y noson gynta yn un hwylus dros ben. Roeddwn 'nôl yno ymhen rhyw bythefnos. Ond wrth gerdded i mewn y tro hwn, ni allwn lai na sylwi ar y newid. Pob golau ymlaen, byrddau plaen, dim trimings, a dim ond hogia yno heb sôn am unrhyw bartner. Roedd giang mewn rhyw gornal yn chwarae darts. 'Mlaen â fi i setio fyny a gofyn pryd oeddan nhw am i mi ddechra. Deallais ei bod yn rhy gynnar i ddechra a holais eto.

'Before you start, Taff, come with us.'

Ffwrdd â fi i ryw stafell arall lle'r oedd cannoedd o sowldiwrs yn eistedd yn y tywyllwch yn gwylio ffilmiau budr!

'Sit there, Taff. Wait for this to finish, then you can sing.'

Sut ar y ddaear wedyn y gallwn i ddiddanu sowldiwrs a'r rheiny wedi bod yn gwylio'r fath ffilmiau yn union cyn dod i wrando arna i? Dim ond caneuon budr roeddan nhw isho. Dim ond un roeddwn i'n ei gwybod ond fydden nhw ddim yn meddwl fod 'Dinah, Dinah, show us your leg' yn gân fudr o gwbl. Toeddwn i ddim yn gwybod beth i'w wneud felly mi ddwedais wrth y boi oedd yn gyfrifol am y noson nad oeddwn i'n gallu canu be oedd yr hogia isho. Roedd ganddo ateb, a'r cwbl wnes i drwy'r nos oedd eistedd ar fy stôl a chwarae'r gitâr tra bod yr hogia yn eu tro'n dod i fyny i'r llwyfan i ganu eu caneuon budr nhw eu hunain. Dyna i chi'r arian hawsa enillais i erioed.

At yr *officers* es i ar noson arall. A dyna wahaniaeth. Neuadd fawr grand a *silver service* i bawb. Roedd y dynion yn eu lifrai gora a'u gwragedd yn eu ffrocia nos crandia. Wedi aros iddyn nhw fwyta, ffwrdd â fi i'r llwyfan. Erbyn hynny dim ond y genod oedd yn eistedd am fod y dynion i gyd wedi mynd i sefyll yn y cefn. Mi ddysgais yn eitha buan fod y sowldiwrs yn iawn ond toedd gan yr offisars ddim hiwmor o gwbl. Gwastraff amser oedd y jôcs iddyn nhw ond roedd y merchaid yn cael hwyl a finna'n cael hwyl efo nhw. Yn enwedig un ohonyn nhw. Roedd hi'n eistedd reit yn y ffrynt a ffrog hyfryd amdani, oedd yn dangos ei ffigyr i'r dim. Wedi rhyw bedair i bump cân, lawr â fi ac eistedd yn ei chôl wrth ganu a hitha wrth ei bodd. 'Nôl â fi i'r llwyfan ac ar hanner y gân nesa dyma gerddoriaeth y disco'n dechra a finna wedyn yn gorfod stopio canu. Draw â fi at y bar a holi beth oedd yn digwydd. Estynnodd y trefnydd ei law ata i ac amlen ynddi.

'Here's your money, you won't be going back on.'

'Why ever not?'

'You know that woman you sat on her knee? That was the colonel's wife!'

Hyd heddiw, dw i'n pitïo gwragedd offisyrs. Mae'n siŵr eu bod yn trin eu teulu fel y byddan nhw'n trin y sowldiwrs – y fi 'di'r bos. Roedd honno hefyd yn noson hawdd o waith – cael fy nhalu am bedair neu bump cân ac eistedd ar lin gwraig y cyrnol!

Gwahanol iawn oedd y daith adra a finna'n gorfod cario'r holl offer efo fi ar y trên yn ôl am Rotterdam. 'Nôl at y car â mi ond roedd o'n methu dechra, batri'n fflat. Rhaid oedd gadael i bawb arall fynd ar y fferi yn gynta ac wedyn mi ddoth rhyw dractor i'm tynnu ar y llong. Dechreuodd y car wrth iddo gael ei dynnu, ond toedd y brêcs ddim yn gweithio. Dim ond handbrêc oedd gen i felly i fynd i fyny'r ramp a lawr i'r llong, ond gan mai'r Renault oedd y car diwetha i fynd arni roedd ei gefn ar y ramp a'i din yn yr awyr. Diolch byth nad oedd neb y tu ôl i mi yn dod oddi ar y llong yn Hull. Allan â fi drwy'r giât 'Nothing to Declare' ond cefais fy ngalw i'r naill ochr unwaith eto. Roedd yn amlwg bod gwallt hir a gitâr yn awgrymu cyffuriau i'r awdurdodau yn Lloegr. Mi dynnon nhw bopeth yn ddarnau, heb ffeindio dim wrth gwrs, a ffwrdd â fi am Sir Fôn. Mi gafodd yr hen Renault fi 'nôl adra'n ddiogel ar ddiwedd yr hyn fuodd yn eitha antur.

A hithau'n 1983, mi gefais ffôn gan Owen Griffiths o HTV. Roedd am i Aloma a fi wneud ffilm fer o gwmpas Ynys Môn gan fod yr Eisteddfod yn Llangefni'r flwyddyn honno. Owen oedd wedi gwneud y ffilm efo'r ddau ohonon ni yn 1968, pan wnaethon ni fynd yn y car heb dop o'r Gogledd i'r De, sef y ffilm a gâi ei dangos ar ddechra pob un o raglenni ein cyfres deledu. Roedd am wneud ffilm debyg ar gyfer rhaglen i'r Steddfod ond yn ein bro enedigol ni'n dau yn unig y tro hwn. Roedd am osod cân 'Llannau Môn' i'r ffilm gan fod y gân yn sôn am Lanbedrog, Llangaffo, Llangefni a phob Llan arall ar yr ynys bron.

Toeddwn i heb weld Aloma ers blynyddoedd lawer nac wedi siarad efo hi chwaith. Roedd y ddau ohonon ni wedi gorffen canu wyth mlynedd ynghynt. Doedd gen i ddim syniad be fydda'r ateb i gwestiwn Owen Griffiths. Roedd yn rhaid ffonio Aloma felly.

'Dim wedi newid dim'

Aloma

Roedd Roy a mi wedi setlo'n iawn i redag Tower Music, y siop gerddoriaeth yn Blackpool, pan ddoth yr alwad ffôn gan Tony. Toeddwn i ddim yn ei disgwyl, mae hynny'n sicr. Toeddwn i ddim wedi gweld Tony ers amser hir a doedd canu efo fo unwaith eto ddim ar fy meddwl o gwbl. O ganlyniad, pan ddoth y cynnig ganddo, toeddwn i ddim yn rhy siŵr a ddylwn ei dderbyn. Yr hyn a fu o gymorth i mi benderfynu yn y diwedd oedd y ffaith mai ar gyfer Eisteddfod Genedlaethol Cymru

Fy mam, Rowena, hefo'i wyrion i gyd

yn Llangefni yr oedd y ffilmio a bod hynny'n mynd â mi yn ôl eto i Sir Fôn ac at y teulu. Felly, am y rheswm yna, mi wnaeth y ddau ohonon ni gytuno i fod yn rhan o'r ffilm fer.

Tony

Wedi i Aloma a mi gytuno, mi es ati i sgwennu tôn ar gyfer geiriau 'Llannau Môn' ac wedyn ei recordio efo hi. Roedd yn grêt cael clywed yr harmoni hwnnw unwaith eto yn sefyll wrth fy ochr. 'Mlaen â ni wedyn i ffilmio yng nghar y Morgan, a theithio o Lan i Lan ar yr ynys. Roedd llun o'r ddau ohonon ni'n eistedd ger arwydd Llanfairpwll ac mi wnes gynnwys yr enw llawn yn y gân! Wedi gwneud y ffilm, dyna ni wedyn. Mi aeth Aloma 'nôl i Blackpool ac mi es i i wneud yr hyn a wnawn i cynt.

Adeg Eisteddfod Llangefni 1983, roedd S4C yn iau na blwydd oed. Dyna oedd blwyddyn *Superted*; un o ffilmiau mwyaf llwyddiannus S4C, *Yr Alcoholig Llon*; *Ifas y Tryc*; marwolaeth Carwyn

James; a'r grŵp o Gymru, yr Alarm, yn tanio'i ffordd drwy siartiau Lloegr efo '68 Guns'. Ym myd cerddoriaeth boblogaidd Cymru, Maffia Mr Huws, Ail Symudiad, Yr Anhrefn, Steve Eaves a Geraint Lovgreen oedd rhai o'r enwau mawr ar wefusau pobol ifanc. Dyna'r flwyddyn hefyd pan ddarlledwyd rhaglen gyntaf y gyfres *Noson Lawen*.

Bu'n anodd pan ymunodd Tony ac Aloma â'i gilydd unwaith eto ar ôl seibiant yn 1974 gan iddyn nhw ddychwelyd i sîn oedd wedi newid cymaint ers iddyn nhw fod yn rhan ohoni. Dwy flynedd fu'r cyfnod o fod ar wahân y tro cyntaf, ond roedd bwlch o wyth y tro yma a'r sîn canu Cymraeg, a Chymru hefyd, wedi newid yn sylweddol. A fyddai hynny'n profi'n rhwystr na allen nhw ei oresgyn? Amser fyddai'n dangos hynny. Am y tro, roedd Tony ac Aloma wedi dychwelyd i sylw'r cyhoedd drwy Gymru wedi dangosiad yr un ffilm fer honno yn un o raglenni teledu'r Eisteddfod ym mro eu mebyd. Mae'n siŵr mai mater o amser fyddai hi cyn i rywun arall ddechrau meddwl am ffyrdd eraill o gael cyfraniad gan y ddau ar ôl seibiant mor hir. Ac fe ddigwyddodd hynny'n ddigon buan.

Tony

Yr un welodd y clip o Aloma a mi yn y Steddfod oedd Huw Jones, un a fu'n canu yr un adeg â ni ar ddiwedd y 60au ond a oedd erbyn hynny'n rhannol gyfrifol am gwmni cynhyrchu Tir Glas ac yn cyflwyno cyfres gerddoriaeth ar S4C o'r enw *Taro Tant*. Roedd yn awyddus i ni'n dau fod yn rhan o'r gyfres honno, gan fod nifer o artistiaid gwahanol yn canu ar bob rhaglen unigol.

Aloma

Bu hi'n gyfnod o drafod eitha brwd rhwng Tony a mi wedyn. Toeddan ni ddim yn siŵr a oedd dod yn ôl ar gyfer rhaglen fel yna'n beth call i'w wneud. Roedd cymaint o flynyddoedd ers i ni fod yn rhan o'r byd canu poblogaidd Cymraeg efo'n gilydd. Toeddan ni ddim yn siŵr a fydda hi'n ddoeth i ni fentro dychwelyd i fod yn rhan o'r byd hwnnw. Un peth oedd creu un ffilm adeg yr Eisteddfod yn ein hen sir ni. Roedd cynnig *Taro Tant* yn rhywbeth gwahanol. Roeddan ni'n ansicr ai dyna roeddan ni isho'i wneud mewn gwirionedd ac yn ansicr a oedd cynulleidfa i ni mwyach. Roedd arnan ni ofn edrych fel *has-beens* yn trio dychwelyd ac yn methu'n llwyr.

Tony

Roedd hynny'n wir ac roeddwn i'n credu, unwaith ein bod ni wedi gorffen, yna dyna hi. Wnaethon ni ddim ystyried trefnu math o gyngerdd ffarwél yn 1975, jyst penderfynu gorffen a diflannu. Felly roedd cais Huw Jones wedi creu penbleth, does dim dowt am hynny. Ond mi ddoth y ddau ohonon ni i'r casgliad y dylian ni ei mentro hi. Wedi sôn wrth Huw Jones am ein penderfyniad, dwedodd ei fod yn awyddus i roi rhaglen gyfan yn y gyfres i ni, rhyw fath o *Taro Tant* sbesial.

Aloma

Roedd hynny'n gynnig arbennig, wrth gwrs, ac mi fuon ni'n ffilmio dros gyfnod gweddol hir. Roedd hi'n grêt cael bod yn ôl mewn awyrgylch teledu, yn recordio yn Venue Cymru yn Llandudno ac yn canu yn Gymraeg efo Tony. Ond y funud y gorffennodd *Taro Tant*, diflannu'n ddistaw bach wnaethon ni gan fwynhau cyfla annisgwyl i ail-greu ychydig o lwyddiant a blas y gorffennol. Ond nid felly roedd y wasg yng Nghymru yn ei gweld hi. Am ryw reswm, cydiwyd yn y syniad ein bod ni rŵan yn ôl efo'n gilydd yn perfformio. O ganlyniad i hynny, mi dderbynion ni ambell gais i wneud cyngerdd a chyn i ni sylweddoli roedd fel petai'r ddau ohonon ni wedi pontio'r wyth mlynedd. Un peth a âi drwy fy meddwl oedd, 'Be ar wyneb y greadigaeth sy'n digwydd rŵan?'

Tony

Mi roedd yn gyfnod bach rhyfadd ac yn fwy byth pan ddaeth Huw Jones yn ôl atan ni a holi a fasa gynnon ni ddiddordeb mewn gwneud cyfres gyfan i gwmni Tir Glas. Dwedodd iddyn nhw gael ymateb arbennig i'r rhaglen *Taro Tant* a'i fod am ddatblygu ar hynny trwy gynnig cyfres i ni. Rhaid oedd ystyried o ddifri wedyn a oeddan ni am ail-greu Tony ac Aloma. Codai'r un cwestiynau ag a gododd wrth ystyried derbyn cynnig cynta Huw Jones, ond roedd hwn yn broject mwy ac yn gofyn ystyriaeth ddyfnach.

Lluniau: Gerallt Llewelyn

151

Aloma

Er ei bod yn sefyllfa ryfadd roeddan ni'n teimlo ei fod yn gynnig anodd i'w wrthod, er nad oedd o ddim yn hawdd i'w dderbyn chwaith. Ymhen ychydig mi dderbyniodd Tony a mi'r cynnig. Roedd yr arian hael a gynigiwyd hefyd yn ffactor mewn cyfnod pan oedd Tony yn perfformio ar ei liwt ei hun mewn tafarndai a finna a Roy â'n busnes ein hunain i'w redeg. Felly, heb i ni'n dau eistedd a meddwl am ail-lansio Tony ac Aloma, mi ddigwyddodd hynny beth bynnag.

Tony

One-offs oedd popeth i fod yr adeg honno. Y ffilm yn y car heb dop a rhaglen *Taro Tant* a dyna'r cyfan. Ond daeth yn amlwg nad felly oedd hi i fod ac roeddan ni wedyn mewn sefyllfa o edrych ymlaen at ffilmio cyfres deledu am y tro cynta ers dechra'r 70au. Tybed fydda hynny wedi digwydd oni bai am y ffliwc i'r Eisteddfod Genedlaethol gael ei chynnal yn Llangefni yn '83? A diolch i'r drefn hefyd am yr alwad ffôn gan Owen Griffiths.

Aloma

Wedi gwneud y penderfyniad, roedd fy mywyd yn llawn cyffro wrth edrych ymlaen at greu cyfres deledu. Ond roedd yna un ystyriaeth newydd rŵan, sef Roy. Mi fasa'n rhaid ei gynnwys o yn y gyfres,

gan iddo fo a mi fod yn rhan o act ers blynyddoedd, heb sôn am y ffaith 'mod i'n byw efo fo hefyd. Sut tybed y basa Tony a fo'n tynnu 'mlaen? Roedd y ddau'n gyfarwydd â'i gilydd, ond eto heb weld ei gilydd ers 1976 a rŵan mi fydden nhw'n dod i gysylltiad â'i gilydd mewn ffordd gwbl newydd. Mi wnaeth Tony a mi drafod hyn ar y ffôn ac roedd ganddo fo ateb.

Tony

Meddwl wnes i y basa fo'n syniad i Roy a mi gyfarfod cyn dechra ffilmio. Cafodd hynny ei drefnu ac mi roeddwn i'n sicr yn nerfus iawn, iawn cyn y cyfarfod. Pam? Wel, am wn i achos bod gen i ryw deimladau'n corddi ers 1976 pan adawodd Aloma Ynys Môn a mynd i Blackpool i fyw at Roy. Toeddwn i ddim yn ei gasáu o na dim byd felly, ond fedra i ddim gwadu nad oedd 'na elfen o 'Ma hwn wedi dwyn 'y mhartnar i' yn mynd trwy fy meddwl yn weddol gyson yr adeg hynny. Roedd rhywun arall wedi cymryd fy lle i, a rhywun arall yn canu efo hi. Er mai fi ddoth â Tony ac Aloma i ben, roedd y ffaith ei bod hi wedi mynd wedi gadael ei farc arna i. I mi, mae'n siŵr, roedd hi'n haws yr adeg hynny i weld bai ar Roy nag arna i fy hun.

Tua'r adeg yma y sgwennais i'r gân 'Wyt Ti'n Hapus?'

Wyt Ti'n Hapus?

Pan fydd gwawr y dydd yn torri
Wyt ti'n gweld y Fenai dlos?
Pan fydd gwên yr haul yn codi
Wyt ti'n cofio am flodau'r rhos?

Pan fydd lleisiau llon yn chwerthin
Oes 'na chwith am hogia'r llan?
Pan fydd deryn bach yn canu
Wyt ti'n colli gwlad y gân?

Pan fydd eira oer yn disgyn
Wyt ti'n gweld yr Wyddfa'n wyn?
Pan fydd amser gen ti feddwl
Wyt ti'n cofio am y pethau hyn?

Pan fu cwmni hefo cwestiwn
Oes 'na chwith am ambell un?
Pan fydd ateb i ti'n anodd
Wyt ti'n colli iaith dy hun?

Pan yn crwydro gwlad estronol
Wyt ti'n teimlo rywfaint gwell?
Ydi'r byd yn werth ei weled
Oes 'na fraint cael bod ymhell?

Ydi'r sawl sy'n aros gartref
Yn dy olwg di yn ffôl?
Wyt ti'n meddwl mynd ymhellach
Wyt ti'n meddwl dod yn ôl?

Ond yn fwy na dim, wyt ti'n hapus, wyt ti'n fodlon?
Wyt ti'n cysgu'r nos yn dawel hebdda i?
Yn fwy na dim, wyt ti'n unig, oes 'na hiraeth?
Neu oes 'na rywun rwyt ti'n garu'n fwy na mi?

Mi ddoth dyddiad y cyfarfod rhwng Roy, Aloma a mi, a hynny mewn tafarn ym Mhenarlâg. Mi roedd 'na ryw densiwn, rhyw ansicrwydd, ond mi ddiflannodd yn syth wrth i ni ysgwyd dwylo â'n gilydd. Mi ddoth y ddau ohonon ni ymlaen yn hwylus o'r foment honno.

Aloma

Roedd Roy a mi'n nerfus iawn hefyd wrth gwrs. Roedd yn sefyllfa ryfadd, does dim gwadu hynny, ond mi wnaeth y ddau ohonon ni deimlo yn union 'run fath â Tony yn y dafarn ac mi ddiflannodd pob ofn, diolch byth. Pan ddwedais i cynt nad oedd

lle i drydydd person nad oedd yn dallt Tony a mi, Roy yw'r unig un sydd wedi dallt hynny go iawn ac roedd y cyfarfod cynta hwnnw'n sail i'r hyn a ddatblygodd yn y blynyddoedd wedyn.

Mi aeth petha mor dda, mi ddechreuodd y tri ohonon ni weithio efo'n gilydd wedyn a Roy yn cyfeilio i ni yn lle ein bod ni'n dibynnu ar gitâr yn unig. Mi ddechreuon ni dderbyn gwahoddiadau i gynnal nosweithiau yng Nghymru ar benwythnosau wedi i ni fod yn recordio'r gyfres yn ystod yr wythnos.

Tony

Roeddan ni 'nôl go iawn rŵan a toedd dim pwrpas brwydro yn erbyn hynny. Un noson roeddan ni'n canu yng ngwesty Tŷ Mawr, Llandeilo. Roedd

Tŷ Mawr, Llandeilo – perfformiad cynta yn ôl hefo'n gilydd

boi yno oedd yn arfer bod yn *fighter pilot* ac yn rhoi prawf ar awyrennau hedfan-yn-isel dros dde Cymru. Daeth hynny i ben pan gollodd o reolaeth ar ei awyren a dim ond ei hadennill eiliadau cyn iddo hitio'r ddaear. Cafodd gymaint o sioc, bythefnos wedyn, syrthiodd pob blewyn o wallt o'i gorff! Erbyn i ni ei gyfarfod, roedd o wedi symud i fyw i Hong Kong, lle roedd o'n beilot efo Cathay Pacific a fo wnaeth gynnig ein henwau i'r gymdeithas Gymraeg yno. Mi ymunon ni â nhw ar gyfer eu dathliadau Dydd Gŵyl Ddewi. Rhaid oedd cael toriad yn y ffilmio er mwyn i ni fynd, ac mi gytunodd Tir Glas i hynny. Ffwrdd â ni felly i'r Dwyrain Pell!

Aloma

A finna'n meddwl 'mod i wedi dod i Blackpool efo Roy i setlo lawr a rhoi stop ar yr holl deithio. Mi gawson ni hwyl ar noson Gŵyl Ddewi yn Hong Kong, yn Crystal Ball Room yr Holiday Inn. Mi wnaeth bod yno newid un arfer oes i Tony!

Tony

Do wir. Roeddwn i wedi bod yn mynd i dai bwyta Tsieiniaidd ers pan o'n i'n hogyn ifanc – i'r Senior ym Mangor neu'r Peninsula. Ond yr un pryd o fwyd fyddwn i'n ei gael bob tro, sef *mixed grill* a theisan fala a chwstard. Dyna fyddwn i'n ei gael mewn Chinese ers dros ugain mlynedd. Wel, wrth gwrs,

toedd y fath bryd ddim ar gael yn y tai bwyta yn
Hong Kong! Doedd gen i ddim dewis ond mentro
ar eu bwydydd nhw. Mi aethon ni i dŷ bwyta oedd
ar stilts uwchben y dŵr, efo rhyw ddwsin o bobol
eraill, a theithio yno mewn *junk*. Câi'r bwyd ei
roi ar fwrdd anferth a ninna'n eistedd o'i amgylch.
Tydw i ddim yn cofio i ni ordro unrhyw beth,
roedd o jyst yn dod ac roeddwn i'n troi'r bwrdd
rownd ac yn holi'n ddi-baid, 'Be 'di hwn a be 'di'r
llall?' Ond mi syrthiais mewn cariad efo'r bwyd, yn
enwedig y *king prawns*, *roast duck* Cantonese a *spare
ribs*, ac ers hynny rydw i wedi rhoi'r gora i gael
mixed grill mewn Chinese!

Aloma

Yr un noson â ni roedd criw o hogia o gôr Cymry'r
ddinas yn cymryd rhan yn y dathliadau Gŵyl
Ddewi. Roeddan nhw'n cynnal noson yn Bangkok
ar gyfer Cymry'r ardal honno. Wel, mi ddechreuon
ni feddwl, gan ein bod wedi dŵad mor bell, a
Thailand yn agosach at Hong Kong nag adra, felly
mi aethon ni i Bangkok am ychydig ddyddia.

Tony

Y gwahaniaeth cynta amlwg rhwng y ddau le oedd
y tywydd. Yn Hong Kong roeddwn i'n gwisgo
crys, tei, côt a chap ac ati. 'Rargian, roedd camu o'r
awyren yn Bangkok fath ag agor drws stôf. Tydw
i ddim yn hoffi gwres beth bynnag ac mi roeddwn

Tony a llywydd Cymdeithas Gymraeg Hong Kong

Hong Kong ar Ddydd Gŵyl Ddewi

i'n chwys drosta i i gyd. Dyna'r peth gwaetha am y wlad a dweud y gwir. Roedd y gwres yn golygu nad oedd awydd bwyd arna i i ddechra a toedd hynny ddim yn arwydd da. Mi gymrodd rai dyddia i mi ddod yn gyfarwydd â'r gwres. Doeddwn i erioed wedi cerdded rownd strydoedd o'r blaen mewn crys-T a throwsus byr. Rhaid cyfadda bod y wlad ei hun yn wlad arbennig. Faswn i byth yn mynd 'nôl i Hong Kong, ond mi faswn yn mynd 'nôl i Thailand fory. Mae ochr *seedy* i Bangkok wrth gwrs, a dyna ddaw i feddwl pawb wrth glywad am y lle. Rhaid cyfadda bod mynd ar hyd y ddwy stryd sy'n enwog am eu bod yn llawn clybiau stripio a genod y nos a ballu yn dipyn o addysg. Mwy o sioc hyd yn oed na mynd i Chinese heb gael *mixed grill*!

Aloma

Patpong 1 a Patpong 2 oedd enw'r ddwy stryd arbennig hyn yn ardal y gola coch ac mi aeth Roy, Tony a finna am dro ar eu hyd i weld y rhyfeddoda. Y funud y camon ni ar un o'r strydoedd, mi ddaeth hogyn bach atan ni a gofyn i ni fynd i ryw glwb neu'i gilydd. Roedd Roy a mi wedi bod cynt mewn rhai gwledydd lle bydda hogia bach yn eich dilyn ac yn gofyn i chi brynu rhywbeth neu fynd i'r fan a'r fan, ond toedd Tony erioed wedi cael y profiad hwnnw. Yn wir, dyma fo'n dechra codi sgwrs efo'r hogyn 'ma ac yn siarad efo fo'n ddigon clên. Sgwrsio am Gymru roeddan nhw a Tony'n esbonio iddo ble roedd Cymru ym Mhrydain a ble roedd Ynys Môn

a ballu. 'Tyrd, Tony, gad lonydd iddo fo,' oedd cri Roy, ond chafodd ei eiriau fawr o effaith. Yn y diwedd mi lwyddon ni ei gael i mewn i gaffi a chael rhywbeth i'w fwyta, ond erbyn inni ddod allan, rhyw awr a hanner wedyn, roedd yr hogyn bach yn dal i aros amdanan ni. Yr un ble oedd ganddo ag a gawson ni pan welodd o ni gynta.

'Come to my club, please come with me. I'll get you in cheap.'

'Chwara teg iddo,' medda Tony wrth Roy a mi, 'mae o'n nabod y llefydd 'ma ac yn gwybod lle i fynd, waeth i ni ei ddilyn o ddim.'

Ffwrdd â Tony efo'r hogyn a Roy a mi'n gorfod ei ddilyn. Mi adawon ni olau'r strydoedd a chyrraedd rhyw adeilad digon diolwg. Fyny at y drws â'r hogyn bach a'i guro'n galed. Mi agorodd rhyw flwch yn y drws ac mi welson ni ddau lygad yn syllu allan arnan ni. Dyna ni, roedd hynny'n ddigon i Roy.

'Tony, we're going back. Now!'

Os fasa ni ddim efo Tony y noson honno, ella na fasa neb wedi gweld na chlywad amdano fo byth wedyn. Ac mi fasa cyfres Tir Glas wedi mynd i'r gwynt. 'Nôl â ni ar ein hunion i oleuadau llachar y Patpongs ac mi fentron ni i mewn i un o'r clybiau yno. Roeddwn i wedi gweld pob math o glybiau yn fy ngyrfa ond dim un fel hyn o'r blaen. Llwyfan crwn yn y canol, ond doedd neb yn canu yno, er bod digon o berfformiadau i'w gweld arno fo! Cafodd Tony ragor o sylw yn y clwb hefyd.

Tony

Mi ddoth rhyw hogan ddel ofnadwy ata i a dweud, 'Hello, my name is Kissy, would you like to buy me a drink?' Mi roedd isho i mi wario peth amser efo hi on'd toedd? Ond er ei bod yn eithriadol o ddel, mi ddwedais, 'No, thank you very much. I just want to see the show!' yn ddigon cwrtais. Mi rydw i wedi meddwl am Kissy sawl gwaith ers hynny ac os basa hynny'n digwydd heddiw mi fasa'n stori wahanol, waeth pa mor hen ydw i!

Daeth cyfla wedyn i fynd ar daith bws o'r gwesty. Ddoth Roy ac Aloma ddim, ond mi es i ar fy mhen fy hun i fyny at y bont dros afon Kwai, oedd yn croesi'r ffin i Burma. Mae gen i ddiddordeb mawr yn yr Ail Ryfal Byd, ac roedd mynd yno'n brofiad gwerthfawr er ei fod yn un ofnadwy. Mi gerddais dros y bont ac mi ddoth y stori'n fyw iawn i mi wrth wneud. Roedd meddwl bod carchararion rhyfal o Brydain, a gafodd eu dal gan y Siapaneaid, wedi gorfod adeiladu'r bont yma o dan amodau creulon yn ysgytwad. Draw â ni wedyn i fynwent y milwyr rhyfal.

Anodd disgrifio'r teimlad yno wrth ddarllen enwa'r hogia ifanc yn gorwedd yn eu beddau mewn gwlad estron.

Aloma

Mi ddychwelon ni i Hong Kong wedyn ond roedd Tony wedi anghofio'r wers a ddysgodd wrth gyrraedd Thailand eisoes. Mi hedfanodd yn ôl i Hong Kong yn ei grys-T a'i drowsus byr a glanio mewn tywydd oer a gwlyb. Mi gafodd ei ddal yn gwisgo'r dillad anghywir ar y ddwy daith.

At y ffilmio aethon ni wedyn, i orffen cyfres Tir Glas. Roeddan ni wedi gwneud tair rhaglen ac roedd tair ar ôl. Mi wnaethon ni'r rheiny ac mi aeth y gyfres allan, yr un gynta i ni ei gwneud gogyfer ag S4C. Dyma Tony a mi'n penderfynu wedyn y basen ni'n trefnu taith o gwmpas Cymru. Idris Charles aeth ati i'w threfnu ac mi awgrymodd o ddau frawd oedd yn canu efo'i gilydd i ddod efo ni. Roedd o wedi'n cyflwyno ni iddyn nhw tra oeddan ni'n paratoi cyfres Tir Glas ac mi ganon

Tony a Roy yn meddwl basa hyn yn hwyl!

nhw ar un o'n rhaglenni. Yn ôl Idris, roedd y ddau, The Gregory Brothers, yn awyddus i dorri i mewn i'r sîn Gymraeg a nhwytha ar y pryd yn canu mewn clybiau ar hyd a lled Prydain. Mi ddoth Paul ac Adrian, sef y Brodyr Gregory, efo ni ar y daith, ac roeddan nhw'n grêt! Aeth y daith yn hwylus dros ben ac mi fuodd hi'n llwyddiannus iawn hefyd.

Tony

Yn 1984, câi sylw mawr ei roi i'r newyn yn Ethiopia, ac roedd gweld lluniau erchyll o blant yn diodda wedi 'nghyffwrdd i'n ofnadwy. Tua'r un adeg mi welais raglen ddogfen ar blant yn Tsieina a honno'n dweud mai hogia roedd y rhieni isho ac nid genod. Soniodd am yr arfer o adael babis, os mai genod oeddan nhw'n gael, ar y stryd a phobol yn dod wedyn a mynd â nhw i ryw gartra i blant lle nad oeddan nhw'n cael y gofal cywir a lle bydda nifer fawr ohonyn nhw'n marw. Tydw i ddim yn gwybod a oedd hyn wedi cydio'n fwy yn'a i am 'mod i newydd ddod adra o Hong Kong, ond mi greodd argraff arna i, yn enwedig stori am un plentyn o'r enw Mei Ling. Gan i mi weld y rhaglen yr un adeg â newyn Ethiopia, mi roddais i'r ddwy stori at ei gilydd a sgwennu'r gân 'Faban Gwan'.

Tony ac Aloma yn difyrru'r teulu

Cymaint oedd llwyddiant Tony ac Aloma ar eu taith trwy Gymru yn Ebrill, eu taith gyntaf ers 1976, fel y bu'n rhaid iddynt drefnu taith arall ar gyfer y mis yma.

"Noson o Hwyl a Chân yng Nghwmni Tony ac Aloma" yw enw'r daith newydd ac mae'n fwy o sioe i'r teulu a tro yma gydag Idris Charles Williams, y Brodyr Gregory a Roy James yn rhan bwysig o'r adloniant.

"Bydd sgetsus doniol, straeon difyr gan Idris Charles, caneuon y Brodyr Gregory, miwsig hyfryd Roy James a Tony ac Aloma yn canu'r hen a'r newydd

● *TONY AC ALOMA — gyda Idris Charles Williams a Roy James (Llun: Arvid Parry Jones).*

yn y sioe," meddai Tony Jones.

Bydd elw o'r rhaglen fydd yn cael ei gwerthu ar y daith yn mynd i helpu'r newynog yn Ethiopia.

Bu record ddi-weddaraf y ddeuawd boblogaidd o Fôn yn llwyddiant ysgubol iddynt ac fe fydd honno ar werth hefyd yn ystod y daith.

Yn ystod 1985, bydd-ant yn cyflwyno eu cyfres newydd eu hun-ain ar S4C ac yn hedfan i ddifyrru Cymry yn Hong Kong.

● Cychwyna'r daith nos Iau, Tachwedd 7, yn Ysgol Dyffryn Ogwen, Bethesda.

Faban Gwan

Does 'na neb yn agos atat
Does 'na neb i wylo drostat
Er bod digon ŵyr amdanat
Yn llwgu yn y baw.

Chei di byth fyw i wybod
Fod 'na ffasiwn beth â phechod
Fel pam fod dyn yn gwrthod
Rhoi crystyn yn dy law.

Os oes dyn ag ateb ganddo
Chei di'm cyfle i ofyn iddo
Os yw'r byd a phob dim ynddo
Yn eiddo inni gyd.

Chei di byth fyw i drafod
Pam fod pobol yn fwy parod
I roi dynion yn y gofod
Na rhoi bwyd i blant y byd.

Chei di'm profi pa mor felys
Cusan cariad ar dy wefus
Chei di'm deud dy fod yn hapus
Dim hyd yn oed torri gwên.

Chei di byth fyw i siarad
Gair o'th galon i dy gariad
Gweld dy blant yn dysgu cerddad
Gweld dy hun yn mynd yn hen.

Faban gwan anwyd i gam
Daw dy oes i ben cyn gadael bron dy fam
Nid yw i fod, ond fel 'na mae,
Ac arnaf i mae y bai
Arnom ni mae y bai.

Bu ail aduniad Tony ac Aloma dipyn yn fwy llwyddiannus na'r un cyntaf yn 1974 felly. O fewn blwyddyn, fe wnaethant raglen arbennig i gyfres *Taro Tant*, creu eu cyfres eu hunain, teithio i Hong Kong a mynd ar daith o gwmpas Cymru. Oedd, roedd Tony ac Aloma yn ôl. Roedd Roy gyda nhw yn awr hefyd ond, heblaw am hynny, doedd dim wedi newid dim.

'Dewis hotels'

Profodd Tony ac Aloma gryn lwyddiant wrth adennill sylw'r cyhoedd yng Nghymru. Roedd dros ugain mlynedd bellach ers iddyn nhw ddechrau canu ac, er eu bod yn fodlon iawn derbyn cyfle arall i berfformio, roedden nhw hefyd dipyn yn fwy profiadol ac yn gwybod na fyddai'r sylw newydd yn para. Roedd angen meddwl felly am ryw gynllun er mwyn bod yn barod am y cyfnod pan na fyddai galw yng Nghymru am y ddau mwyach a phan na fyddai cyfle arall i ddod 'nôl at ei gilydd unwaith eto. Roedd un ateb posib i'r sefyllfa honno wedi dechrau cael ei amlygu wrth i'r ddau deithio o gwmpas Cymru.

Aloma

Wrth fynd o gyngerdd i gyngerdd, bydda Tony a mi'n cael sgyrsiau di-ri efo cymaint o bobol. Wrth siarad mi fydda'r sgwrs yn arwain at ble roeddwn i'n byw. Wedi i mi ateb 'Blackpool', bydda hynny wedyn yn arwain at straeon am eu teithiau a'u gwyliau amrywiol yn y dre. Dros gyfnod o amser, mi ddoth un peth yn amlwg iawn, sef bod llawer iawn o Gymry yn ymweld â Blackpool. Tybed felly ai cadw gwesty yn Blackpool oedd yr ateb i Roy, Tony a mi? Mi drafododd Roy a mi hynny am dipyn ac mi benderfynwyd y dylian ni ddechra crwydro o gwmpas Blackpool i chwilio am le addas. Mi welais sawl gwesty ond roedd rhyw broblem neu'i gilydd ymhob un. Yna, mi ddes ar draws un gwesty ac wrth holi'r perchennog am y busnes tarodd un frawddeg fi fath ag ergyd o wn.

'Most of my business is coaches from the Swansea area...'

Felly cyn iddo fynd ymhellach, gwyddwn fod gen i ddiddordeb yn ei westy yn syth. Cyn i Tony a mi ailgydio ynddi, roedd Roy a mi wedi bwriadu prynu tŷ go fawr er mwyn i mi fedru rhoi gwersi piano a thelyn adra. Mi fethon ni â phrynu'r tŷ ar y funud ola, ychydig cyn i Tony ffonio am greu'r ffilm ar gyfer Steddfod '83. Rŵan roedd fy mryd ar brynu gwesty yn Blackpool. Er bod petha'n newid yn gyflym, eto roedd yna deimlad fod y darnau yn disgyn i'w lle. Ar yr un pryd hefyd, roeddwn i'n disgwyl fy ail blentyn.

Tony

Yn y cyfnod hwnnw yn 1987, roedd Aloma a mi wedi cael cynnig cyfres arall – gan HTV y tro hwn. Roedd derbyn honno'n benderfyniad anodd dros ben. Roeddwn wedi mwynhau cyfres Tir Glas gymaint, ac roedd gweithio efo Huw ac Endaf Emlyn wedi bod mor hwylus, felly anodd oedd peidio cario 'mlaen i weithio efo nhw. Roedd HTV yng nghyfnod aur ei hadloniant ysgafn ac yn creu cyfresi poblogaidd tu hwnt. Toedd arian ddim yn broblem chwaith ac mi fydden nhw'n derbyn pob cerddor a phob dawnsiwr roeddan ni isho, heb sôn am gynnig set grand a'r goleuo gora. Toedd dim yn ormod iddyn nhw'r adeg hynny. Ond roedd Tir Glas wedi sôn am ail gyfres. Mi ddwedon ni wrth Tir Glas am gynnig HTV ac mi atebon nhw, er mawr glod iddyn nhw, 'Cymrwch y cynnig, 'dan ni'n dallt.' Toeddan ni ddim isho troi cefn arnyn nhw gan mai nhw ailgychwynnodd Tony ac Aloma. Mae'n dyled ni'n fawr iddyn nhw, ac i Huw Jones yn arbennig.

Aloma

Mi wnaethon ni gyfres HTV yn y diwedd. Ganwyd merch i mi hefyd, Emma Môn, ac roedd hi tua chwe wythnos oed pan aeth Roy a mi i stiwdio recordio yn Stockport er mwyn rhoi miwsig ar draciau gogyfer â chaneuon y gyfres. Wedyn wnaethon ni gynnwys ein lleisiau ac mi fydda artistiaid eraill y gyfres yn dod i recordio eu lleisiau nhw yn ogystal. Felly, mi gafodd Emma'r fraint o gael Hogia'r Wyddfa, Rosalind a Myrddin, Margaret Williams a'u tebyg yn ei gwarchod ac yn newid ei chlytia tra oeddan nhw'n aros i recordio. Mi barhaodd hynny wedyn pan fydda'n rhaid i ni fynd i Gaerdydd i recordio yn y stiwdio deledu. Mi rention ni dŷ am ddeufis a doedd dim prinder help wrth law. Mi sgwennodd Tony gân i Emma adeg ei geni ac mi ganon ni hi yn y gyfres.

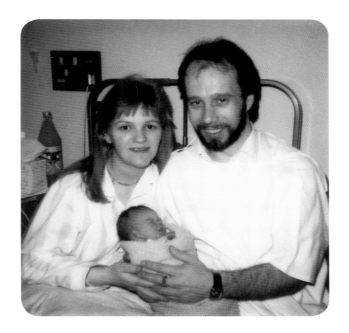

Emma Môn

Mae dy wên, o Emma Môn,
Mor gariadus yn dy grud,
Mae yn fraint cael bod yn un o'r cynta
I dy groesawu di i'r byd.

Mae dy freichiau bach yn gofyn
Wna i dy fagu di am sbel.
Dyma i ti dy olwg gynta,
Croeso i Gymru, Emma ddel.

Dacw'r Wyddfa, Emma Môn,
Coron eira ar ei ben
Ar ei orsedd gryf o graig a brenin
ar dy annwyl Walia wen.

Mi gei brifio ar ei bryniau
Cei anadlu'r awyr iach
Daw dy gyfle i ti 'charu
Croeso i Gymru, Emma fach.

Mae dy lygaid glas mor glir
Mor ddibrofiad a di-boen
Dim treialon bywyd hir na chreithiau
Oes i guddio gwrid dy groen.

Ond daw amser a bydd heddiw
Ddim ond hanes i mi sôn
Diolch i'r drefn am dy fabandod
Cwsg yn dawel, Emma Môn.

Emma Môn, paid byth â mynd yn hen,
Emma Môn, paid byth â cholli'r wên.

Pan wnaeth y cynhyrchydd ddallt bod y geiriau'n
gân iddi hi, dwedodd fod raid i Emma Môn
ymddangos ar y rhaglen. Daeth diwrnod y ffilmio, ac
mi roedd hi rywsut wedi crafu ei gwyneb ac roedd
marc hir coch ar hyd ei boch. Wel, toeddan ni ddim
yn gwybod beth i'w wneud ond mi ddoth yr ateb
ac i mewn â'r babi bychan i adran golur HTV i gael
make-up i guddio'r marc. Dyna'i chyflwyniad cynnar
hi i fyd teledu.

Tony

Wedi gorffen y gyfres, toeddwn i ddim wedi
breuddwydio symud i Blackpool at Roy ac Aloma.
Ond mi ddoth y ddau ata i a holi faswn i'n hoffi

mynd i mewn i bartneriaeth i redag gwesty efo nhw. Erbyn hynny hefyd, roedd y Cymry oedd yn dod ar eu gwyliau i Blackpool wedi dechra mynd i wrando ar Aloma'n canu yn rhai o glybia'r dre. Rhaid cofio iddi fod ar y teledu gryn dipyn erbyn hynny ac, o ganlyniad, mi fydden nhw'n gweiddi arni'n ddigon hyderus i ganu yn Gymraeg. Mi ddoth Aloma ata i â'r syniad o gadw gwesty ar gyfer y Cymry, yn Gymry Cymraeg a di-Gymraeg. Ers i ni ddod 'nôl at ein gilydd, roeddwn wedi hel tipyn o bres, ond eto doedd o ddim yn ddigon i gael morgais. Felly dyma Roy, Aloma a mi'n cael benthyciad yr un i'w roi fel *deposit* ar westy'r Regal. Mi gawson ni £5,000 yr un o fenthyciad at yr hyn oedd ganddon ni. I mi, dyna'r peth gora gallaswn i fod wedi'i wneud. Ar y pryd, roeddwn i'n ymweld â'r bwcis bob pnawn a hynny wedi dechra cydio go iawn yndda i. Lle baswn i heddiw, tybed, pe na bawn wedi mentro i'r busnes efo Roy ac Aloma? Y funud y dois i Blackpool i gadw gwesty, ches i mo'r amser na'r awydd chwaith i ymweld â'r bwcis wedyn.

Aloma

Wedi i Tony ymuno â Roy a mi, mi fedren ni fentro wedyn a dechra rhedeg y Regal Hotel fel gwesty. Mi gawson ni ddechra da gan fod cytundeb gan y gwesty efo cwmni bysys Jenkins Skewen ac fe'i trosglwyddwyd i ni. Felly, roeddan ni'n gwybod y bydda yna Gymry'n dod yno o'r cychwyn cynta. Ond roedd cymaint i'w ddysgu am bob agwedd o'r

Jan Kennedy a Frances (fy ffrind ers Jersey) yn dathlu'r fenter efo ni

busnes. Doeddan ni ddim yn gwybod bod angen talu *stamp duty* wrth brynu'r gwesty a toedd yr arian ddim gynnon ni wrth arwyddo am y Regal. Mi dalodd fy ffrind, Frances, y dreth ar ei cherdyn *credit* er mwyn i ni fedru prynu'r lle.

Wedyn mi ddoth y llond bws cynta a 27 o bobol arno. Dyna beth oedd panics. Bwyd i 27 o bobol! Toeddan ni ddim wedi paratoi'r fath fwyd cyn hynny a phob un ohonon ni'n nerfus iawn. Mi aeth Tony y tu ôl i'r bar ac roedd yn brofiad newydd sbon iddo yntau hefyd i fod yr ochr arall i'r bar. Es inna i'r gegin i ddechra paratoi'r bwyd a Roy yn gwneud yr holl waith papur. Roedd hi mor dynn arnan ni yn y dechra fel y bydda rhaid i Roy fynd i mewn i'r *till* yn y bar i gael arian er mwyn medru prynu bwyd i wneud brechdana fin nos. A ninna rŵan wedi cael gwesty, roedd angen creu a sicrhau busnes.

Tony

Mi es i wedyn ar daith am wythnos gyfan o gwmpas Cymru tra bod Roy ac Aloma'n rhedeg y gwesty. Roedd gen i bentwr o daflenni ac mi ymwelais â chwmnïau bysys mwya Cymru. Caelloi Pwllheli, Davies Pencader, Richards Aberteifi, O R Jones Llanfaethlu ac yn y blaen. Ddoth dim un ohonyn nhw â phobol i ni. Roedd hynny'n wers i ni ddallt mai'r rheswm am hynny oedd eu bod nhw'n dod i Blackpool bob blwyddyn ers blynyddoedd ac yn mynd i'r un lle dro ar ôl tro. Gan fod popeth yn iawn yn y gwestai hynny, doedd dim angen newid, oedd 'na? Ond mi ddoth un llygedyn o obaith. Roedd gan O R Jones ddreifar oedd yn dod i Blackpool yn gyson efo'r cwmni, y diweddar Arfon Jones. Mi benderfynodd o, ar ei ben ei hun, drefnu bws yn llawn pobol i ddod i aros efo ni am ei fod yn credu y basa 'na ddigon o bobol â diddordeb mewn dod i'n gwesty ni, hyd yn oed wedi i dymor gwyliau'r haf orffen.

Mi ddoth, a dyna'r bws cynta yn llawn o Gymry Cymraeg ddoth atan ni. Mae gynnon ni lun o'r grŵp cynta hwnnw ac mae'n llun i'w drysori. Chwarae teg i Arfon am fentro. Wrth i'w gwmni

Arfon Jones ddaru drefnu'r bws cynta atom ni a dechrau'r tripiau i Blackpool i weld Tony ac Aloma – ac nid yr *illuminations*

Y bws cynta yn y Regal

weld llwyddiant y gyrrwr yn trefnu'r tripiau mi ddechreuon nhw drefnu tripiau swyddogol drwy'r cwmni wedyn. Ac ers hynny mae O R Jones wedi dod aton ni bob blwyddyn yn rheolaidd.

Aloma

Rhan o'r ddêl wedyn, wrth gwrs, oedd bod Tony a finna'n canu ar benwythnosau yn y gwesty. Toedd hynny ddim yn broblem o gwbl. Roedd rhai'n gwybod yn iawn pwy oeddan ni a dyna pam roeddan nhw yno, ond roedd y gweddill yn berffaith hapus am ein bod ni'n Gymry. Rhaid cyfadda bod teuluoedd y tri ohonon ni'n meddwl bod holl firi'r gwesty 'ma'n dipyn o jôc mewn gwirionedd. Doeddan nhw ddim yn credu y basan ni'n medru codi i wneud brecwast i bawb yn y bore a ninna wedi bod mor gyfarwydd â gweithio mewn clybiau a ddim yn dod adra tan amser brecwast! Mi roedd hi'n sioc, does dim gwadu hynny, er bod y cyn-berchennog wedi esbonio'n fanwl sut oedd gwneud pob dim. Stori wahanol oedd ei wneud o ein hunain. Mi gawson ni help llaw gan nifer go dda o ffrindia i socian, llnau a sgwrio pob dim cyn i ni agor ond wedyn roeddan ni ar ein pennau ein hunain. Pan ddaeth y 27 cynta, mi rydw i'n dal i gofio torri'r wy ola amser brecwast, mynd i'r cwt yn iard gefn y gwesty, cau'r drws a beichio crio. Pwy fasa'n meddwl bod ffrio 27 o wyau yn medru creu cymaint o lawenydd!

Tony

Yr hyn ges i'n anodd iawn ei wneud oedd bod yn fos. Gwas ffarm oeddwn i wedi bod am flynyddoedd ac, erbyn cyrraedd Blackpool, hen lanc oeddwn i, wedi canu fan hyn a fan draw, wedi cymryd y tâl a gadael am adra. Tydi o ddim yndda i i fod yn fos. Mae'n well gen i wneud y job fy hun. Rŵan roedd gofyn i mi ddweud wrth bobol be i wneud ac, i rywun o'm cefndir i, anodd iawn oedd dweud wrth ddynas sut i wneud gwely. Ond doedd gen i ddim dewis ac, ar y pryd, roedd yn broblem go iawn i mi. Fi oedd yn gyfrifol am y stafelloedd a gorfod dweud wrth y genod sut oedd tacluso. Chymrodd o fawr o amsar iddyn nhw ddallt 'mod i'n ffysi iawn, iawn. Toedd dim byd ond perffeithrwydd yn gwneud y tro. Cyn i fws newydd gyrraedd, mi fyddwn yn mynd rownd i bob stafell, o un i un. Pan symudon ni o'r Regal i'r Gresham, er mwyn bod yn agosach at ganol y dre, roedd 28 o stafelloedd yno. Dwn i ddim ble dysgais i hyn ond roeddwn i'n rhoi pwyslais mawr ar yr argraff gynta y bydda'r ymwelwyr yn ei chael wrth gerdded i mewn i'w stafell. Rhaid i bob un eu croesawu. Rhaid i'r teledu eu gwynebu, rhaid i'r ffôn wrth ochr y gwely fod ar yr ongl gywir a rhaid i'r tyweli fod ar y gwely'n daclus. Os na fydden nhw, byddwn yn eu ailosod yn gywir. Pan ddown o hyd i gwpan fudr, mi fyddwn i'n anfon y ferch oedd yn gyfrifol am y stafell yn ôl i'w glanhau. Mi wnes i hynny unwaith a chael yr ateb, 'Well, it's not bad,' gan hogan ifanc. Mi gafodd hi'r ateb, 'Listen, good girl, a cup is either clean or dirty, there's no such thing as "not bad"!' Roeddwn i'n dysgu'n ara deg i fod yn fos. Ond y jôc ydi bod fy fflat i fy hun yn y gwesty, hyd heddiw, yn llanast llwyr!

Aloma

Wedi'r siom o weld bod y tripiau o Gymru braidd yn ara deg yn dechra dod atan ni, yn sydyn mi ddechreuodd petha wella. Cyn hir, roedd y cwmnïau mawr Cymreig bron i gyd yn dod yma ac roedd y risg y gwnaeth Roy, Tony a fi ei chymryd wrth brynu'r Regal yn dechra cydio a dwyn ffrwyth. Roedd yn deimlad rhyfadd gweld pawb yn dod atan ni. Roeddan ni bellach yn medru canu yr union yr un caneuon i fwy o gynulleidfa heb orfod gadael ein cartra. Wedi blynyddoedd o deithio ar hyd lonydd a phriffyrdd Cymru roedd y Cymry rŵan yn dod atan ni. Roeddan ni'n medru parhau efo'n gyrfa heb dalu'r gost flinderus o deithio. I mi'n arbennig, roedd hynny'n fwy na bendith gan nad oedd fy iechyd wedi gwella'n llwyr ers dyddia Eastbourne. Bydda'r dyddia gwael yn dal i ddod, ond diolch byth deuai'r dyddia da hefyd. Wrth ganu yn y gwesty roedd modd i mi gael rheolaeth ar fy ngyrfa ac ar y bywyd roeddwn i wedi'i gynllunio wrth benderfynu dod i Blackpool, rhedeg siop fiwsig, rhoi gwersi piano a thelyn a byw fy mywyd fy hun. Gallwn fyw'r bywyd hwnnw rŵan, magu Emma, ac ailgydio yn y ddeuawd Tony ac Aloma yr un pryd.

'Clychau Dolig'

Rhan o'r abwyd i ddenu Tony ac Aloma at HTV, wedi iddyn nhw gwblhau eu cyfres i Tir Glas, oedd cynnig rhaglen Nadolig awr o hyd iddyn nhw. Daeth yn adeg creu'r rhaglen honno ac mi gadwodd HTV at eu gair. Yn Hydref 1987 felly, cysylltodd pennaeth rhaglenni adloniant ysgafn HTV, Peter Elias Jones, â'r ddau a holi ynglŷn â'r rhaglen Dolig. Felly roedd Tony ac Aloma, yn ogystal â Roy, ar eu ffordd i stiwdios Croes Cwrlwys unwaith eto. Ond mi drawyd Aloma'n sâl gyda salwch annisgwyl a newydd iddi hi, a dylanwadodd hynny ar y rhaglen a ddarlledwyd y Nadolig hwnnw.

Aloma

Mae'r Dolig i mi'n gyfnod arbennig ac rydw i'n dal i gael fy hudo ganddo. Roedd cael cyfla felly i fod yn rhan o raglen deledu Dolig efo Tony yn fwy sbesial byth. Mi faswn i wrth fy modd yn creu rhaglen Dolig hyd yn oed heddiw. Lawr â ni i Gaerdydd felly. Roeddan ni wedi bod yn gweithio ar y syniadau ar gyfer y rhaglen hon ers peth amser a'r syniad gydiodd oedd gwneud rhyw fath o sgit ar y ffaith ein bod erbyn hynny'n cadw gwesty. Cymysgedd oedd hi o stori'r Nadolig ac ychydig o *Fawlty Towers*. Roedd hynny'n seiliedig ar y ffaith 'mod i, wrth gwrs, yn gwybod y cwbl ac yn gorfod rhoi Tony yn ei le. Go brin! Ond roedd o'n syniad

da, yn fy marn i, ar gyfer y rhaglen gan y bydda'r artistiaid yn medru dod i mewn i 'dderbynfa' ar y set.

Tony

Ond roeddan ni'n dal i orfod rhedeg y gwesty wrth gwrs, tra bod Aloma a mi'n ymarfer y sgetshys ac yn dysgu'r holl ganeuon. Roedd hi'n adeg yr *illuminations* yn Blackpool, felly cyfnod prysura'r flwyddyn, ac mi driodd pawb wneud eu siâr i'n helpu ni, chwarae teg. Mater o ymarfer pan fydda cyfla oedd hi felly, ac yn aml byddan ni'n golchi llestri am 10 o'r gloch y nos ac wedyn yn ymarfer.

Aloma

Am ryw reswm, mi ddechreuais deimlo'n sâl. Wedi paratoi cinio un noson, bu'n rhaid i mi fynd i orwedd, cyn deffro i ganu yn y gwesty. Gwaethygu wnaeth y boen a galwyd am y doctor. Mi ges *injection* a thabledi. Roedd hyn i gyd o fewn rhyw wythnos i orfod mynd lawr i Gaerdydd i ddechra ffilmio. Bu'n rhaid i mi ddilyn yr un patrwm dros yr wythnos honno o orwedd a chysgu a chodi i wneud beth bynnag fydda raid ei wneud yn y gwesty. Diolch i'r drefn, roedd y boen wedi cilio erbyn i ni adael am Gaerdydd.

Tony

Mi wnaeth Aloma a mi ymarfer a recordio nifer o'r rhannau unigol ar gyfer y rhaglen dros ryw bedwar diwrnod. Cafodd y sgetshys eu gwneud yn gynta ac wedyn mi ddoth yn amser recordio'r caneuon, ein rhai ni a rhai'r gwesteion ar y rhaglen. Yn ôl y drefn yr adeg hynny, bydda'r cyfarwyddwr wedi recordio ambell gân yn ystod y rihyrsals yn gynharach yn yr wythnos. Roedd y darnau unigol wedi'u gwneud felly ac mi ddaeth diwrnod recordio'r rhaglen ar y set.

Aloma

Roeddwn i'n iawn tan y brêc diwetha yn ystod ymarfer y prynhawn. Mi ddoth rhywbeth drosta i a fedrwn i ddim symud o gwbl. Y cwbl wnes i oedd gofyn am gymorth i fynd i'r stafell newid. Mi ddoth nyrs ata i ac wedi iddi siecio'r pyls ac ambell beth arall, dwedodd ei bod am alw'r doctor. 'Dim gobaith,' medda fi, 'mae gen i sioe i'w gwneud, mi a' i at y doctor ar ôl y sioe.' Gwrthododd adael i mi wneud hynny gan fynnu galw'r doctor yn y fan a'r lle.

Tony

Tra oedd Aloma yn y stafell newid, mi ddechreuodd y gynulleidfa ddod i mewn i'r stiwdio ar gyfer recordio'r sioe gyda'r nos. Mi fu cryn drafod rhwng pawb yn y tîm cynhyrchu ynglŷn ag a ddylai Aloma gario 'mlaen ai peidio. Yn y diwedd, mi ddaethon nhw ati hi a dweud nad oeddan nhw'n hapus iddi barhau. Roedd yn rhaid i mi wneud y sioe hebddi felly.

Aloma

Mi aeth petha'n waeth. Dwedodd y doctor, ar ôl cael y manylion gan y nyrs, nad oedd o'n mynd i alw i'm gweld ond ei fod am yrru am ambiwlans. Ffwrdd â mi o dan y golau glas felly am ysbyty'r CRI yng Nghaerdydd, gan adael Tony yn y stiwdio ar ei ben ei hun. Roeddwn i wedi cael colur yn y stiwdio cyn i mi fynd yn sâl, felly i mewn â mi i'r ysbyty efo'r colur wedi'i blastro ar fy ngwyneb. Roedd fy llygaid yn edrych fel petai dau bry cop anferth gen i o'u cwmpas, lipstic coch ar fy ngwefusau a *sequins* dros fy ngwisg Nadoligaidd. I wneud petha'n waeth, roeddan nhw wedi fy rhoi mewn syspendars! Roedd y sanau duon a'm gwallt melyn wedi'i fac-comio'n uchel yn cwblhau'r ddelwedd amlwg – dyna lle roeddwn i'n gorwedd fath ag un o adar y nos! Gan 'mod i mor ymwybodol o'r argraff a rown i bawb, cafodd pob meddyg ddoth i'm gweld y noson honno yr un neges.

'I'm sorry about the way I look, but I've just come from HTV!'

O fan'no, penderfynwyd y basa'n rhaid fy symud i ysbyty'r Heath, ond wnaethon nhw ddim fy symud tan i Roy a Tony gyrraedd ar ôl recordio'r rhaglen.

Tony

Yn y stiwdio, wedi mynd ag Aloma i'r ysbyty, roedd yn rhaid i mi gyflwyno'r rhaglen fy hun. Y peth da oedd bod nifer o'r ymarferion prynhawn yn ystod yr wythnos wedi'u recordio. Roedd Aloma felly yn y sgetshys ac mewn rhai o'r caneuon. Toedd o ddim yn edrych mor wael wedyn mai dim ond fi oedd yno ar y noson. Roeddwn i'n sâl fel ci gan 'mod i mor nerfus ar 'y mhen fy hun, a rhaid cofio nad oeddwn i erioed wedi bod yn gwbl gyfforddus yn perfformio ar deledu. Aloma a fi oedd i fod i ganu'r gân ola i gloi'r rhaglen, yn naturiol, ond un o'r cyfranwyr eraill, sef Caryl Parry Jones, a ganodd honno efo mi yn ogystal â chymryd rhan mewn ambell sgetsh. Roedd angen rihyrsio efo Caryl felly, tra bod y gynulleidfa'n cyrraedd i'w seddau. Diolch byth fod Caryl mor broffesiynol – mi aeth pob dim yn iawn. Ugain mlynedd ynghynt yn '68, tad Caryl, Rhys Jones, a gyfeiliodd i ni ar ein record gynta, 'Mae Gen i Gariad'. Clêm tw ffêm i fi felly oedd cael perfformio efo'r tad a'r ferch! Wedi'r rhaglen, lawr â ni wedyn yn syth i weld Aloma.

Aloma

Pan ddoth Roy a Tony, i mewn â mi i'r ambiwlans a nhw ill dau'n dilyn yn y car. Toeddwn i ddim wedi pasio allan na dim, felly bob tro y bydda'r ambiwlans yn mynd dros rywbeth ar y ffordd roeddwn i'n codi ychydig ar fy eistedd ac yn gweld car Roy a Tony y tu ôl i'r ambiwlans a'r golau glas yn goleuo eu hwyneba. Roedd hynny'n donic yn sicr. Mewn â mi i stafell ar fy mhen fy hun wedyn yn yr Heath, a'r nyrs oedd yn aros amdana i'n hogyn o Ddinbych. Roedd o'n lyfli ac yn gwybod pwy oeddan ni hefyd. Mi wnaeth hynny i mi deimlo ychydig yn fwy cartrefol yn sicr. Gofynnodd a oedd angen rhywbeth arna i gan y bydda ychydig o amser cyn i'r doctor ddod ata i. Un peth oeddwn i isho – sigarét. Dwedodd na allai ganiatáu i mi adael y gwely er mwyn mynd i'r stafell smygu, ond roedd yn fodlon helpu. Dwedodd fod gweddill y staff wedi mynd am frêc, a bod y ward yn wag. Roedd yn fodlon agor ffenast ac, ar yr amod na fyddwn i'n mynd yn agos at yr ocsigen efo'r sigarét, roedd o'n fodlon troi ei gefn a smalio nad oedd yn gwybod 'mod i'n smocio. Y nyrs ora fu erioed!

Pan ddoth y doctor i'm gweld, a nifer o stiwdants meddygol efo fo, mi rydw i'n cofio clywed y gair *constipation*. Plîs, medda fi wrtha i fy hun, peidiwch â dweud i mi gael fy nhynnu oddi ar y rhaglen deledu a gadael y stiwdio mewn ambiwlans, y gola glas a'r holl ffwdan jyst o achos *constipation*! Sut ar wyneb y ddaear roeddwn i'n mynd i fyw'r peth? A glywais i hynny ai peidio, wn i ddim, ond y penderfyniad oedd mynd â mi i'r theatr er mwyn cynnal archwiliad *laparoscopy*. Roedd y boen wedi lleihau cryn dipyn ac mi ddwedyd wrtha i mai am ryw ugain munud y baswn i yn y theatr. Mi fues i yno yn y diwedd am bedair awr a thri chwarter. Wedi i mi ddod ata i fy hun, mi esboniodd y doctoriaid beth oedd yn bod arna i. O'r diwrnod yr oeddwn wedi teimlo'r boen gynta yn y gwesty yn Blackpool, roeddwn wedi bod yn colli gwaed yn ara deg. Roedd cymaint o waed yn fy *abdomen* fel na fedrai'r *laparoscopy* ddangos unrhyw beth.

Yr hyn wnaethon nhw ddarganfod oedd bod gen i *ectopic pregnancy* ac roedd y *fallopian tube* wedi rhwygo. Roedd cymhlethdodau eraill hefyd ac, mewn gair, dwedwyd wrthyf fy mod yn lwcus i fod yn fyw. Anodd iawn fu gwrando ar eiriau fel yna.

Mi fues i yn yr ysbyty am ychydig ddyddia gan boeni am Emma a oedd yng ngofal ffrindia i ni yn y gwesty. Nhw oedd yn edrych ar ôl y gwesty hefyd.

Tony

Toedd o, wrth gwrs, ddim yn opsiwn i Roy a mi fynd 'nôl i Blackpool heb Aloma, felly mi arhoson ni yng Nghaerdydd. Mi fuon ni'n aros mewn gwesty crand tra buon ni'n ffilmio ond rŵan toedd dim modd talu am y gwesty hwnnw mwyach ac mi rannodd Roy a mi stafell mewn gwesty yn St Mary's Street. Toedd gen Aloma ddim digon o ddillad ar gyfer cyfnod hirach na'r disgwyl i ffwrdd o adra, felly bydda Roy yn mynd ag unrhyw beth oedd angen ei olchi i'r gwesty. Yr unig le i sychu'r dillad oedd ar y *radiators* yn ein stafell. Wnaiff Roy a mi byth anghofio rhywun yn dod â bwyd i ni i'r stafell a gweld yr holl ddillad isa merchaid dros bob *radiator* mewn stafell yr oedd dau ddyn yn ei rhannu.

Aloma

Gan ei bod yn gyfnod hir i mi aros yn yr ysbyty roeddwn i'n dal i boeni am Emma, ac am yr hyn oedd wedi digwydd i mi. Rhaid oedd diodda'r boen o gael 80 o bwytha yn fy stumog, mewn rhesi ar ben ei gilydd. Roedd hi hefyd yn adeg Dolig, wrth gwrs, a holl gyffro'r ŵyl yn digwydd y tu allan i'r ysbyty a finna'n methu bod yn rhan ohono. Tawel oedd y ward hefyd, gan fod llawer o'r staff wedi cymryd gwyliau. Bydda Tony a Roy yn galw i mewn bob dydd ac yn cael aros yn hwyr gan ei bod hi mor dawel. Un noson roeddwn bron â llwgu ac isho bwyd Chinese. Toedd gan y staff ddim gwrthwynebiad i mi gael y bwyd yna ar y ward a

ffwrdd â'r ddau i'w nôl. Dyna un o'r prydau mwya blasus i mi ei gael erioed ac roedd yn grêt cael ei rannu efo merch ifanc oedd ar y ward efo mi, sef Linda.

Mi dderbyniais floda gan HTV, er rhaid cyfadda 'mod i ychydig yn siomedig na ddoth neb o'r cwmni i'm gweld. Ond, dyna fo, fel'na fu hi. Yn y diwedd, toeddwn i ddim yn medru aros yno mwyach a minna mor bell oddi wrth fy merch fach, felly gofynnais am gael mynd adra. Mi fuon nhw'n hael iawn efo'u tabledi di-ri ac mi ddwedwyd wrtha i am beidio â gor-wneud petha. Felly adra â mi.

Wedi rhai dyddia adra, ac amser i feddwl, mi gofiais am stori o'r dyddia pan oedd Roy a mi yn Blackpool ar ddechra'r 80au. Roeddan ni'n gweithio ar faes carafanna Bourne Leisure ac yn canu yn y clwb yno gyda'r nos. Mi fydda dynas yn dod i mewn i'r maes yn y prynhawn i ddweud ffortiwn. Roeddwn i'n ffrindia da iawn efo perchnogion y maes carafanna ac mi awgrymodd y wraig y dylwn ymweld â'r ddynas dweud ffortiwn. Toeddwn i ddim yn rhy siŵr faint roeddwn i'n ei goelio yn y fath beth, ond mi es beth bynnag. Mi ddwedodd hi wrtha i bod gen i blentyn yn barod ond y basa gen i ddau blentyn arall pan fyddwn rhwng tri deg pump a thri deg naw. Toeddwn i ddim yn ei choelio pan ddwedodd hynny wrtha i ac yn sicr ddim ar ôl i mi fod yn yr ysbyty efo *ectopic pregnancy* ac un *fallopian tube* wedi rhwygo.

Dychmygwch fy sioc, felly, pan anwyd merch arall i mi yn 1989, Lia Eleni. Roedd gen i dri

Rhagfyr '86   Awst '89

phlentyn felly, a'r ddwy ola wedi'u geni pan oeddwn rhwng tri deg chwech a thri deg naw mlwydd oed. Mae'n gwneud i chi feddwl on'd tydi?

Mae Roy wedi dweud yn gyson mai un o ryfeddodau mwya'i fywyd oedd bod yn bresennol yng ngenedigaeth ein merched. Mae geni babi wedi bod yn rhywbeth sydd wedi fy rhyfeddu i ers blynyddoedd lawer hefyd. Roedd cael fy merch yn rhan o'r rhyfeddod yna wrth gwrs, ond pan ydach chi'n rhoi genedigaeth tydach chi ddim yn gallu gwerthfawrogi yn union beth sy'n mynd ymlaen gan eich bod chi, yn amlwg, yn gymaint rhan o'r holl beth! Felly, rai blynyddoedd wedi i Lia gael ei geni, mi ddoth cyfla i weld y broses heb fod yn rhan ohoni.

Mae'n amlwg bod Mam yn gwybod bod gen i ryw chwilfrydedd mawr am enedigaeth, oherwydd pan oedd Dawna yn disgwyl ei thrydydd plentyn roedd hi wedi sôn am hynny eto wrth Dawna a Michael ei gŵr. Chwarae teg iddo, mi ddwedodd Michael y gallwn i fod hefo Dawna pan oedd y babi'n cael ei eni, gan iddo fo fod hefo hi pan gafodd hi'r ddau blentyn cynta. Fedra i ddim diolch digon iddo am gynnig hynny.

Mi ddoth y dydd felly, a mewn â fi hefo Dawna i'r ysbyty. Roedd pawb yn barod, y tîm i gyd, ond yn gorfod aros amdana i. Roeddwn i wedi gwisgo fy scrybs heb ddim problem, ond doedd neb yn yr ysbyty yn gallu dod o hyd i glogs seis 3! Mi wnes i eu cadw nhw'n aros am amser hir, ac yn y diwedd methu â chael y sgidiau cywir, felly i mewn â fi i'r theatr yn gwisgo rhai oedd yn rhy fawr i fi.

Roedd pawb yn sbio arna i wrth i mi gerdded i mewn, ac mi ddoth un o'r dynion hefo scrybs glas a mwgwd am ei wyneb heibio i mi a gofyn,

'Ti'n mynd i ganu rŵan neu wedyn?'

Wedi'r miri yna i gyd, mi gafodd Dawna ferch fach, Nicola, ac roedd gweld yr holl beth yn rhyfeddod anhygoel, gwell na chael y rhifau i gyd ar y loteri! Yn y coridor tu allan wedyn, dyma'r doctor yn dod ata i a dweud nad oedd wedi gweld unrhyw un yn cymryd y fath ddiddordeb mewn genedigaeth o'r blaen, ac y gallwn i ei helpu yn y theatr tro nesa! Chwilfrydedd un oedd am fod yn nyrs ac oedd erbyn hynny'n fam ei hun, mae'n siŵr!

Wedi cael gwaith fel *trainee midwife*!

Nicola

'Cymysgfa fawr o drefn ac anhrefn'

Tony

Mi ddois i'n gyfarwydd yn eitha buan efo bywyd yn Blackpool. Roedd Aloma a Roy yn help mawr wrth gwrs, ond yn y gwesty ei hun, yr un peth fydda'n gwneud bywyd yn haws oedd y cymeriadau fydda'n aros efo ni. Arhosodd ambell un annifyr ac mae'n rhaid delio efo rheiny, wrth gwrs, ond bu'r rhan fwya yn gwmni da a diddorol. Mi ddysgais yn fy mlwyddyn gynta mewn gwesty i fod yn barod i dderbyn pob math o berson. Mi ddoth un hen fachgan ar un o dripiau Jenkins Skewen, yn ei 70au ac yn gwisgo cap ar ei ben bob amser. Wrth y bar un noson, dyma fo'n codi sgwrs efo dynas oedd hefyd yn ei 70au cynnar a cheisio ei chatio i fyny! Wnaeth o ddim rhoi'r gora iddi drwy'r nos, gan siarad â hi'n ddi-stop. Ond chafodd o fawr o hwyl, dim ond sgwrs hir.

Mi aeth pawb i'w gwlâu yn y diwedd, wedi noson hir o yfed. Mi es ati i llnau'r bar ac yn sydyn reit mi glywais y cnocio mwya ofnadwy i fyny'r grisiau. Fyny â mi i weld be oedd yn bod. Ar y landing cynta, dyna lle'r oedd yr hen fachgan yn cnocio ar ddrws y ddynas y bu'n sgwrsio efo hi. Un peth oedd ar ei feddwl, sef mynd i mewn i'w stafell hi. Roedd sŵn y cnocio yn codi'n uwch ac yn uwch. Daliai i wisgo'i gap am ei ben ac roedd yn cario pecyn o sigaréts a matshys yn ei law – ond doedd o ddim yn gwisgo dim byd arall! Roedd yn hollol noethlymun groen! Dyna'r olygfa fwya chwerthinllyd welais i erioed. Pan welodd fi'n dod i fyny'r grisiau, rhedodd yn syth 'nôl i'w stafell. 'Nôl â finna lawr y grisiau a rhyw wên fach ar fy ngwyneb yn meddwl, chwarae teg iddo mewn gwirionedd, yn ei oed a'i amser ac yn dal i drio. Un peth ddaeth i'm meddwl – gobeithio y bydda gen i'r un gic pan fyddwn yr un oed ag o!

Un haf hefyd yn y flwyddyn gynta, mi aeth cwpwl oedd yn aros efo ni allan am dro. Mae hyn yn dal i ddigwydd, ac yn aml iawn aiff rhai allan ar ôl cinio a mynd ar goll yn llwyr. Allan â'r ddau yma, fo yn ei grys a hitha yn ei ffrog ha. Welson ni mohonyn nhw tan y diwrnod wedyn. Roeddan nhw gymaint ar goll nes y bu'n rhaid iddyn nhw aros mewn gwesty arall yn y dre am y noson. Y bore wedyn, mi ffonion nhw'r cwmni bysys er mwyn cael enw'r gwesty lle roeddan nhw i fod i aros. Mi fydda i'n meddwl yn aml am y ddau yma, oedd yn tynnu 'mlaen mewn oed, yn cerdded i mewn i westy heb unrhyw fagiau ac ati, yn gofyn am stafell, ac yn gadael y bore wedyn yn yr un dillad ag oedd ganddyn nhw'r diwrnod cynt. Tybed ai Mr a Mrs Smith sgwennon nhw yn llyfr y gwesty?!

Aloma

Un haf, ynghanol y tymor gwyliau, roedd llond bws o Aberdeen yn aros efo ni. Amser da felly i mi ddechra teimlo go iawn bod fy nhrydydd plentyn yn barod i ddod i'r byd 'ma. I mewn â mi i'r ysbyty felly a gadael Rosalind a Myrddin a Gari Williams a'i deulu i edrych ar ôl pobol Aberdeen. Yn ystod y noson roedd Gari wedi cymryd drosodd ac yn diddanu pawb yn y gwesty. Gan fod pawb am aros i lawr i glywed y newyddion am yr enedigaeth bu'n rhaid iddo'u diddanu am gyfnod hir iawn. Ond bu'n rhaid i Gari hyd yn oed ildio, gan na chyrhaeddodd Lia Eleni y byd tan bump o'r gloch y bore. Y flwyddyn wedyn, mi ddoth nifer o'r un bobol yn ôl eto a braf oedd clywed eu straeon doniol am y noson honno pan oeddwn i yn yr ysbyty. Mi gawson nhw gryn sioc wrth ddeall bod Gari erbyn hynny wedi'n gadael ni – fel yn wir y cawsai pawb oedd yn ei adnabod a Chymru gyfan.

Tony

Wedi un tymor yn unig yn y Regal, mi ddoth yn amlwg bod angen i ni symud am nad oedd petha cweit yn iawn. Roedd ffasiwn newydd wedi cyrraedd, yr *en-suite*. Toedd gynnon ni ddim y fath beth yn y Regal felly mi lwyddon ni i brynu a gwerthu yn gyflym a draw â ni i'r Gresham. Roedd y rhan fwya o'r stafelloedd yno hefo *en-suite*, ac roedd o reit y tu cefn i'r Winter Gardens a chanddo far gwell ar gyfer cynnal adloniant. Mi wnaeth hynny ehangu ein marchnad a'r math o gwsmer fedrai ddod i aros efo ni. Ymhen misoedd, roedd pob stafell ag *en-suite*, roedd lifft newydd yn y gwesty ac ardal y bar wedi'i gweddnewid yn llwyr. Y cyfan yn y gobaith o gael dyddia da.

Aloma

Heblaw am yr holl gymeriadau a'r sêr sydd wedi dod yma, mae nifer fawr o gwmnïau teledu a radio wedi dod i ffilmio Tony a fi. Dwn i ddim faint o wahanol gyfweliadau rydw i wedi'u gwneud ar bob math o bynciau. Mi ddoth un rhaglen yma'n annisgwyl

Andy

Nosweithiau *cabaret* Cymraeg yn y Gresham. Ymysg amryw o rai eraill roedd Dafydd Iwan, Trebor, Hogia'r Wyddfa, Caryl ac ati.

Idris Charles

Tudur Owen

Dylan a Neil

John ac Alun a Tudur Morgan

Huw Evans

Tammy Jones (ar y dde)

Iona

Wil Tân

Alun Tan Lan a Gruff Rhys

Griff

John Sellars

Cafodd y llun ei dynnu ymhen amser

iawn i mi, fodd bynnag, a toeddwn i ddim yn barod amdanyn nhw. Roedd Roy wedi trefnu i ni fynd fel teulu, y fi, fo, Emma a Lia, i dynnu llun proffesiynol. Ar fore'r tynnu llun, dwedodd Roy wrtha i iddo wneud apwyntiad i mi gael gwneud fy ngwallt. 'Ew, am beth meddylgar,' oedd fy ymateb pan esboniodd ei fod yn gwybod na faswn i'n hapus tynnu llun petai 'ngwallt i ddim yn iawn. Ar y pryd, toeddwn i ddim yn teimlo'n hanner da efo'r salwch a toeddwn i ddim o gwmpas fy mhetha fel y dylwn fod. Cyn mynd i'r siop trin gwallt roedd gen i apwyntiad i fynd ag Emma i'r ysbyty am *check-up* ac, fel mae ysbytai'n medru bod, roedd popeth yn rhedeg yn hwyr. Bob hyn a hyn bydda Roy yn codi ac yn mynd allan, 'nôl a blaen, i fynd am smôc medda fo. Roeddwn i'n dechra blino go iawn yn yr ysbyty ac yn y diwedd mi drois at Roy a dweud bod yn rhaid

canslo'r tynnu llun a'i drefnu ar gyfer diwrnod arall. Ond toedd o ddim yn fodlon ar hynny ac yn dadlau nad oedd yn iawn gadael pobol i lawr ar y funud ola, gan wneud i mi deimlo'n reit euog!

Allan â ni o'r ysbyty o'r diwedd ac i mewn â mi i'r siop trin gwallt, lle baswn i o leia yn cael rhywfaint o lonydd a gorffwys cyn mynd allan eto i dynnu'r llun. A finna efo llond pen o *rollers* yn fy ngwallt, pwy gerddodd i mewn ond Arfon Haines Davies! Y cwbl wnes i oedd troi ato a dweud,

'Wel, sut wyt ti ers talwm? Be ti'n neud yn Blackpool?'

Toeddwn i erioed wedi gweld y gyfres *Penblwydd Hapus* ar S4C, felly doeddwn i ddim yn gwybod mai Arfon oedd yn ei chyflwyno nac yn gwybod am drefn y rhaglen. Daeth y criw camera allan o gefn y siop trin gwallt wedyn a finna'n dechra sylweddoli'n ara deg beth oedd yn digwydd. Datgelwyd y stori i gyd wedyn, gan ddweud bod holl firi'r tynnu llun a thrin gwallt yn rhan o'r plot i'm cael i allan o'r gwesty. Tra oeddwn i yno cafodd gwesteion y rhaglen gyfla i gyrraedd y Gresham heb i mi wybod ac âi Roy allan am ei smôc er mwyn ffonio'r cwmni cynhyrchu i esbonio bod yr apwyntiad ysbyty'n rhedeg yn hwyr. Am gynllunio manwl a dirgel!

Y cyfan ges i wybod yn y siop trin gwallt oedd bod yna ryw fath o barti pen-blwydd i mi. Roedd cyfla i mi fynd adra i newid gynta ac wedyn mynd i'r gwesty. Wedi gadael fy nghartra ces un syrpréis ar ôl y llall. Car mawr crand a dyn cap a phig yn aros amdana i y tu allan i'r drws ffrynt oedd y sioc gynta. Nid yn ôl i'r Gresham aeth o â mi, ond i'r Pembroke, neu'r Hilton fel mae o rŵan. Cael colur ac ati wedi cyrraedd fan'no a finna'n dal i fethu dallt sut roedd popeth i fod i ddod at ei gilydd. Roedd rhyw gyfrinach fawr yn dal i fod ynglŷn â phob dim. Ces fy arwain i lawr y grisiau at stafell fawr y gwesty ac wrth agor y drysau, gweld ei bod yn llawn o ffrindia a theulu a chyd-berfformwyr. Gweld wedyn bod set ar gyfer creu rhaglen deledu wedi'i hadeiladu yno hefyd a chriw llawn yn barod i recordio rhaglen. Roedd yn agos at y Dolig ac roedd coed Dolig ymhobman ac addurniadau ymhob cornel, awyrgylch Nadolig go iawn. Mor wahanol oedd hi i awyrgylch Nadolig y tro diwetha i mi fod efo criw ffilmio, pan oeddwn yn yr ysbyty yng Nghaerdydd. Roedd hwn yn Nadolig go iawn a dathlu pen-blwydd yn gymysg yn y cyfan.

Mi roedd yna bobol yno toeddwn i heb eu gweld ers blynyddoedd lawer. Audrey Mechell er enghraifft, y ddynas fuodd wrthi efo'n grŵp drama ni pan oeddwn yn yr ysgol. Haf Morris fy athrawes telyn a dau neu dri llond bws o Lannerch-y-medd yn cynnwys pobol ysgol nad oeddwn i wedi'u gweld ers talwm. Wrth fynd drwy'r neuadd, dyna lle roedd yr Hennessys, Idris Charles a llwyth o bobol eraill.

Roeddwn wedi bod ar y ffôn efo Dawna'r noson cynt yn trio gweld pryd fydda'n gyfleus iddi hi a'i gŵr Michael a'u plant ddod draw i'n gweld ni. Ddwedodd hi'r un gair am y noson oedd wedi'i threfnu. Roedd y teulu wedi bod yn brysur iawn ac mi ddaru nhw i gyd ddod i Blackpool a Mam

Haf Morris, fy athrawes gerdd

Rhona (mam-yng-nghyfraith) a Mam wedi helpu hefo'r gyfrinach

efo nhw. Mi aeth mam Roy â'r genod allan i brynu dillad ar gyfer y rhaglen, ac mi brynodd Roy sawl pâr o deits i mi, rhag ofn i mi ddefnyddio diffyg teits cywir fel esgus i beidio â gwneud y rhaglen!

Gorffennodd y recordio a finna wedi bod ar daith hyfryd 'nôl dros y blynyddoedd. Draw â ni wedyn i'n gwesty ni, y Gresham. Mi aeth yn barti mawr yn fan'no a'r Hennessys yn arwain y canu, yn ogystal â Tony, Roy a fi. Mi ddoth y cwbl i ben rywbryd y bore wedyn.

Tony

Mi roedd honno'n noson grêt a doedd Aloma ddim wedi dallt dim am yr holl drefnu fuodd am fisoedd cyn hynny. Un peth mae Aloma a fi wedi'i wneud yn gyson ar hyd y blynyddoedd ydi mynd i bingo bob nos Wener ac i'r Chinese unwaith y mis. Mae'n gyfla i ni'n dau gael sgwrs go iawn yn Gymraeg i ddechra, ymhell o Saesneg y gwesty. Un noson yn y Chinese dyma gwrdd ag un o fy *idols* mwya, sef Alex Higgins, y chwaraewr snwcer gora pan oedd o yn ei fri. Hogyn annwyl iawn. Cyn gadael dyma ni'n dweud nos da wrtho, a fo wedyn yn rhoi clamp o gusan i Aloma a finna'n rhoi fy llaw allan i ysgwyd ei law o. Ond beth wnaeth o? Rhoi clamp o gusan ar fy moch inna. Sws gen Alex Higgins – clêm tw ffêm arall yn fy mywyd!

Ar nosweithiau'r bingo, roedd Aloma a fi wedi dod i nabod y dyn oedd yn galw'r rhifau. Clive oedd ei enw, tipyn o gymeriad. Ond hefyd, ar y nosweithiau bingo yma, mi fydda adeg yn dod bob nos pan fydda clybiau Mecca Bingo i gyd trwy'r wlad yn uno efo'i gilydd dros yr awyr. Roedd Aloma wedi mopio'n llwyr efo llais y dyn oedd yn galw ar y linc cenedlaethol, sef dyn Mecca yng Nghwmbrân. Bob tro y bydda hi'n clywed ei lais, y cwbl roeddan ni'n ei glywed ganddi oedd, 'Oooh, my man from Cwmbrân!'

Pan ddoth pen-blwydd Aloma'n hanner cant felly, mi drefnon ni gêm o bingo yn y Gresham fel rhan o'r parti. Mi ddoth Clive i mewn i alw'r bingo ac Aloma yn cael cymaint o syrpréis. Roeddan ni wedi rigio'r gêm fel bod Aloma yn ennill. Ar yr adeg pan fasa fo'n digwydd yn y clwb bingo go iawn, mi ddwedodd Clive ei bod hi'n amser mynd am y linc cenedlaethol a draw i Gwmbrân y tro hwn. Roedd y llais arferol yn dechra galw'r rhifau, y llais oedd wedi swyno Aloma cymaint. Mi alwodd y rhifau wedyn

Peter a Clive – y galwyr bingo

yn ôl y drefn, a'r un ymateb ganddi ag arfer hefyd, 'Oooh, my man from Cwmbrân!' Yn y diwedd, mi gath cerdyn Aloma ei lenwi a hithau'n gweiddi'n ecseited i gyd. Gofynnais iddi ddod i'r llwyfan i dderbyn anrheg pen-blwydd. Allan â dyn o'r cefn a pharsal yn ei law. Mi aeth Aloma ati i dynnu'r papur oddi ar y parsel ac, wrth iddi wneud, mi bwyntiais at y dyn, troi at Aloma a dweud,

'Aloma, this is your man from Cwmbrân!'

Roedd Peter wedi dod bob cam o Gwmbrân i roi syrpréis iddi ac wedi cuddio yn y cefn efo meic radio wrth alw'r rhifau. Y cyfan wnaethon ni i gyd glywed oedd 'Oooohhhh' gen Aloma! Yn y diwedd, wedi iddi gael ei thraed 'nôl ar y ddaear, mi sylweddolodd beth oedd ei anrheg, plât rhif car ac A1 OMA arno. Tydi hi ddim yn gwybod hyd heddiw faint wnaethon ni dalu am y plât yna, dim mwy nag ydw i'n gwybod sut y doth hi o hyd i mi mewn tafarn yn Woolwich flynyddoedd ynghynt. Mae gynnon ni i gyd ein cyfrinachau, wyddoch chi. Ond os gwnaiff hi ddweud sut ffeindiodd hi fi, mi ddweda i faint wnaethon ni dalu am rif y car.

Aloma, A1OMA ac Aloma (fy nith)

Aloma

Mi roedd y cyfan yn sioc, a gweld Peter o Gwmbrân yn andros o syrpréis! Mi gefais i barti pen-blwydd grêt, ac roedd ffrindia eraill fath ag Arwel ac Elwyn Hogia'r Wyddfa a Now o Hogia Llandegai yno hefyd i wneud yn siŵr y bydda 'na barti canu arall yn hwyr i'r nos. Mi wnaeth gŵr Dawna ffilmio'r noson ar ei *camcorder* ac mae'r rhan fwya o'r noson efo ni i'w gwylio dro ar ôl tro. Heblaw, yn anffodus, am ddeuawd gan Arwel a Now ar ddiwedd y noson pan oedd batri'r camera wedi nogio. Ond roedd y ddeuawd, efo Now ar y llwyau hefyd, yn eitem sbesial iawn.

Roeddwn i'n falch o gael cyfla wedyn i wneud rhywbeth tebyg i Tony pan ddoth ei ben-blwydd yntau yn saith deg. Bu Roy a finna wrthi am amser hir yn creu llyfr i gofnodi ei fywyd, tebyg i lyfr *This is your Life*. Mi roedd hynny'n golygu mynd i mewn i'w stafell wely heb iddo wybod er mwyn dod o hyd i luniau. Roedd yn rhaid chwilio yng nghanol y llanast i gyd! Mi roddon ni'r llyfr iddo pan aethon ni allan am Chinese a na, chafodd o ddim *mixed grill*!

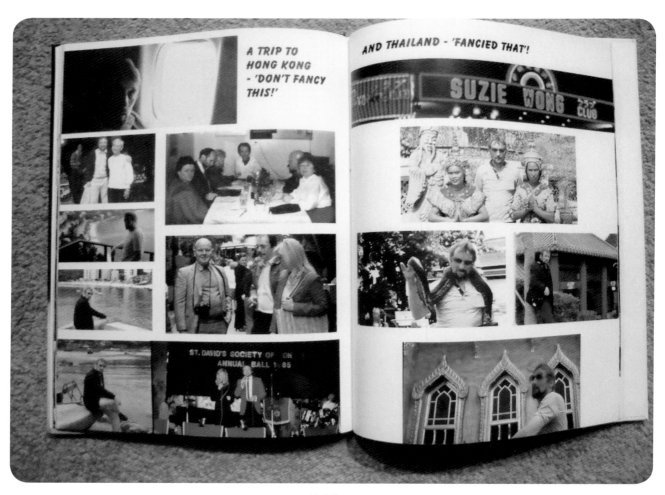

Llyfr Tony

'Rhywle yn y byd mae bachgen'
Aloma

Drwy'r holl oleuadau llachar a'r colur a'r miwsig, mae teledu hefyd yn medru bod yn fodd i gyfrannu rhywbeth gwerth chweil i fywyd rhywun, sydd dipyn dyfnach. Mi ges i'r fath brofiad ar ddechra'r mileniwm newydd 'ma. Roedd y cynhyrchydd Michael Bayley Hughes yn ffilmio efo ni yn Blackpool ar gyfer rhaglen ddogfen ar Tony a fi. Wrth sgwrsio, mi ddwedodd iddo gyfarfod â dau foi difyr iawn rai dyddia ynghynt a fu yn yr Ail Ryfal Byd, dau ddyn o Bethesda. Dyma fi'n sôn wedyn bod fy ewythr wedi'i ladd yn y rhyfal ac iddo gael ei gladdu mewn mynwent yn yr Almaen. Toedd neb o'r teulu wedi bod i weld y bedd; yn wir, toeddan ni ddim yn gwybod lle roedd y bedd.

Yn syth, dyma Michael yn dweud y basa stori fel'na'n grêt i'r rhaglen ddogfen. Holodd a fydda ots gen i fynd allan i'r Almaen petai'n medru dod o hyd i'r bedd. Dim problem o gwbl medda fi, heb feddwl rhagor am y peth.

Vaughan Davies oedd brawd hyna Mam ac mi roedd o yn yr RAF yn ystod y rhyfal, fel *rear-gunner* mewn *Lancaster bomber*. Cafodd yr awyren ei saethu uwchben yr Almaen a lladdwyd yr holl griw, pan oedd Vaughan ddim ond yn bedair ar bymthyg oed.

Mi darodd hynny fy nheulu yn galed iawn. Fydda Taid byth yn sôn am ei farwolaeth. Deg neu un ar ddeg oed oedd Mam pan ddigwyddodd hynny ac mae hi'n cofio chwarae ar y stryd efo genod eraill ac un neu ddwy o'r rheiny'n sôn iddyn nhw glywed enw Vaughan Davies yn cael ei ddarllen ar y radio'r noson cynt gan Lord Haw-Haw, fel un a gawsai ei ladd. Rhedodd Mam nerth ei choesa ac yn ei dagrau i'w chartra a gofyn i Taid a oedd hyn yn wir. Roedd Taid wedi derbyn y telegram ac wedi dod adra o'r Navy ar *compassionate leave* ond doedd o ddim wedi medru dod o hyd i ffordd o ddweud wrth ei deulu. Toeddan nhw ddim yn gwbl sicr pam y daeth adra o'r Navy yn y lle cynta tan iddo adrodd am hanes Vaughan. Ar ôl iddi hi glywed y newyddion, cafodd Nain gymaint o sioc fel na wnaeth siarad am fisoedd. Aeth Taid ddim yn ôl i'r Navy chwaith wedi hynny. Ar y pryd, roedd chwech o blant yn y cartra a'r 'fenga wedi'i eni ar y dydd y dechreusai'r rhyfal. Y babi hwnnw oedd Lligwy, yr un yr aeth Tony i chwilio amdano'n ddiweddarach.

Ymhen blynyddoedd wedyn, mi gafodd y teulu eitha sioc o ddallt bod Taid wedi anfon darn o farddoniaeth i *Herald Môn* i gofio am Vaughan,

heb yn wybod i'r un ohonyn nhw. Y rheswm
dros wneud hynny oedd i un o'r teulu, ac yntau
newydd ddechra gweithio ar y papur, annog Taid
i'w gyhoeddi a chynnig ei help trwy fynd â'r darn at
olygydd y papur. Yr aelod hwnnw oedd y darlledwr
Vaughan Hughes, y mab cynta a anwyd i'r teulu
wedi marwolaeth Vaughan Davies, a hynny sy'n
esbonio ei enw. Mae'n ddarn sy'n amlwg yn llawn
teimlad, ac yn ddarn safonol, o gofio mai dyn heb
addysg sgwennodd o.

Penillion Coffa Sgt. Vaughan Davies 2210654

Vaughan, fy machgen annwyl,
Pa le yr aethost ti?
Mewn hiraeth am dy weled
Fy nagrau'n llifo'n lli.
Cofio'r wên oedd ar dy wyneb
Daw'r atgof i'm bron fel cledd.
A thithau sydd mi dybiaf
Yn dawel yn dy fedd.

O'th wirfodd rhoddaist dy fywyd
Cyn cyrraedd ugain oed.
Ond heddiw gyda'r llu yn gorwedd
Megis hydref ddail y coed.
Caf rhyw ddydd fy machgen annwyl
Yn yr anial weld dy wedd.
Os na chaf weled man dy feddrod
Cawn gwrdd â'n gilydd yn y nef.

Vaughan, brawd Mam

Welodd o mo fan ei feddrod ac, yn anffodus,
welodd Nain mohono chwaith. Wedi iddi hi farw
heb wybod lle roedd ei mab yn gorwedd, mi wnes
addewid y baswn i'n dod o hyd i fedd Vaughan yn
hwyr neu'n hwyrach. Yr unig beth y llwyddais i'w
wneud yn y cyfamser oedd rhoi enw Vaughan ar
garreg fedd Taid. Roedd o'n fy mhoeni nad oedd
cofnod i Vaughan o gwbl ar Ynys Môn. Felly, pan
gafodd fy nhaid ei gladdu ym Mhenrhoslligwy, mi
drefnais fod enw Vaughan, ei fab hyna, ar y garreg
fedd efo fo. Ac yn lle rhoi adnod, mi rois gytgan
'Wedi Colli Rhywun sy'n Annwyl'.

Wedi colli rhywun sy'n annwyl
Y cwestiwn gan bawb ydi pam?
Ond cyn gweld gwerth mae'n rhaid colli
A'r gost o gael ateb yw cam.

Mam a finna wrth fedd Taid a Nain

Bedd Vaughan yn yr Almaen

Ymhen deng mlynedd claddwyd Nain yn yr un bedd. Roedd y tri efo'i gilydd o'r diwedd.

Mi ddoth Michael Bayley Hughes yn ôl ata i ymhen amser a dweud ei fod wedi dod o hyd i fedd Vaughan. Roedd ei waith ymchwil manwl wedi dwyn ffrwyth ond, yn fwy na hynny, roedd wedi trefnu i Roy a finna hedfan yno. Mi wnaethon ni lanio ym maes awyr Düsseldorf a theithio oddi yno i fynwent filwrol Reichswald, yng ngorllewin y wlad, heb fod ymhell o'r ffin â'r Iseldiroedd. Hon yw'r fynwent filwrol Gymanwladol fwya yn yr Almaen ac

mae 7,594 o aelodau'r lluoedd arfog wedi'u claddu yno, 176 ohonyn nhw'n ddienw.

Un enw roeddwn i am ddod o hyd iddo. Ond roedd yr ymchwilydd wedi anghofio dod â'r cynllun i ddangos lle'n union roedd bedd Vaughan. Tra 'mod i'n paratoi ar gyfer y ffilmio efo'r criw, mi aeth Roy am dro i weld a fedrai ddod o hyd i'r bedd ynghanol y miloedd o groesau gwyn yno. Mewn llai nag ugain munud, dychwelodd Roy ac yntau wedi dod o hyd iddo. Roedd hynny'n anhygoel!

Rhaid oedd i mi baratoi fy hun wedyn i fynd

draw at y groes wen ac enw fy ewythr arni. Es i ddim at y bedd cyn y ffilmio, felly yr hyn a welwyd ar gamera oedd y tro cynta erioed i mi fynd at y bedd a darllen ei enw. Roedd yn deimlad ysgytwol tu hwnt ac mi dorrais i lawr yn llwyr. Rhoddais gerdyn ar ei fedd a'r geiriau 'O'r diwedd' arno.

Wedi i ni fynd adra, wedi taith emosiynol tu hwnt, mi benderfynodd S4C eu bod am gwtogi'r rhaglen ddogfen a bu'n rhaid dileu o'r rhaglen y ffilm a wnaed yn yr Almaen. Ond fel mae'n digwydd bod, llynedd mi ddoth Tweli Griffiths, o ITV Cymru ar y pryd, i'r Gresham er mwyn ein perswadio i wneud rhaglen awr yn y gyfres *Cofio*. Dyma fi eto'n dweud, 'Fedra i ddim!' Ond ar ôl ychydig ddyddia, a sawl gwydriad o win coch, Tweli enillodd y dydd. Diolch iddyn nhw, mi ddangoswyd rhan fechan o ffilm Michael Bayley Hughes ar *Cofio*.

Chwe mis yn ddiweddarach, ces gyfla i fynd yn ôl unwaith eto, y tro hwn efo Mam, Lligwy fy mrawd, Roy, Tony, Emma a Lia. Profiad dwys i Mam druan fu gweld bedd ei brawd am y tro cynta, dros hanner canrif wedi'i farw. Ond er mor drist y sefyllfa, roeddwn mor falch 'mod i wedi medru mynd â hi.

Wedi i mi sôn am y stori hon ar *Cofio*, mi ges alwad ffôn gan rywun yn yr Almaen, Cymro Cymraeg o Abergwaun. Dwedodd mai Gareth Reynolds oedd ei enw a'i fod yn byw wrth ymyl Reichswald. Mi gynigiodd dendio bedd Vaughan ar fy rhan. Felly, mae'n mynd yno rŵan i roi blodau ar y bedd, twtio rhyw fymryn arno ac anfon DVD

ata i i ddangos y bedd ar wahanol dymhorau o'r flwyddyn. Mae hynny'n weithred sydd yn golygu cryn dipyn i mi a'r teulu.

I raddau helaeth, mae'r digwyddiadau hyn wedi bod yn fodd i gau'r drws ar y digwyddiad trist hwnnw yn hanes ein teulu. Cofiaf y tristwch a ddisgynnai ar y cartra pan fydda rhywun yn digwydd sôn am Vaughan mewn sgwrs, neu'n cyfeirio at yr Almaen neu'r Ail Ryfal Byd. Roedd yna focs ar waelod y wardrob yn y cartra a toedd fiw i ni sbio ynddo o gwbl yn blentyn. Erbyn hyn, mae'r bocs a'i gynnwys gen i yn Blackpool: dyddiaduron Vaughan, llythyr sgwennodd o at ei dad a'i fam efo *fountain pen* mewn sgrifen arbennig o daclus, ei offer siafio a lluniau nifer o genod hefyd, pob un yn dweud ei bod yn ei garu. Hefyd, llythyr at ferch o'r enw Edith na chawsai erioed ei bostio.

Ond falla mai'r hyn sydd yn fy nghlymu'n fwy agos at Vaughan na dim arall yw un weithred fach ddigon syml a wnawn yn gyson pan oeddwn yn blentyn. Mi awn i'r Swyddfa Bost ar ran Nain efo llyfr pensiwn rhyfal Vaughan a derbyn stamp gan y ddynas y tu ôl i'r cownter. Wedi llenwi'r llyfr efo'r stamps, mi fyddan ni'n ei gyfnewid bob tri mis am yr arian oedd yn ddyledus i'r teulu ar ei ran. Dyna'r arian y bydda Nain yn ei ddefnyddio i dalu am wersi piano a gwersi telyn i mi. Felly, mae'r gŵr ifanc hwn o Lannerch-y-medd, na welais erioed mohono ac sy'n gorwedd mewn darn o dir yn yr Almaen, wedi cyfrannu cryn dipyn at wneud yr Aloma ydw i heddiw.

'Y gallu i wybod am y gwir'
Tony

Fel arfer, mae hen lanc fy oed i'n byw ar ei ben ei hun yn rhywla. Mi rydw i'n lwcus iawn, rydw i'n hen lanc sydd wedi byw yn rhan o deulu ers bron i chwarter canrif. Pan symudais at Roy ac Aloma i Blackpool roeddan ni'n byw yn y Regal cyn symud i'r Gresham. Mi ddoth Emma a Lia i'r byd wedyn, felly roeddan ni'n deulu o bump yn byw yn yr un lle. Un peth amlwg a roddodd hyn i mi yw'r profiad o fagu plant, gan i mi gael y fraint o fod yn rhan o fagu'r ddwy. Pa hen lanc sy'n cael y cyfla i newid clytiau a helpu efo'r gwaith cartra?

Y fi sy *in charge*!

Mi rydw i'n cofio mynd o stafell i stafell yn y Gresham, ar fy rownds arferol cyn i fws yn llond ymwelwyr gyrraedd, a theimlo'n flin iawn. Cwpan ddim yn ddigon glân eto mae'n siŵr. Hawdd iawn oedd teimlo'n flin trwy'r dydd pan fyddwn yn yr hwylia yna. Felly i lawr y grisiau â mi, a galw'r ddwy hogan fach, un yn bump a'r llall yn dair, a mynd â nhw allan i'r dre, Lia yn y *pushchair* ac Emma'n cerdded. Am y farchnad â'r tri ohonon ni ac o amgylch y stondina, wedyn i gaffi am hufen iâ i'r genod a phanad i mi cyn troi yn ôl i'r gwesty ar ôl rhyw awr yn teimlo'n hapus braf. Dyna'r therapi gora posib ac mi wnes i hynny droeon.

Wrth i'r genod dyfu, mi ddoth yn amlwg nad oedd lle i ni i gyd yn y Gresham. Roeddan nhw, fel plant iach, bywiog, angen mwy o le i chwarae a ballu. Ac roedd doctor Aloma wedi awgrymu y basa ei hiechyd yn altro efallai pe na bai'n byw yno. Prynodd Roy ac Aloma dŷ wedyn ac roedd hynny'n brofiad ofnadwy i mi. Bydda eistedd yn fy fflat yn y gwesty ar fy mhen fy hun yn dorcalonnus, fel petai rhywun wedi dwyn fy mhlant fy hun oddi arna i. Ar ben hynny, mi ddechreuodd yr unigrwydd gymryd drosodd wedi i'r plant adael, er mai dim ond rhyw filltir i fyny'r lôn oeddan nhw.

Ond bydda cyfla i'w gweld ar y penwythnos. Gan fod y bysys yn cyrraedd ar nos Wener, bydda Roy ac Aloma'n dod i'r Gresham yn rheolaidd er

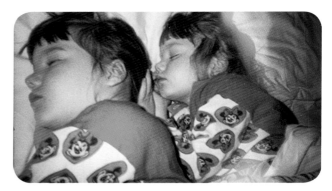

Nos da

Twm *odd job*

Yn y tŷ – cwningod i'r plant a chi i Aloma (Jac)

mwyn paratoi ar eu cyfer, a'r genod efo nhw wrth gwrs. Bydda Aloma a mi'n canu wedyn gyda'r nos a'r genod yn mynd i'w gwelyau yn y gwesty lle cawson nhw eu magu. Roedd y drefn yna'n gweithio'n grêt er mwyn i Roy ac Aloma fedru gweithio a gofalu am y plant yr un pryd a chawn inna weld y ddwy'n gyson.

Roeddan ni'n cael hwyl ofnadwy ac yn mynd ar ryw drip neu'i gilydd bob Sadwrn. Bydda ble roeddan ni'n mynd yn dibynnu ar be roeddan nhw wedi gwirioni arno ar y pryd, o *roller skating* i ddawnsio neu nofio. Erbyn iddyn nhw gyrraedd

yn ddeg a deuddeg oed, reidio ceffylau oedd eu prif
ddiddordeb ac i'r stabla y byddan ni'n mynd bob
Sadwrn. Mi drodd y reidio yn broblem i mi gan
y bydda bws newydd yn cyrraedd ar nos Wener
ac felly cawn noson brysur iawn. Erbyn cau y bar
a sortio pob dim bydda hi'n aml yn bump neu'n
chwech o'r gloch arna i'n mynd i'r gwely. Ymhen
rhyw deirawr, bydda'r ddwy yn cnocio ar y drws
ac roedd yn rhaid ateb. Ffwrdd â ni wedyn am y
ceffylau, gwneud yn siŵr bod y ddwy yn iawn, a
'nôl wedyn i'r car i gysgu am awr. Bob blwyddyn
hefyd, bydda trip i'r sw.

Wedi i'r ddwy dyfu a gadael coleg, mi aeth
Emma i weithio mewn ysbyty BUPA a Lia i weithio
mewn fferm iechyd. Ond erbyn hyn mae'r ddwy
wedi dod 'nôl i'r Gresham ac yn gyfrifol am y tîm
sy'n rhedeg y gwesty a dw i mor falch o hynny.
Heddiw, maen nhw'n ddwy ar hugain a phedair ar
hugain mlwydd oed ond yn dal i afael amdana i ac
yn ffarwelio efo'r un frawddeg, 'Love you, Twm.'
Yn anffodus, ches i mo'r un cyfla i fod yn rhan o
blentyndod Dawna, gan fod fy mhen yn y gwynt yn
ystod y cyfnod hwnnw, a fyddwn i ddim yn gweld
cymaint ohoni chwaith.

Gan i mi sgwennu cân i Emma Môn, rhaid oedd
gwneud yr un peth wedyn i Lia Eleni a chwilio
am ysbrydoliaeth o rywle a dod o hyd i thema
fydda'n siwtio. Gan y bydda cân Emma ar ein
CD mileniwm ni roedd angen i gân Lia fod arni
hefyd felly. Mi aeth fy meddwl yn ôl at y dyddia
pan oedd gan Jac fy mrawd sied yn ei gartra yn
Rhosmeirch. Mi gofiais i mi gerdded i mewn i'r
sied efo fo a gweld bod gwennol wedi gwneud ei
nyth yno a'r gwenoliaid bach – ei phlant – yno yn
y nyth hefyd. Y funud mae'r rhai bach yn medru
hedfan, ffwrdd â'r wennol i Dde Affrica, 12,000 o
filltiroedd i ffwrdd, cyn dychwelyd bob cam i'r un
nyth. Rhyfeddais yn llwyr pan glywais hyn ac mae'n
dal i fy synnu. Tua hanner modfedd yw maint pen
gwennol, ond mae ganddi'r *sat nav* mwya anhygoel
ynddo! On'd ydi natur yn rhyfeddod? Dyna oedd
thema cân Lia Eleni wedyn. Ac wrth gwrs, rhaid
oedd i'r hen Dduw gael ei big i mewn.

Lia Eleni

Mae 'na bobol sydd yn meddwl
Nad oes dim byd wedi'i greu
Pob dim wedi digwydd
O ddim a dim 'di wneud.
Fod y lleuad yn y gofod
A'r sêr 'di digwydd dod
Yr haul 'di digwydd tanio
A'r byd 'di digwydd bod.

Ond sŵn dy lais sy'n deud y cwbwl
Am y grêd sydd yn fy meddwl
Dy annwyl wên sydd yn ddigon
I brofi'r hyn sydd yn fy nghalon.

Mae'r aderyn yn yr awyr
Y pysgodyn yn y môr
Y goeden yn y goedwig
Y blodyn ar y ddôl.

Yr anifail a'r gwybedyn
Sy'n byw mewn byd eu hun
Ella fod eu gallu i wybod
Am y gwir yn well na dyn.

Ond lliw dy wallt sy'n deud y cwbwl
Am y grêd sydd yn fy meddwl
Dy lygaid glas sydd yn ddigon
I brofi'r hyn sydd yn fy nghalon.

Lia Eleni,
gwyrth o waith fy Nuw wyt ti
Lia Eleni,
gwerth y byd wyt ti i mi.

Mae'r gân nid yn unig yn sôn am fy nghariad at Lia, ond yn gwneud y sylw hefyd falla fod natur yn nes

Hefo'r ddwy yma'n rhedeg y busnes mae cyfle i ymlacio

at Dduw na dyn ei hun, sy'n dueddol o gymhlethu petha heb isho.

Erbyn heddiw, felly, fflat ar fy mhen fy hun sydd gen i, yn y Gresham, ond llond côl o atgofion am rannu bywyd efo'r teulu. Mae gen i ryw ddolen fechan efo fy nheulu fy hun yn y fflat hefyd. Ar y wal uwchben fy nghadair mae yna gloc. Cloc oedd yn arfer bod ar wal ffarm Gwenllian yn Talwrn a'r un oedd yn tician pan ddois i'r byd. Mae gen i gof plentyn cynnar iawn o Dad yn weindio'r cloc yma bob nos pan oeddwn yn y gwely.

Mi brynodd fy rhieni'r cloc wedi casglu digon o gwpons te Typhoo yn y 30au. Cloc digon rhad ydi o felly, mewn gwirionedd, ond mae'n werth tipyn mwy na phres i mi. Bob tro y bydda'r teulu'n symud, bydda'r cloc yn symud hefyd. O Gwenllian i Ty'n Llan, yna i Cerrig Tyrn ac oddi yno efo mi at fam Aloma a John, cyn symud draw i'r fflat ym Miwmaris a 'nôl wedyn i Langefni at nain Aloma. Roedd yr holl symud yma wedi gadael ei oel ar yr hen gloc ac erbyn i mi gyrraedd Blackpool roedd mewn bocs yn ddarnau. Ond doedd ei daflu byth yn opsiwn oherwydd y cysylltiadau.

Mi rydw i wedi sôn am y cymeriadau sydd wedi aros efo ni yn y gwesty ar hyd y blynyddoedd ac mae dynas o Rwsia yn un ohonyn nhw. Mae'n dal i ddod yma. Yn ystod yr Ail Ryfal Byd, pan oedd hi'n ddwy ar bymthag, cafodd hi a'i mam eu cipio gan yr Almaenwyr a'u dwyn i'r Almaen i weithio mewn ffatri i'r Natsïaid. Mi gafon nhw eu rhyddhau ar ddiwedd y rhyfal ac mi aeth ei mam 'nôl i Rwsia.

Ond roedd y ferch ifanc wedi taro ar sowldiwr o Brydain ac mi ddoth y ddau yma i briodi a byw.

Mi benderfynodd y ddau eu bod am gadw tafarn, ac mi gawson nhw un yn Sir Gaerfyrddin, sef y Beehive ym Mhencader. Mae Dosha yn dal yno, ond mae John, ei gŵr, wedi marw erbyn hyn. Mae Dosha wedi bod yn dod i'r gwesty ers blynyddoedd lawer efo'i ffrindia, ond ddoth John erioed, doedd ganddo ddim diddordeb. Mi drodd y sgwrs efo Dosha yn y bar un noson at ddiddordebau ei gŵr. Un diddordeb oedd ganddo, medda hi, sef clociau. Yn ôl y sôn, roedd ganddo glociau ym mhob man yn y tŷ ac yn y dafarn. Soniais am y cloc oedd gen i a dweud ei fod yn ddarnau mewn bocs.

'Give it to me,' medda hi. 'I'll take it back on the bus to John.'

Dyna wnaeth hi. Ymhen peth amser, galwad ar y ffôn.

'Tony, the clock is ready!'

Mi yrrais yr holl ffordd i Bencader i nôl y cloc, ac i mewn â mi i'r Beehive. Dwedodd Dosha wrtha i am sefyll yn y fan honno a rhoi fy nwylo dros fy llygada. Arweiniodd fi i stafell arall a gofyn i mi agor fy llygada. Dyna lle roedd y cloc yn un darn hardd a'i sŵn yn mynd â mi 'nôl at y dyddia pan fydda Dad yn ei weindio. Toeddwn i ddim wedi'i weld fel yr oedd y diwrnod hwnnw ers dyddia byw yn Gwenllian adeg y rhyfal. Rhyfadd sut y daeth popeth at ei gilydd mewn tafarn yng ngorllewin Cymru a hynny'n dilyn sgwrs yn y gwesty. Ond rŵan, mae gen i ychydig o Gwenllian yn y Gresham. Falla dylwn i sgwennu cân i 'Gloc Bach Gwenllian' rŵan!

Yn y gwesty mae cloc nain Aloma erbyn hyn hefyd. Dau gloc sy'n golygu cryn dipyn i'r ddau ohonon ni am resymau cwbl wahanol ond eto i gyd, erbyn meddwl, maen nhw'n rhesymau digon tebyg hefyd. Maen nhw'n mynd â ni'n dau 'nôl i ddyddia Ynys Môn, i'n gwreiddiau. Yn ogystal â'n hatgoffa ni o'r amseroedd a fu maen nhw hefyd yn cofnodi treigl amser y ddau ohonon ni hyd heddiw.

'Dim bwys am boen na dagrau chwaith'

Ers 1979, mae afiechyd wedi bod yn gyfaill cyson i Aloma. Ers y dyddiau hynny, pan roddwyd y label 'syndrom galaru' ar ei chyflwr wedi helyntion yn sgil marwolaeth ei nain, dyw hi ddim wedi profi unrhyw gyfnod hir iawn yn gwbl iach. Heblaw am ddygymod â'r salwch corfforol ei hun. creodd hyn anawsterau amlwg iddi, yn bennaf oherwydd y ffordd roedd pobol eraill yn ymateb i'w chyflwr. Hefyd, roedd yr holl ansicrwydd ynglŷn â beth yn union oedd ei salwch yn chwarae ar ei meddwl hi.

Aloma

Mae'n anodd disgrifio sut rydw i'n teimlo a dweud y gwir. Mi rydw i'n teimlo fel petawn i'n cerdded trwy botyn o driog, a rhaid gwneud popeth yn ara deg a hynny'n cymryd ymdrech. Bydd niwl yn disgyn ar yr ymennydd yn aml ac yna bydd canolbwyntio yn amhosib. Tydw i ddim wedi gyrru yn ystod y dydd ers blynyddoedd lawer a phan fydda i yn y car hefo Roy mi rydw i wedi gofyn iddo fwy nag unwaith pam ei fod yn stopio wrth oleuadau traffig pan mae'r golau'n goch! Ond tydi disgrifiadau fel'na ddim yn dod yn agos at gyfleu'r darlun cyfan.

Ar ôl prynu'r Regal a'r gwaith perfformio yn troi'n waith mwy corfforol hefyd, dechreuodd y symptomau waethygu. Doedd gan fy noctor fy hun fawr o syniad beth oedd yn bod arna i am gyfnod hir. Cefais fy anfon at lwyth o arbenigwyr cyn, yn y diwedd, i un ohonyn nhw benderfynu mai *fibromyalgia* oedd arna i. Hynny yw, rhyw derm cyffredinol iawn sy'n crynhoi popeth yn ymwneud â gwendid yn y cyhyrau, ond does ganddyn nhw ddim syniad beth sy'n ei achosi.

Grêt! Tra bu'r trafod hwnnw'n digwydd, roedd fy nghyflwr yn creu problemau adra. Roedd y teulu'n camgymryd y cyflwr am ddiogi. Fedra i ddim gweld bai arnyn nhw, ond roedd yn ychwanegu at fy mhroblem – pwysa meddyliol, y cwestiynu, yr ansicrwydd, y digalondid, ofni beth roedd pobol eraill yn ei feddwl ohona i. Roedd y cyfan yn gymaint rhan o'r salwch â'r cyhyrau gwan a'r blinder.

Ond doedd ildio'n llwyr ddim yn opsiwn. Roedd yna deulu i'w fagu, busnes i'w redeg a gyrfa ganu i'w dilyn. Trodd gwaith y gwesty yn waith mwy corfforol wrth i mi orfod paratoi hyd at chwe deg o brydau gyda'r nos, ac roedd codi'r sosban datws yn her aruthrol. Y trobwynt mawr i mi wedyn oedd priodas Dawna yn 1991.

Roeddwn i'n benderfynol y byddai hwn yn ddiwrnod arbennig i Dawna, o bosib er mwyn gwneud yn iawn am fy absenoldeb am gyfnodau hir yn ystod ei phlentyndod. Mi roddais fy holl enaid

Dawna a Michael

Fi a Roy

Mam yn VIP

Lia ac Emma

a'm hegni i drefnu'r achlysur iddi. Er mwyn gwneud pethau ychydig yn haws, penderfynwyd y byddai'r briodas yn Llangefni a'r brecwast yn Blackpool!

Roeddwn i'n benderfynol o reoli pob dim y diwrnod hwnnw ac roedd pob peth i fod yn berffaith. Mi wnes yn siŵr bod Dawna a Roy wedi gadael mewn da bryd i fynd i'r eglwys ac yna mi sylweddolais yn syth mai dim ond y fi oedd ar ôl. Doedd dim amser i frwsio fy ngwallt, a hwnnw wedi bod mewn *rollers* drwy'r bore. Felly, gwisgo'r het dros y cyfan a ffwrdd â fi!

Ar ôl y gwasanaeth, ras wyllt wedyn yn ôl i Blackpool er mwyn bod yn gyfrifol am y trefniadau yno, cyn i lond bws o wahoddedigion y briodas gyrraedd. Felly, i ffwrdd â'r het a dyma fi'n gwisgo fy het goginio er mwyn paratoi'r bwyd, cyn newid unwaith eto i fod yn fam y briodferch. Y diwrnod canlynol, roedd hi'n ben-blwydd ar Dawna ac felly yn syth wedi iddi daro hanner nos roedd mwy o'i ffrindia'n cyrraedd i helpu gyda'r dathlu hwnnw. Mi aeth dau ddathliad yn un yn ddigon handi. Gwisgo hetiau gwahanol wedyn, sef het y diddanydd a het yr *hostess*! Ond roedd yn gyfnod arbennig iawn – digon o hwyl a'r teulu cyfan o'm cwmpas. Toeddwn i ddim wedi stopio ers tridiau, ond mi lwyddais.

Mi aeth pawb adra wedyn ac mi es inna i'm gwely – am bythefnos. Yn ôl y doctor, cefais ddôs dwbwl o'r ffliw a finna'n teimlo'n ofnadwy. Mi wellais yn ara deg ond wedyn mi ges brofion di-ri er mwyn ceisio dod o hyd i'r rheswm dros fy ngwendid a'm blinder parhaol. Chafwyd mo'r

atebion, a rhaid oedd derbyn hynny gan ddygymod â'r salwch a bwrw 'mlaen gyda 'mywyd ora y gallwn i.

Rai blynyddoedd wedyn, mi ddigwyddodd un o droeon rhyfadd bywyd. Mi wnaeth bydwraig a fu'n ymwneud â genedigaeth fy ŵyr, Tony (bach!), gysylltu â mi. Roedd wedi dod i glywed am fy nhrafferthion ac mi ffoniodd i ofyn a oeddwn wedi clywed am y fath gyflwr ag ME. Toeddwn i ddim wedi clywed unrhyw sôn am y fath beth ond roedd holl symptomau'r cyflwr gen i. Wedi ychydig ddyddia o ymchwil, roeddwn i'n dechra gweld gobaith. Roedd yna bosibilrwydd rŵan y câi deuddeg mlynedd o ofid a dryswch ei glirio. Ar wahân, wrth gwrs, i'r ffaith nad oes gwir wellhad i ddioddefwyr ME. Er hynny, o gael diagnosis cynnar, mae'n bosib byw dipyn yn well hefo'r cyflwr. Efalla o leia y gallai'r gofid a'r dryswch glirio rhywfaint wedyn, hyd yn oed os na fyddai'r gwendid a'r blinder yn diflannu.

Draw â fi at y doctor felly, gyda stôr o wybodaeth. Ac mi ddwedodd wrtha i'n syth nad oedd ME yn salwch go iawn. Yn ei dyb o, roedd y cyfan yn y meddwl, ac yn ddim byd mwy na'r hyn a gâi ei alw'n ddigon cyffredin wedi hynny yn *yuppie flu*. Mae'n siŵr i nifer sydd yn diodda o'r un cyflwr gael ymateb tebyg.

Toeddwn i ddim yn fodlon derbyn hynny o gwbl ac mi es at ddoctor preifat ym Manceinion a oedd yn arbenigo ar ME. Wedi ymchwiliad trylwyr dros ben a gymrodd dros awr, mi wnaeth o gadarnhau mai ME oedd arna i ac mi gyfeiriodd fi 'nôl at fy noctor fy hun ac argymell triniaeth benodol. Unwaith eto, gwrthod derbyn y cyfan wnaeth fy noctor i. Doedd y byd meddygol ddim yn gwybod fawr ddim am y cyflwr ac roedd amharodrwydd amlwg i dderbyn bod y fath beth yn salwch mewn gwirionedd. Roeddwn i, felly, yn taro fy mhen yn erbyn wal frics. Un cysur mawr oedd bod gan Roy ddisgrifiad penodol rŵan o'r hyn oedd arna i ac y gallai addasu ein ffordd o fyw i ymateb i hynny.

Rai misoedd wedyn, wedi bod ar restr aros am naw mis, mi es i glinig yn Preston oedd yn arbenigo mewn ME. Dangosodd y profion bod yna wendid difrifol yn y cyhyrau ond roedd sgan ar yr ymennydd yn dangos, diolch byth, nad oedd unrhyw wendid yn fan'no – er nad oedd Roy a Tony yn cytuno â hynny o gwbl! Cefais gwrs o bigiadau cyson ac awgrymwyd rhywfaint o newid i'r bwyd roeddwn yn ei fwyta, ac mi welais wahaniaeth amlwg, ond bu'n rhaid i'r clinig gau oherwydd prinder arian. Roedd gan y clinig gleifion ym mhob cwr o'r sir, a rheiny rŵan yn colli cyfla i dderbyn triniaeth.

Mae nifer sydd yn diodda o ME yn gwbl gaeth i'w gwely, a ffrind i Emma yn yr ysgol yn gorfod defnyddio cadair olwyn. Ond rywsut mi lwyddais i osgoi'r sefyllfa honno oherwydd bod natur a phatrwm fy ngwaith yn fy ngalluogi i'w reoli, a hefyd mi gefais gefnogaeth gan y rhai agosa ata i. Credaf hefyd i mi lwyddo i gadw i fynd oherwydd 'mod i'n berfformwraig, yn mynnu bod yn rhaid i'r sioe fynd yn ei blaen. Ond yn eironig ddigon,

wrth gwrs, mae agwedd fel hyn yn medru gwneud y sefyllfa'n waeth. Pan fyddaf yn ymddeol, efalla wedyn y bydd modd i mi gael rhywfaint o ddihangfa oddi wrth y boen sydd yno'n barhaol.

Erbyn heddiw, caiff ME ei gynabod fel salwch, a hynny i raddau helaeth o ganlyniad i waith ymgyrchu brwd pobol fel Clare Francis, Barry Sheene ac Esther Rantzen. Y dyddia hyn caiff ei adnabod hefyd fel CFS, sef *chronic fatigue syndrome*, sydd yn egluro'r cyflwr yn well na'r term ME. Fel arfer, mae'r cyflwr yn dechra oherwydd rhyw feirws neu rhyw ddigwyddiad trawmatig a does gen i ddim amheuaeth bod fy salwch i'n mynd 'nôl at farwolaeth Nain a'r hyn a ddigwyddodd yn sgil hynny.

Dros y blynyddoedd, cwrddais â nifer o bobol yn y gwesty sydd yn diodda o ME ac mae eraill wedi cysylltu â fi. Byddwn yn trafod a chymharu sut mae'r cyflwr yn effeithio arnan ni ac, os oes modd, mi gynigiaf gymaint o help ag y medra i. Byddaf hefyd yn eu rhoi mewn cysylltiad â dynes arbennig o'r enw Barbara Turnbull sy'n gyfrifol am Grŵp Cefnogaeth ME Clwyd, sydd wedi bod o gymorth mawr i mi.

Felly does 'na ddim dyddia da y dyddia hyn, dim ond dyddia gwael a dyddia gwell, a daeth ambell salwch arall yn ei sgil hefyd. Mi rydw i wedi cael cymaint o *–oscopies* dw i'n siŵr 'mod i'n haeddu tudalen fy hun ar Google Earth! Ond rydw i'n dal yma ac yn dal i wenu.

'Cymru lân, dyma 'nghân'

Aloma

Os oedd fy iechyd wedi bod yn ffactor wrth benderfynu pa waith i'w dderbyn neu ei wrthod ar ddiwedd y 70au, roedd o hefyd yn gymaint o ystyriaeth y llynedd. Mae'n gas gen i dderbyn gwaith nad ydw i'n gwbl sicr y medra i ei wneud. O ganlyniad, tydw i ddim wedi derbyn y rhan fwya o'r cynigion a gawson ni i fod ar wahanol raglenni. Yr ofn mawr sydd gen i yw na fydda i'n ddigon iach i fod yno wedi i mi dderbyn y gwahoddiad. Mae'n amhosib rhagweld sut mae'r ME yn mynd i'm taro. Dydw i ddim wedi methu cadw addewid i wneud rhaglen hyd yma, ond pan dderbyniaf waith, mi fydda i'n gweithio'n llwyr ar adrenalin ac mae pris i'w dalu'r funud dw i'n ei orffen. Felly mae'n haws gwrthod. Yn y gwesty, bydd gen i reolaeth a medraf beidio â chanu os nad ydw i'n ddigon cry. Bryd arall medraf gysgu cyn canu a pherfformio pan fyddaf yn teimlo'n barod i wneud. Mae teimlo pwysa disgwyliadau pobol eraill a'r ofn o'u siomi ynddo'i hun yn ddigon i'm gwneud yn sâl.

Un o'r rhaglenni teledu y llwyddais i fod yn rhan ohoni y llynedd oedd *Cân i Gymru*. Roeddwn i fod i fynd i'r ysbyty i gael llawdriniaeth arall pan ffoniodd cwmni Avanti a gofyn i mi fod yn feirniad ar y rhaglen. Am gynnig annisgwyl. Yn sicr roedd yn gynnig yr oeddwn am ei ystyried o ddifri cyn ateb. Roedd gen i ddiddordeb mawr, ond beth pe baswn i'n mynd yn sâl ar y diwrnod cynta, hanner ffordd drwodd neu pryd bynnag? Hefyd, roedd gen i lawdriniaeth wedi'i threfnu. Yn y diwedd, dyma fi'n penderfynu mentro, derbyn y cynnig a gohirio'r driniaeth.

Yn ystod y diwrnod cynta, mi wrandawon ni ar ganeuon gan ugeiniau o wahanol bobol. Roedd rhai ohonyn nhw, mae'n rhaid cyfadda, yn wirioneddol ddoniol ac wedi cael eu recordio yn y gegin fach efo Mrs Hughes drws nesa yn chwarae'r piano iddyn nhw – a hynny'n llythrennol drws nesa yn ôl safon eu sain. Ond roedd nifer fawr o ganeuon eraill roeddwn i wir yn eu hoffi. Wrth gwrs, roeddwn i ar banel o chwech a phob un, ar wahân i Endaf Emlyn, yn 'fengach na mi, ac mae o dipyn yn fwy clyfar na mi hefyd!

Felly, mi fethodd nifer o'r caneuon roeddwn i'n eu hoffi â mynd trwodd am fod y pedwar oedd yn 'fengach na mi dipyn mwy *with-it* am wn i a syniada gwahanol ganddyn nhw o beth oedd beth.

Ond wedyn, yr hyn a âi trwy fy meddwl oedd mai cystadleuaeth *Cân i Gymru* oedd hon – Cymru gyfan, hynny yw. Gan i mi wrando ar y miloedd sydd wedi dod i'r gwesty ers diwedd yr 80au yn trafod miwsig, yn rhoi eu barn ar S4C a'r hyn maen nhw'n ei fwynhau, roeddwn i'n meddwl bod gen i syniad go lew o beth yw barn y bobol gyffredin.

Mi roedd un thema amlwg yn sylwadau'r beirniaid iau yn fy synnu'n fawr. Pan fydda crefydd yn amlwg mewn caneuon a Duw yn cael ei enwi droeon, dangos diffyg diddordeb ac amynedd tuag at y caneuon hynny fydden nhw. Mi gedwais yn dawel wrth glywed y sylwadau hyn ond yn y diwedd mi ofynnais iddyn nhw,

'Be 'di'r broblem sy gynnoch chi efo Duw? Falla eich bod chi'n ddigon ifanc i beidio â bod wedi gorfod troi ato fo hyd yn hyn, ond falla daw cyfnod pan na fydd neb arall i fedru rhoi cysur i chi, dim ond y Fo.'

Roeddwn i'n synnu'n fawr i mi agor fy ngheg a dweud fy marn mor gryf. Ond un digwyddiad oedd hynny ac, ar y cyfan, roedd yn rhaid i mi gyfadda fod y rhai 'fengach yn dallt eu cerddoriaeth. Cafodd y caneuon ola eu dewis ar gyfer y ffeinal ar y teledu a ffwrdd â ni i Landudno ar gyfer y rhaglen ei hun ar Ddydd Gŵyl Dewi. O safbwynt y cwmni cynhyrchu, ces i ofal arbennig ganddyn nhw. Roeddan nhw'n ymwybodol o'm sefyllfa o ran iechyd ac mi wnaethon nhw'n siŵr y bydda pob dim yn iawn i mi.

Erbyn y noson yn Llandudno, roeddwn wedi dod yn gyfarwydd â'r drefn ac yn fwy cyfforddus efo'r beirniaid eraill. O ganlyniad roeddwn yn teimlo'n fwy hyderus i fynegi fy marn. Ar y noson rhaid cyfadda nad oedd rhai o'r caneuon yn golygu dim i mi a toeddwn i ddim yn eu dallt. Mi ddwedais am un gân nad oeddwn yn pori yn yr un cae â hi! Mae'n siŵr nad oeddan nhw'n ganeuon gwael, ond toeddan nhw ddim yn creu unrhyw argraff arna i. Fel mae'n digwydd, enillodd y gân roeddwn i wedi'i dewis fel yr un, yn fy marn i, y basa gwylwyr S4C wedi'i mwynhau, sef 'Bws i'r Lleuad' gan Alun Tan Lan. Felly, roedd popeth yn iawn yn y diwedd ac mi ges i amser arbennig.

'Nôl â ni wedyn i'r gwesty ar gyfer y parti. Roedd hwnnw'n newid braf hefyd am 'mod i ynghanol y sîn Gymraeg heddiw ac yn gweld bwrlwm y bobol ifanc. Ces gyfla hefyd i sgwrsio efo sawl un roeddwn i'n gyfarwydd â nhw. Mi ddoth un o'r perfformwyr ata i yn y parti a holi cwestiwn digon uniongyrchol i mi.

'Be wyt ti'n ddallt am gerddoriaeth Gymraeg?'

Cwestiwn od a dweud y gwir, am y gwyddwn fod y person hwnnw'n gwybod am hanes Tony ac Aloma. Mae'n amlwg nad oedd fy marn wedi plesio. Ac unwaith eto, holodd,

'Oes gen ti unrhyw syniad pam wyt ti yma?'

Toeddwn i ddim yn siŵr ai ateb ai peidio oedd ora, ond yn ddigon tawel, atebais,

'Mi rydw i'n canu ers deugain mlynedd. Mi rydw i'n Gymraes i'r carn ac mae gen i syniad go lew o'r hyn mae'r Cymry yn ei hoffi gan 'mod i'n cael cyfla cyson i drafod hynny efo nifer fawr ohonyn nhw. A beth bynnag am hynna i gyd, mae gen i hawl i fynegi fy marn bersonol. Ar wahân i hynny, mi ges wahoddiad i fod ar y panel!'

Gadawson ni fo yn y fan a'r lle a 'mlaen â'r parti. Mae cystadlu yn gwneud hyn i bobol, yn arbennig pan nad ydan nhw wedi ennill.

Bore wedyn, beth bynnag, dyma Radio Cymru ar y ffôn. Nid i holi am y person oedd wedi fy herio, ond i godi sylw arall roeddwn wedi'i wneud yn ystod y noson. Dwedais nad oedd yr un gân yn werth £10,000. I mi, sy'n berson eitha cyffredin, mae swm fel yna o arian yn medru newid bywyd rhywun. Mi fydda i wrth fy modd pan gaiff artistiaid arian i'w cynorthwyo efo costau recordio ac ati. Mae hynny i'w ganmol. Ond y swm a gaiff ei roi i'r enillydd sydd y tu hwnt i bob rheswm.

Yr hyn a bwysai ar fy meddwl i oedd i mi glywed cymaint o ganeuon arbennig ar hyd y blynyddoedd gan Dafydd Iwan, Ems, Bryn Fôn, Caryl Parry Jones a Tony ei hun. Mi rydw i wedi clywed llu o artistiaid eraill yn canu caneuon y rhain dros y blynyddoedd a hynny yw'r prawf gora o gân dda, nid derbyn £10,000, yn arbennig o gofio na fydd sôn amdani wedyn ar ôl chwe mis. Yn ôl y sôn, £50 gafodd Dewi Pws am un o'r clasuron, 'Nwy yn y Nen', sy'n dal i gael ei chanu ddeugain mlynedd wedi iddo'i sgwennu. Trwy gydol cystadleuaeth *Cân i Gymru*, toedd yna ddim cân, yn fy marn i, fasa'n goroesi. Sawl un o'r caneuon sy'n glasuron Cymraeg gafodd £10,000 tybed? Gallaswn fod wedi gwneud yr un sylw'r flwyddyn cynt a sawl blwyddyn cyn hynny hefyd, heb sôn am y blynyddoedd a ddaw.

Mi atebais gwestiynau Radio Cymru ac mi siaradodd un dyn ar y ffôn gan fynegi barn ddigon

Annwyl Aloma,

Gair sydyn i ddiolch o galon i ti am fod yn aelod o rheithgor Cân i Gymru eleni. Diolch am dy gyfraniad onest a chydwybodol ac am dy ymroddiad personol i'r gwaith. Roedd hi'n bleser cael gweithio gyda person gwbl proffesiynol!

tebyg i'r person cwerylgar yn y parti. Awgrymodd y dylwn aros y tu draw i Glawdd Offa am nad oeddwn yn gwybod am be roeddwn i'n siarad.

Er mor glir oedd fy marn, a tydi honno ddim wedi newid, mi wnaeth y sylwadau negyddol, caled i mi feddwl. A ddylwn i fod wedi derbyn y cynnig i fod yn rhan o *Cân i Gymru* yn y lle cynta? Falla 'mod i allan ohoni erbyn 2010. Roedd yr ychydig sylwadau annifyr yn dechra cydio. Ond, diolch i'r drefn, yn ystod y misoedd wedyn mi ges i lwyth o sylwadau caredig iawn ar y ffôn, gan sawl un oedd yn artistiaid eu hunain, a heb fod yr un oed â mi chwaith. Mi sgwennodd eraill ata i hefyd, a ches sylwadau'r rhai oedd yn aros efo ni yn y gwesty yn diolch i mi am fod yn ddigon hyderus i ddweud fy marn. Roedd hynny'n gysur mawr ac yn ddigon i wneud i mi feddwl fod 'na le i ni gyd yn yr hen fyd 'ma wedi'r cyfan.

Wrth feddwl am yr holl bynciau mae'r teledu a'r radio wedi gofyn fy marn arnyn nhw, mae'n rhyfadd bod pobol yn fodlon derbyn fy ngair ar y broses o dyllu am nwy yng ngogledd Lloegr a sut bydd Blackpool yn llwyddo yn y Premiership ond bod ambell un yn amau oes gen i hawl i siarad am fiwsig!

Wrth orffen, gan fod Tony isho nodi pob clêm tw ffêm, mae gen i un hefyd. Pan oeddan ni'n aros yn y gwesty yn Neganwy adeg ffeinal *Cân i Gymru*, roedd Peter Andre yno'n aros yr un noson. Chysgais i'r un winc! Roedd Emma a Lia yn ffans mawr o Peter Andre pan ddaeth yn enwog gynta a rŵan mae Lily, merch Emma, yn dilyn ôl traed ei mam, ei modryb a'i nain!

Emma, Wayne a Lily, ein hwyres ieuengaf

Naw cant o blant yn yr ysgol uwchradd a
Lia yn ffendio Gareth Jones o'r Rhondda!

Mi fydd Lily yn sicr ar y llwyfan, ond yn gwneud beth…
dawnsio… actio… canu… neu fel model?

'Rwy'n cofio'r noson honno'

Tony

Fydd Aloma a fi ddim yn gadael y gwesty i ganu braidd o gwbl erbyn hyn. Roeddwn i'n meddwl wrth agor gwesty na fyddan ni'n mynd oddi yma o gwbl i ganu, ond mi ddoth galwadau am gyngherddau a theledu sy'n golygu i ni wneud ychydig o hynny. Un o'r rhaglenni yma oedd *Diolch i Chi* i Gwmni'r Castell, ym mis Tachwedd 1997. Draw â ni i Venue Cymru yn Llandudno i wneud y rhaglen honno, a chlywed artistiaid eraill yn canu'n caneuon ni. Aled Jones oedd yn cyflwyno'r noson ac roedd yn rhaglen arbennig iawn. Canodd Hogia'r Wyddfa un o'n caneuon, John ac Alun, Geraint Griffiths, ac mi rydw i'n cofio Caryl Parry Jones ac Eden yn canu 'Wedi Colli Rhywun Sy'n Annwyl'. Pawb yn eu steil nhw eu hunain. I mi, fel yr un sgwennodd y caneuon, braint go iawn oedd clywed artistiaid fath â'r rhain yn canu fy ngwaith. Mi rydw i'n dueddol o feddwl erbyn hyn bod ein caneuon yn hen ffasiwn. Tydi hynny ddim yn syndod falla o feddwl i nifer ohonyn nhw gael eu sgwennu yn y 60au a'u bod yn tynnu at yr hanner cant oed erbyn hyn. Ond roedd noswaith fath â *Diolch i Chi* yn help i mi ddallt bod pobol yn dal i hoffi'r caneuon. Mae yna ddehongli newydd ffres wedi digwydd

Roedd Aled yn ffan pan oedd yn blentyn ac ar ôl ei lwyddiant aruthrol roedd yn arbennig ei gael i gyflwyno'r noson

Ar lwyfan Venue Cymru unwaith eto

Peter Manley yn arddangos ei grefft mewn noson wedi ei threfnu gan John Roberts, Caergybi, yn ystod wythnos y bencampwriaeth *darts*

o dro i dro sydd wedi gwneud i'r gwaith swnio'n gyfoes ac mae hynny'n fy nghyffroi, yn arbennig wrth glywed bod artistiaid eraill wedi recordio fy nghaneuon, yn amrywio o John ac Alun i Alun Tan Lan a Gwyneth Glyn.

Aloma

Y Cymry sydd wedi bod yn asgwrn cefn i'n busnes yn y gwesty o'r cychwyn ond mae yna sawl math gwahanol o bobol yn dod atan ni, heblaw am y rhai sydd am glywed Tony a fi. Bydd cymdeithasau amrywiol iawn yn aros efo ni fel cymdeithasau pobol colomennod, y Magic Circle, chwaraewyr dartiau, pobol pencampwriaethau byd *ballroom* a'r bandiau pres. Diddorol ydi gweld rhai ohonyn

nhw'n ymarfer mewn gwahanol gorneli o'r gwesty, a phawb yn chwarae'r un gân ond yn swnio'n gwbl wahanol. Daw Express Motors Caernarfon a'u tripiau bingo yn gyson, a daw'r Ffermwyr Ifanc atan ni, yn ogystal â'r pync rocyrs. A phwy sy'n bihafio ora? Ia, y pyncs!

Tony

Daw gwesteion o Rwsia, America, Siapan, Canada ac o wledydd Ewrop yma erbyn hyn. Pan ryddhaon ni CD ar gyfer y mileniwm, mi gymeron ni ran mewn rhaglen radio gan Jonsi hefyd, ac roedd yna linc-yp byw i ni yn y Gresham, ac Idris Charles wrth y llyw, yn ogystal â chyda nifer o gyfranwyr eraill trwy Gymru. Roedd pawb wrth eu bodd a chafwyd hwyl a sbri o Blackpool, heb i'r gwrandawyr wybod mai nifer fechan o Gymry oedd yno a bod y rhan fwya yn y stafell naill ai'n Brymis, Scowsars neu'n Geordies. Roeddan nhw wrth eu bodd yn chwarae bod yn Gymry trwy'r nos ac yn mwynhau sbri y radio er nad oeddan nhw'n dallt gair. Roedd hi'n flwyddyn newydd dda go iawn.

Aloma

Noson i'w chofio i mi oedd y Ladies Evening yn y Masonic Hall lawr y lôn, yn ystod y cyfnod pan oedd Roy yn feistr y Lodge. Mi ddoth Iona ac Andy i ganu yn y neuadd a honno wedi'i haddurno â chennin Pedr, a chwaraeodd hogan ifanc o

Dyma'r unig amser mae Roy yn 'feistr' arna i!

Gaernarfon y delyn yn ystod y cinio. Mi wnaethon nhw eu gora, chwarae teg, i roi noson Gymreig i ni. A 'nôl â ni wedyn wrth gwrs i'r Gresham er mwyn parhau â'r hwyl.

Yr hyn fuodd o gymorth yn gynnar yn ein gyrfa

yn y gwesty oedd y ffaith i'r Blaid Lafur a'r Blaid Geidwadol gynnal eu cynadledda blynyddol yn y Winter Gardens. Mae llawer o Aelodau Seneddol wedi aros efo ni am fod y Gresham reit y tu ôl i'r Winter Gardens, yn hytrach nag oherwydd eu bod nhw'n gwybod am fodolaeth Tony a fi! Y ddau mwya amlwg i aros efo ni yw Margaret Beckett a Ken Livingstone. Mi roddodd Margaret Beckett eitha spôc yn olwyn Tony un noson!

Tony

Do wir! Roedd 'na beiriant yn lolfa'r bar yn y Gresham, peiriant cwis. Yn y categori Gwybodaeth Gyffredinol, fi oedd y pencampwr o bell ffordd, ac roeddwn i'n falch iawn o hynny. Mi ddoth hitha i mewn efo'i gŵr ar ddiwedd un noson ac roeddan ni'n gyfarwydd â'n gilydd erbyn hynny. Wrth iddi gerdded drwy'r bar, gofynnodd,

'What's this machine, Tony?'

A dyna ni, roedd hi'n *hooked*. Yn waeth byth, mi aeth trwy'r cwestiynau gwybodaeth gyffredinol fel cyllell trwy fenyn a chyn hir roedd hi wedi hen basio fy sgôr gora i! Roeddwn i'n flin ofnadwy wedi hynny a 'mhen yn fy mhlu. Roedd wedi fy ypsetio cymaint, mi ffoniais y cwmni oedd bia'r *machine* y diwrnod wedyn a gofyn iddyn nhw chwalu'r pwyntiau fel na fydda cofnod o'i sgôr hi ac ailddechra'r sgôr o'r newydd. Ond o leia mi gymrodd un a fydda'n dod yn aelod o'r Cabinet i'm curo i.

Ddwy flynedd wedi hynny, y Blaid Lafur oedd yn y llywodraeth a toedd neb o'u plith yn aros efo ni. Roedd yn rhaid iddyn nhw fynd i'r Imperial yn y dre er mwyn diogelwch. Roeddwn yn y bar yn hwyr un noson, bron â chau'r lle, a phwy gerddodd i mewn ond Ken Livingstone a thua dwsin o bobol efo fo. Fyny â fo at y bar,

'Tony, can we have 45 minutes here for us to have a chat please and some teas, coffees and drinks?'

Roedd dwy flynedd ers iddo aros efo ni ddiwetha ond roedd yn cofio fy enw. Roeddwn i'n teimlo'n bwysig iawn, fel rhyw Tony Jones MP! Chwarae teg iddo fo.

Aloma

Mae Roy, Tony a fi wedi meddwl sawl gwaith bod y cyfan yn siŵr o ddod i ben ryw dro, a phan wnaethon ni ddechra'r busnes yn y gwesty toeddan ni'n sicr ddim yn meddwl y basa fo'n dal i fynd cystal ag y mae o heddiw. Os rhywbeth, mae o'n gryfach nag y buodd o erioed. Yn y blynyddoedd diwetha rydan ni wedi prynu'r gwesty drws nesa ac mae gynno ni 44 o stafelloedd gwely erbyn hyn – lot fawr o bapur tŷ bach! Wedi ymuno â'n gilydd ar gyfer Eisteddfod Llangefni yn '83, doedd Tony na fi ddim yn credu y basan ni'n gwneud mwy na hynny. Ymhen amser, a'r ddau ohonon ni'n dal i ganu yn '85 ac '86, roeddan ni'n meddwl y bydda hynny'n dod i ben yn eitha buan wedyn. Ond wnaeth o ddim, ac o'r flwyddyn gynta y prynon ni westy hyd

Fy mhrif westai

Y 'staff' yn y dechrau – ni, George a dau arall

Richard wedi gweithio hefo ni fel un o'r teulu am ddeuddeg mlynedd
– byth yn anghofio cardyn ar Sul y Mamau!

Y staff erbyn hyn

heddiw, mae'r diddordeb gan y cwmnïau teledu
a'r radio yn dal i fodoli. Wrth baratoi'r llyfr 'ma mi
glywson ni am y bwriad i wneud cyfres o bedair
rhaglen yma yn y gwesty yn y gwanwyn. Felly
mae gwaith teledu o'n blaenau unwaith eto, 44 o

flynyddoedd ers i ni wneud ein cyfres gynta. Tydan ni'n dysgu dim! Mi rydw i, am reswm cwbl wahanol i Tony, yn dra diolchgar 'mod i wedi medru parhau fel ydw i a bod canu'n aml yn medru cael effaith gadarnhaol ar fy iechyd yn ogystal â phob dim arall.

Tony

Y syndod yw bod Aloma a mi'n dal i ganu! Mae'r nosweithiau Cymraeg yn dal yn ddigon llwyddiannus ac mae'r bysys yn dal i ddod. Beth sy'n ddifyr i ni yw bod artistiaid ifanc yn dangos diddordeb yn y caneuon ac yn dod atan ni i'r Gresham. Pinacl hynny yn ystod y misoedd diwetha, mae'n siŵr, oedd i Gruff Rhys, gynt o'r Super Furry Animals, ddewis cynnal parti lansio ei albwm newydd efo ni yn y Gresham. Dyna oedd noson a hanner. Y gwesty'n llawn o ffans SFA a Gruff ei hun – noson go wahanol i pan fydd Hogia'r Wyddfa neu Dafydd Iwan efo ni, a gwahanol eto i noson Dylan a Neil, neu John ac Alun. Un o'n ffefrynnau yw canwr o Langefni, Griff, sydd wedi bod yn ymwelydd cyson â'r gwesty. Ond mae'r amrywiaeth yma'n plesio'n fawr. Chwarae teg i Gruff Rhys, mi ddwedodd betha neis iawn am Aloma a fi a'r Gresham.

'I'm just in awe, seriously. It's genuinely touching and we feel privileged to be welcomed into this uniquely homely experience.'

Chwarae teg iddo fo. Er na ddown ni byth i ddallt diddordeb y to ifanc yma yn ystod y blynyddoedd diwetha, eto rydan ni'n ddiolchgar iawn o'i gael o.

Gwynfor Williams – wedi trefnu, hefo'i wraig Gwen, tripiau i'r Gresham am dair blynedd ar hugain

Gruff Rhys yn ymlacio ar ôl noson wych
Llun: Sebastien Dehesdin

'Cofion Gorau'

Mae gan Tony ac Aloma ill dau yr atgofion cyfoethocaf sy'n ymestyn dros ddegawdau. Ond mae 'na un cwestiwn ar ôl. Cwestiwn sydd wedi bod yn hofran uwchben y ddau fel cwmwl, weithiau'n gwmwl ysgafn, dro arall yn gwmwl trymach, ers y diwrnod iddyn nhw gamu ar lwyfan am y tro cyntaf erioed.

Mae'n gwestiwn a gaiff ei ofyn i Tony ac Aloma yn gyson yn y Gresham. Caiff Roy hyd yn oed fersiwn o'r un cwestiwn hefyd. Mae'n gwestiwn sydd wedi cael ei ofyn gan bobol trwy Gymru ers bron i hanner can mlynedd. Ydyn nhw'n gariadon ai peidio?

Mae nifer yn credu eu bod, neu o leiaf am gredu eu bod. Dyna'r ddelwedd sydd wedi tyfu o gwmpas y ddau o'r dechrau'n deg. Trodd yn fytholeg ac yn llinyn cyson yn ystod eu gyrfa, gan ychwanegu elfen gref o ddirgelwch a fu'n rhan bwysig o'r broses o'u gwneud yn sêr yng Nghymru. Ar raglenni teledu a wnaed am y ddau dros y blynyddoedd mae nifer, gan gynnwys rhai o sêr eraill Cymru, wedi codi'r un cwestiwn wrth drafod cyfraniad y ddau benfelyn o Fôn. Dau beth fu'n gyfrifol am godi amheuaeth, sef yr edrychiad cariadus roedd y naill yn

Llun: Gerallt Llewelyn

ei roi i'r llall wrth ganu ar lwyfannau ac ar y teledu ac, wrth gwrs, geiriau'r caneuon a ganent efo'i gilydd. Ond ai canu i'w gilydd oedden nhw?

Mae cymaint o'r caneuon yn cynnwys geiriau sy'n bwydo'r fytholeg honno, megis 'Mae gen i gariad. Y fi yw honno' a 'Pwy sydd wedi syrthio mewn cariad am byth? Dim ond ti a mi', a sawl enghraifft arall. Roedden nhw'n edrych mor olygus a deniadol, a hynny'n ychwanegu at y teimlad a gâi ei greu rhyngddyn nhw ar lwyfan, a rhwng eu ffans a nhw. Mae'n rhaid ei bod yn fytholeg gref iawn gan fod pobol yn dal i holi Tony ac Aloma ynglŷn â natur eu perthynas ac yn dal i gredu yn 2011 bod y ddau yn un. A phan gânt y newyddion nad yw hynny'n wir, mae'r siom i'w weld a'i deimlo mor amlwg.

Tony

Mae'r ymateb pan mae pobol yn dallt nad ydi Aloma a fi'n ŵr a gwraig, neu mewn perthynas o unrhyw fath, yn union fel petaen nhw newydd fod yn dyst i ysgariad. Mae'r olwg ar eu gwynebau yn dangos y siom mor amlwg â hynny. Mae Roy, chwarae teg iddo, wedi gorfod byw efo'r syniad bod pobol yng Nghymru yn meddwl bod Aloma a fi'n gariadon. Fel mae Aloma wedi dweud, mae partneriaid i'r ddau ohonan ni ar hyd y blynyddoedd wedi methu dallt y berthynas sydd rhyngddan ni'n dau, a wnaethon nhw ddim para'n hir, felly. Mae Roy yn dallt. A dyma beth sydd ganddo fo ei hun i'w ddweud am ein perthynas.

Roy

Let me first of all confess to being a huge fan of Tony ac Aloma, having heard their records many years previously, with distinctive voices and harmony that were truly iconic of that era. I also have a fair amount of Welsh blood in me (three grandparents and my mother) so have always had a strong affinity with the country. Many years working in cabaret groups, backing bands, and more importantly in duos (one with a boy and another with a girl) meant that I knew the business, and particularly the relationship with your 'on stage' partners, which is obviously more intense when there's only one to rely on.

Indeed, Aloma and I had worked closely for eight years, much of which had us together 24 hours a day, so when it came to being part of Tony ac Aloma it was simply another professional relationship where we would meet up with Tony for rehearsals and then 'do the job'. Although I would always have an input into discussions, Tony ac Aloma was theirs and they, quite rightly, would always have the final say. I can't remember any real arguments at that time but, oh boy, was that to change when we bought the hotel! That brought all of us into continual close proximity with more to think about than how to sing a particular song, and differing views on how to run a hotel!

Anyone who has ever witnessed a Tony ac Aloma fall-out has truly seen something of gigantic proportions. It would start innocently enough as a general discussion, evolve into an argument and conclude as the nearest thing to World War 3 or a volcanic eruption! I found it fascinating that, after an hour of this, they were still at it hammer and tongs but had somehow changed sides and were now arguing against the very point they had made themselves! It was all very confusing for an Englishman! In the early days I rather naively tried to intervene but soon realised that it was a lot safer just to shut up and let them get on with it. Nothing was ever resolved and it only came to an end when they were both completely exhausted. Of course, neither of them would particularly want to apologise the next day because that would start another 'discussion' on who was to blame in the first place! Things calmed down a little when Aloma and I, with our daughters getting a little older, moved into our own house, and age and maturity seems to have put a stop to the rest of it.

Having said that, let me tell you that they are two of the most personable people I have ever come across, and if you are lucky enough to spend an evening in the company of either of them, you will truly have enjoyed yourself. Put the three of us together and you will find a chemistry which must be fairly unique and is built on a strong and mutual respect for one another, be it from a personal or business perspective. We have developed a sense of humour that allows us to be fairly merciless in our ribbing of one another (usually at Aloma's expense!) and we know each other so well by now that nothing ever gets past the other two.

Twenty-five years is a long journey but we're still going, although for how much longer is anybody's guess. It has given us all so much. For Aloma, it has allowed her to follow on the Tony ac Aloma era which is such an important part of her life. Likewise for Tony, with the addition of an enjoyable way of life which otherwise might have eluded him; and for myself, the professional opportunities as musical director which would almost certainly never have come my way otherwise. We have forged a business and a relationship which has probably surprised us all, but is so much more enjoyable for that.

From a personal point of view, let me thank all of you who have come to the hotel so many times over these years for the way you have accepted me – the infiltrator! I can honestly say that I can walk into a pub in Wales and find more friends than in any bar in Blackpool. It has been quite understandable that you would assume (even wish!) that Tony and Aloma were together (the fact that both their surnames are 'Jones' doesn't help) but have accepted the situation without question. Indeed, the only people who seem to have a fascination with the question posed at the start of this chapter are the media, but we try to deal with this rather tiresome topic with as much humour as we can muster.

Two people, one in his 70s, the other in her 60s, singing 'Mae Gen i Gariad' – now there's a sense of humour!

Tony

Pan mae Roy yn ateb y ffôn, hyd yn oed heddiw, a phobol yn gofyn iddo am Aloma neu Tony ac yntau'n dweud nad ydi'r un o'r ddau ohonan ni ar gael, caiff ei holi'n aml, 'Wel, hefo pwy dw i'n siarad?' A phan mae'n egluro pwy ydi o, mae'r llais ar ben arall y ffôn yn mynd yn dawel reit. Wedyn daw rhyw chwerthin bach nerfus, wrth feddwl bod Roy yn tynnu coes, cyn sylweddoli nad ydi o. Mae hyn yn dal i ddigwydd yn reit aml.

Tua pythefnos yn ôl, roedd dynes yn aros yn y Gresham ac mi ddwedodd wrtha i un noson, 'Ew, dwn i ddim be ydi o amdanach chi ac Aloma, ond pan ydach chi'n canu 'dach chi'n sbio ar eich gilydd mewn ffordd hyfryd. Dydw i ddim yn gwybod be ydi o ond mae o yno!'

Be ydw i'n gredu rydan ni'n wneud ydi byw y gân. Rydan ni'n byw pob cân 'dan ni'n ei chanu ond efalla ei bod hi'n haws i fyw y caneuon serch. Mi alla i fyw 'Cloch Fach yr Eglwys' am fy mod yn gwybod pam i mi ei sgwennu, a'r un fath hefo'r caneuon 'Cerrig Tyrn' a 'Biti Na Faswn I', sy'n gân am Gymru. Mae'r tair cân yna yr un mor bersonol i mi ag unrhyw gân serch a sgwennais i a'i chanu hefo Aloma.

Ac i ateb y cwestiwn ynglŷn â'r cariad mae pobol yn ei ddweud sydd rhyngddan ni'n dau, ydw, mi rydw i'n caru Aloma fel nad ydw i wedi caru unrhyw un arall. Ond nid fel y basa gŵr neu bartner yn ei wneud. Ar lwyfan rydan ni'n ddau gariad. Toes neb arall yn bod bryd hynny, dim ond ni'n dau. Dyna'r hyn mae pobol yn ei weld ar lwyfan ac, i raddau llai, ar y teledu. Dim ond un dehongliad sydd wedyn iddyn nhw, sef mae'n rhaid ein bod ni felly'n ddau gariad go iawn.

Aloma

Mae hynny'n gwbl wir o'm hochr i hefyd. Tydi'r hyn sydd wedi bod rhyngddan ni ar lwyfannau dros y blynyddoedd ddim yn rhywbeth ffug nac artiffisial. Ond pan ddaw'r ddau ohonon ni oddi ar y llwyfan, mae gan Tony ei fywyd o ac mae gen inna fy mywyd i. Ar yr un pryd, tydi'r berthynas sydd rhyngdda i a Tony ddim yn debyg i'r hyn rydw i'n ei deimlo at unrhyw ffrind arall chwaith. Mae'n anodd ei ddiffinio ac efalla wir nad ydi hi'n bosib ei ddiffinio o gwbl. Ond mae'n gwbl gamarweiniol

i ddweud, fel mae rhai wedi dweud, mai cariad un ffordd ydi o, o gyfeiriad Tony.

Tony

Y gwir ydi, ar ôl faint bynnag o flynyddoedd sydd wedi bod bellach ers 1964, petai gan Aloma a fi y fath berthynas ag y mae pobol yn ei ddweud, mae'n siŵr y basen ni wedi priodi flynyddoedd maith yn ôl. Mae'n ddigon posib bod 'na reswm arall dros gredu'r stori am fy nghariad i tuag at Aloma, a hwnnw yw'r llyfr a gyhoeddwyd yn 1973, *Mae Gen i Gariad*. Roedd y llyfr i fod i ddweud y gwir am sut roeddwn i'n teimlo tuag at Aloma. Cafodd ei sgwennu pan oedd y ddau ohonon ni ar wahân, ac Aloma wedi ymuno â'r Hennessys a dyweddïo hefo Dave. Mae sawl camgymeriad yn y llyfr. Naddo, wnaeth Aloma a fi ddim cyfarfod mewn siop *chips*. Cafodd y stori yna ei hailadrodd sawl gwaith ers hynny, ond tydi hi ddim yn wir. Felly hefyd y pwyslais ar fy nheimladau i. Mae'n eitha posib bod yr awdur yn fwy o ffan ohona i nag oedd o o Aloma ar y pryd a bod hynny wedi lliwio'r stori.

Aloma

Y pwynt arall sy'n codi wedyn o hyn i gyd ydi i bobol ddweud bod Tony a fi wedi defnyddio'r ffaith bod pobol yn credu ein bod yn gariadon ac i ni fwydo'r ddelwedd honno'n fwriadol. Yn wir, roedden nhw'n dadlau mai oherwydd iddyn nhw gredu ym modolaeth y berthynas y gwnaethon nhw ein dilyn ni. Ond nid ein bai ni ydi hynny. Tydan ni erioed wedi defnyddio hynny fel ffordd o ddatblygu gyrfa.

Tony

I mi, fel yr un sydd wedi sgwennu geiriau'r caneuon hynny, mae'n amlwg 'mod i'n meddwl am Aloma wrth eu sgwennu. Mae hynny oherwydd y teimladau a ddisgrifiais eisoes. Ond hefyd mae'n haws, o safbwynt y grefft o greu geiriau, i ganolbwyntio ar sgwennu am un person, sef Aloma yn fy achos i. Hi oedd fy ffrind gora ac efo hi roeddwn i'n canu. Ond nid hi yn unig chwaith. Mae gen i gân 'Pam na ddoi di Gwen?' sy'n sôn am ferch gwbl wahanol. Pan oeddwn i'n was ar ffermydd yn Lloegr, ac i ffwrdd o'm cartra, roedd y teimladau o golli rhywun neu rywbeth yn ddigon byw i ysbrydoli caneuon, a hi oedd yr ysbrydoliaeth i sawl cân serch. Dydach chi ddim yn sgwennu cân am rywun nad ydach chi'n hoff ohoni. Felly wrth sgwennu, mi roedd hi'n naturiol i ganolbwyntio ar Aloma a minna wedi bod yn canu hefo hi am wyth mlynedd bryd hynny.

Pam dw i'n hen lanc o hyd? Dw i ddim yn gwybod. Dw i wedi cael digon o gyfla i setlo. Ond mi rydw i'n gwybod un peth. Rydw i'n medru bod yn berson hunanol iawn, wastad isho cael fy ffordd fy hun a byw bywyd sengl. A minna

wedi gweld sawl gŵr a gwraig yn ffraeo, bryd hynny mi fydda i'n falch o fod yn ddyn sengl. Ar y llaw arall, mi rydw i hefyd, wrth gwrs, wedi gweld hen ŵr a gwraig yn cydio yn nwylo ei gilydd ac mae hynny'n cynhesu'r galon yn sicr. Er 'mod i'n gweld isho hynny, ar ddiwedd y dydd rydw i'n hoff o fwynhau bywyd ar fy mhen fy hun.

Aloma

Mae Tony a fi wedi byw ein bywydau ein hunain, mewn gwirionedd. Fedrwn ni ddim rheoli sut mae pobol eraill yn edrych arnan ni. Dim act oeddan ni ar lwyfan – roeddan ni'n canu a pherfformio o'r galon. Mae'r ffaith ein bod ni'n ddeuawd yn rhan holl bwysig o'r ffordd mae pobol wedi ein dehongli ni ac mae'n beth digon braf iddyn nhw feddwl fel'na amdanan ni.

Tony

Ydi wir! Efalla mai'r hen Idris Charles sydd wedi crynhoi perthynas Aloma a fi ora, pan ddwedodd mewn cylchgrawn un tro bod Aloma a fi mewn cariad amlwg ond na fyddan ni byth yn medru byw fel dau gariad. Mi ddwedodd bod y naill yn medru dweud rhywbeth am y llall ond fiw i unrhyw un arall ddweud yr un peth am yr un ohonan ni. Mae hynny'n ddigon gwir. Mi ychwanegodd hefyd ei fod yn gariad digon unigryw. Ac mae o – tydi o ddim fel y cariad rhwng brawd a chwaer na rhwng mab a merch. Mae'n gorffen trwy ddweud, 'Ac mae'n dal i fodoli.' Ac mae o.

A dyma ni'n dau erbyn hyn yn Blackpool ac yn dal i ganu. Un peth arall y bydd pobol yn ei ofyn o dro i dro, cofiwch, yw a fyddwn ni'n gweld isho Cymru gan ein bod draw fan hyn yr ochr anghywir i Glawdd Offa. Wel, wrth gwrs bod sawl peth mae'n chwith iawn hebddyn nhw. Ond, mae'n rhaid dweud ein bod ni'n cael blas go iawn ar Gymru yma yn Blackpool. Mi fydda i'n ffonio fy mrawd Jac bob nos Lun, dyna fy Jac Night! A does dim rhaid i mi wrando ar y radio, mae Jac yn gwneud yn fy lle i ac yn rhoi gwybod i mi pwy sydd wedi bod ar ba raglen a be ddwedson nhw.

Aloma

Mae pobol yn gofyn i ni os ydan ni'n gweld isho'n cartra yng Nghymru. Wel, ers blynyddoedd lawer mae'r cartra wedi dod atan ni. Mae'r rhai sy'n dod i aros hefo ni yn dod â bara brith, *Welsh cakes*, y *Daily Post* a lobstar ffres hefyd, heb anghofio pob sgandal leol a be sy'n digwydd ar *Pobol y Cwm*. Mae Adeilade Street yng nghanol Blackpool yn clywed mwy o 'Calon Lân' na'r rhan fwya o drefi yng Nghymru! Ac fel dwedais i wrth sôn am *Cân i Gymru*, mae'r sgyrsiau rydan ni'n eu cael yn y bar fan hyn hefo nifer fawr o bobol dros gyfnod hir o amser yn rhoi syniad go dda i ni o be ydi chwaeth a barn y Cymry.

Tony

Mae'n rhyfeddod gen y ddau ohonan ni ein bod ni wedi medru dal ati i ganu efo'n gilydd dros gymaint o amser. Mae'r Cymry wedi bod yn hael iawn hefo ni. Do, mi fuon ni'n ffraeo yn ddigon cyson, ac mi fu gwahanu, ond dechreuodd rhywbeth sbesial iawn y diwrnod y cerddais i lawr llwybr tŷ nain Aloma, rhywbeth sbesial sydd wedi dod â'r atgofion gora posib i ni'n dau.

Cofion Gorau

Dim ond digwyddiad
Digwydd mewn eiliad
Disgyn mewn cariad am byth efo ti.
Cofion gorau a Duw ar ei orau
Rhoi dau efo'i gilydd yn un fel y ni.

Amser yn pasio
Cariad yn closio
Mwy o fod isho dy gwmni o hyd.
Cofion gorau a Duw ar ei orau
Rhoi glas yn dy lygaid a gwyn yn fy myd.

Weithiau roedd chwerthin
Weithiau roedd deigryn
Digio am dipyn ond dim i barhau.
Cofion gorau a Duw ar ei orau
Rhoi modd inni faddau gwendidau ein dau.

Mae llai o ddyfodol
na sydd o'r gorffennol
Ond dal wyf yn gydol yn dynn yn dy gôl.
Cofion gorau a Duw ar ei orau
Rhoi cof yn fy meddwl i gael cofio yn ôl.

I Alun Gibbard

Dim yn siŵr yn y dechra, derbyn 'ta be:
stori dau Gog yn iaith y De?
Ond wedi brandi, bacardi a photal o win
daeth yr iaith at ei gilydd a hawdd oedd ei drin.
Cymro, cymeriad a tipyn o gês:
diolch i ti, Alun − *happy days*!

Tony ac Aloma

£14.95

NEATH PORT TALBOT LIBRARY AND INFORMATION SERVICES

1		25		49		73	
2		26		50		74	
3		27		51		75	
4		28		52		76	
5		29		53		77	
6		30		54		78	
7		31		55		79	
8		32		56		80	
9		33		57		81	
10		34		58		82	
11	3/18	35		59		83	
12		36		60		84	
13		37		61		85	
14		38		62		86	
15		39		63		87	
16		40		64		88	
17		41		65		89	
18		42		66		90	
19		43		67		91	
20		44		68		92	
21		45		69		COMMUNITY SERVICES	
22		46		70			
23		47		71		NPT/111	
24		48		72			